U0513359

索
恩

THORN BIRD

忘 掉 地 平 线

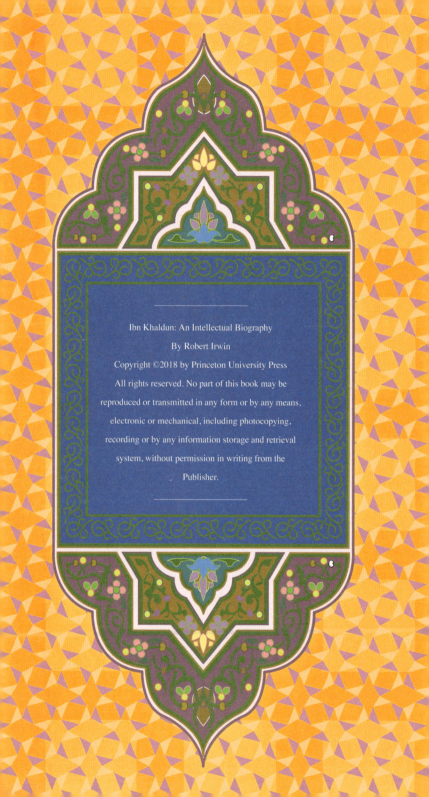

〔英〕罗伯特·欧文 /著

苑默文 /译

伊本·赫勒敦
天才的一生
Ibn Khaldun

by Robert Irwin

社会科学文献出版社
SOCIAL SCIENCES ACADEMIC PRESS (CHINA)

AN
INTELLECTUAL
BIOGRAPHY

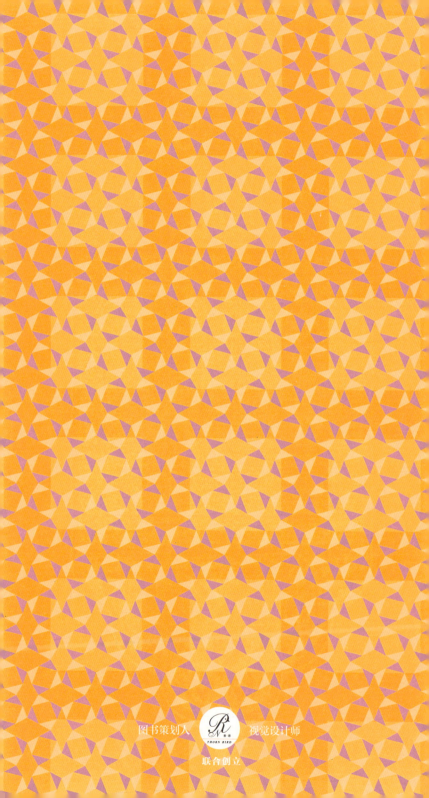

本书获誉

很少有学者的著作能比罗伯特·欧文的著作更富有阅读上的乐趣。他不仅是中古阿拉伯文化方面的权威，而且也是一名文字记者和小说家，他的写作清晰又有趣味，而且几乎就像百科全书一般博学。在描绘令人着迷的十四世纪历史学家伊本·赫勒敦的生活和思想时，欧文还将目光投向了《一千零一夜》、伊本·鲁世德的哲学、伊斯兰的神秘学、苏菲派和现代阿拉伯学家的研究，甚至还包括阿西莫夫的科幻小说。这样的努力所带来的结果便是一部令人愉快的复原一名知识分子的作品，它饱学、富有娱乐性，而且很受欢迎。

——迈克·德达（Michael Dirda），普利策奖获得者罗伯特·欧文再次从新的角度思考了最伟大的阿拉伯思想家。人们常常将伊本·赫勒敦从十四世纪中拿出来，重新放在模子中做成现代设想中的样子。这本生动又博学的著作把伊本·赫勒敦还原到了正宗的非现代状态，令人着迷。

——诺埃尔·马尔科姆（Noel Malcolm），牛津大学万灵学院

很少有学者能够像罗伯特·欧文那样对伊本·赫勒敦有如此广泛的涉及和敏锐的洞察。他的这本书是对伊斯兰文明的卓越有远见者的精彩研究。这本书不仅将会成为世界史学生的必读书，而且对所有想要掌握历史的未来的读者也是如此。

——布鲁斯·劳伦斯（Bruce B. Lawrence），著有 *The "Koran" in English: A Biography*

罗伯特·欧文利用他几乎无人能及的对马穆鲁克世界的了解，把伊本·赫勒敦放在他的时代大环境中，这样的做法还没有人尝试过。欧文精彩地论述了从奥斯曼帝国至今的东方学家、历史学家、殖民主义者和民族主义者是如何阐述伊本·赫勒敦，来为他们的目的服务的。这是欧文的学术巅峰之作。

——弗朗西斯·罗宾森（Francis Robinson），著有 *The Mughal Emperors*

给对伊本·赫勒敦的传统看法提出了质疑，这本重要著作反映出了罗伯特·欧文渊博的学识和对中古伊斯兰世界思想的理解。

——休·肯尼迪（Hugh Kennedy），著有 *Caliphate: The History of an Idea*

在罗伯特·欧文的笔下，伊本·赫勒敦终于找到了几乎和他一样多才多艺又学富五车的传记作者和阐释者。

——埃里克·奥姆斯比（Eric Ormsby），《华尔街日报》

一本关于十四世纪的一位阿拉伯历史学家和博学多识者激动人心的新作……欧文带来了一本典范之作。

——盖文·杰卡布森（Gavin Jacobson），《金融时报》

欧文巧妙地用他深厚的学识给我们带来了十分有趣的记录，让我们看到东方学家、历史学家和现代阿拉伯国家主义者是如何阐述伊本·赫勒敦最为著名的作品的……欧文给他的读者提供了重现一个知识分子的精彩之作，在这部作品中，伊本·赫勒敦被置于他所在的时代中……在我们面前复活了中古时代的伊斯兰思想。

——弗朗西斯·吉尔斯（Francis Ghilès），《观察家报》（*Spectator*）

《伊本·赫勒敦：天才的一生》这部作品既介绍了他的作品，也是对伊本·赫勒敦研究的一次介入导正。

——萨米尔·拉希姆（Sameer Rahim），《前瞻》（*Prospect*）

《伊本·赫勒敦：天才的一生》这部作品的巨大贡献是鼓励我们在研究伊斯兰世界的知识历史时，不要将其当作现代意识形态斗争的战场，而是作为一个值得对其本身加以研究的题目。

——菲兹罗伊·莫里西（Fitzroy Morrissey），《立场》（*Standpoint*）

Contents /

前　言

撰写过十二卷的大部头讨论人类历史兴衰的世界史学者阿诺德·汤因比（Arnold Toynbee）对伊本·赫勒敦（Ibn Khaldun）的历史理论著作《历史绪论》（*Muqaddima*）是这样评论的："无论在何时何地，这部作品都毫无疑问是现有的同类作品中最伟大的一部"。[1] 尽管历史学家休·特雷弗－罗珀（Hugh Trevor-Roper）对汤因比的文明螺旋上升－衰落理论

---

1 / Arnold Toynbee, *A Study of History*（London, 1935）, vol.3, p.322.

提出了激烈的批评，但他仍然同意汤因比对伊本·赫勒敦的好评："阅读那些作品实在是种美妙体验，它们既丰富又门类繁多，精妙深奥，如海洋般浩瀚，从中能够得到各种新旧思想。"[1]研究穆斯林社会的历史和文化的学者马歇尔·霍奇森（Marshall Hodgson）对《历史绪论》一书的评价是："毫无疑问的是有关伊斯兰文明最佳通论作品"[2]。哲学家、社会学家及人类学家厄内斯特·盖尔纳（Ernest Gellner）宣称伊本·赫勒敦是"一位出色的归纳型社会学家（inductive sociologist），他在我们当今的社会学概念和理想类型方法被提出之前，就早已经是这一门研究方法的宗师了"[3]。正如我们将会在后面的内容中看到的那样，伊本·赫勒敦的思想在布鲁斯·查特文（Bruce Chatwin）的小说《歌之版图》（Songlines）中得到了引述，他的思想也是弗兰克·赫伯特（Frank Herbert）的系列科幻小说《沙丘》（Dune）的理论基础，同样地，伊本·赫勒敦的历史观

---

1 / Hugh Trevor-Roper, "Ibn Khaldoun and the Decline of Barbary," Trevor-Roper 著，见 *Historical Essays*（London，1957），p.28。

2 / Marshall Hodgson, *The Venture of Islam: Conscience and History in a World Civilization*（Chicago and London，1977），vol.2，p.55n.

3 / Ernest Gellner, *Muslim Society*（Cambridge，1981），p.88.

也在纳吉布·马哈福兹（Naguib Mahfouz）的精彩小说《平民史诗》（*The Harafish*）中有所体现。伊本·赫勒敦本人对于自己作品的价值和独创性也毫不怀疑，他说过："人们应该知道，对这一话题的讨论是一个非凡的创新之举，是特别有用的一件事。经过深入缜密的研究，我可以说这样的方式……这样的研究方法是完完全全的科学创举。事实上，我还从没见过有别的什么人用过这样的方法讨论历史。"[1]"我们……受真主的启发，祂引导我们走向这门学问，我们要毫不犹豫地阐述真主的真理。"[2]

瓦利·阿勒丁·阿布杜·拉赫曼·伊本·赫勒（Wali al-Din 'Abdal-Rahman Ibn Khaldun，1332~1406）出生在突尼斯，他在前半生担任过各种顾问和文官职位，为菲兹（Fez）马林王朝（Merinid）的统治者、突尼斯的哈夫斯王朝（Hafsids）、特莱姆森（Telmcen）的阿布杜瓦迪德家族（Abd al-Wadids）和格拉纳达的纳斯里王朝（Nasrids）效力。在1375年时，他从政治事务中抽身，隐居在阿尔及利亚西部的

---

1 / Ibn Khaldun, *The Muqaddimah:An Introduction to History* (1967, London：重印版：Princeton, NJ, 1980), vol.1, pp.77-78（此后注释中的《历史绪论》（*Muqaddimah*）将简写为 *Muq.*）。

2 / *Muq.*, vol.1, p.83.

一个偏僻城堡中，在接下来的四年里，他完成了《历史绪论》的初稿，这部作品所关注的是历史进程的规律和王朝的兴衰。在1378年，他重新回归社会并在突尼斯担任教职，同时也在当地的一些图书馆里担任顾问。他在这时候开始撰写一部长篇编年史著作，打算以此作为他的历史发展规律著作的后续。他在1382年动身去往马穆鲁克（Mamluk）王朝统治的埃及。他在那里开始担任马里克教法学派（Maliki）的大法官，与此同时他也开始扩展和修订自己以前的著作。在1400年，他在大马士革城外和后来的世界征服者帖木儿（Timur，亦作Tamerlane）进行了一次值得纪念的会面。伊本·赫勒敦几年后在开罗去世，他被埋葬在当地的苏菲派墓地中。

《历史绪论》是一部关于历史运行法则的理论巨著，同时也是一部伊斯兰社会及其艺术与科学的概括性调查研究。全书分为六章：第一章论述总体上的人类社会；第二章论述游牧民族的社会；第三章讨论的是政府、哈里发和各个王朝的国王；第四章是关于社会与城市；第五章讨论的是贸易和各种谋生手段；第六章则是关于科学和艺术。虽然作者写后续编年史的初衷貌似是要完成一部北非柏柏尔人（Berbers）和各阿拉伯部落的历史，他的这本后续著作的全名为《警示和记录历史的展开和事件，以及同时代的伟人之书》，简称《警示之书》，但在书写过程中，他的历史视角扩展到了更广阔的程度。《历史绪论》的英文版是三本厚厚的大书，然而标准的阿拉伯语版本的《警示之书》则有整整七卷。按照书中的说法，《历史绪论》的初稿是在 1377 年用了五个月的时间完成的，正是这部作品让他名声大噪，比他后来写出的其他历史作品更有名。

《历史绪论》提出的第一个问题是：为什么历史学家会犯错？他认为，有三件事会导致历史书写的错误。一者，为党派倾向。二者，为轻信。三者，为忽略事物可能性的本质。这三点错误是他在作品中最早提出，也是最看重的事情，因为在他之前的编年史家并没有对形成统治和人类社会分化的大致规律加以任何严肃的考虑。他们没有考虑到历史的 "*batin*"（内在意义），而只是记录下历史的 "*zahir*"（外在表象）。伊本·赫勒敦仔细检索了之前历史事件的记录并以存疑的立场对待这些记录。人们需要考察事件的起因和影响，随后考察事情的发展在不同的情形下是否会有不同。对于穆斯林历史学家来说，这样的方法是一件非同寻常的事。《警示之书》(*al-'Ibar*) 是一部可以算是冗长的作品，从理论上看是一部以《历史绪论》所概括出的原则为基础的编年史。另外一部短得多的作品为《伊本·赫勒敦和他在东方与西方的旅程》，后文多简称为《旅程》(*Al-Ta'rif*)，尽管伊本·赫勒敦的一生见多识广、经历丰富，但是他并未对此着墨太多，书中很少出现关于他自己的揭示，但是这本书仍然很容易被人们误解为是一部"自传"。

在近两百年中，伊本·赫勒敦作品的意义及其重要性得到了学者们的热烈讨论。伊本·赫勒敦能不能被看作世界上第一位社会学家呢？他究竟是不是社会学家呢？他对历史加以理论化的陈述是否受到希腊哲学原则的启发呢？他是不是从一开始就被人们夸大了？伊斯兰教貌似是他历史思想的核心，但伊斯兰教究竟是以什么方式在他的思想中起作用呢？或者他是不是一个秘而不宣的理性主义者和无神论者呢？他是不是一名苏菲派的信徒呢？他为什么在马格里布（Maghreb）和埃及树敌众多？他的王朝螺旋上升和衰落理论是否能套用在马格里布以外的地方呢？他本人对这个问题怎么看？他觉得游牧民族是好还是坏呢？他相信未来学（futurology），又是一名历史学家，在这样的情况下，他是不是一个未卜先知的人呢？

上述问题都是现代评论家们探讨过的问题。对于伊本·赫勒敦，学者们有各种各样的解读，这种情形也说明了他并未十分清晰地表达自己。有关他的书目数量很多。阿齐兹·阿兹梅（Aziz al-Azmeh）在其著作《现代学术研究中的伊本·赫勒敦》（*Ibn Khaldun in Modern Scholarship*）中罗列了超过850个条目，由于时间已经又过了几十年，这一数字一定至少已经翻倍了。[1]芝加哥大学的在线马穆鲁克研究参考书目中有总数达854的书本和文章是关于伊本·赫勒敦的，这其中还不包括被设置在马格里布和安达卢西亚条目之下的作品。如果有谁想要将所有关于伊本·赫勒敦的著作读完的话，此人一定还没完成这愿望就已经先离开人世了。只要是检索十九世纪初期以来在欧洲学术研究中出现过的伊本·赫勒敦研究的话，你就可以对东方主义（东方学，Orientalism）的发展历程有差不多一半的感知了。即便如此，欧洲学者还是在很久以后才发现了伊本·赫勒敦，这是因为在他写作的时期，欧洲人已经放弃翻译阿拉伯文著作了（翻译活动的全盛期到十二世纪时就已经结束了）。

关于伊本·赫勒敦的书已经有那么多了，我曾很犹豫是否要再加上您手头上的这一本。因为伊本·赫勒敦本人就曾写过："人们应该知道，以下的这些事情对人类追求知识和掌握完全的学问有害：过量的工作（要做）；数量繁多的各种技术术语（以应对不同的目的）；以及（用在那些著作中的）大量（不同）方法。"[2]正如他所担忧的那样，在十四世纪的北非就已经

1 / Aziz al-Azmeh, *Ibn Khaldun in Modern Scholarship:A Study in Orientalism*（London, 1981）.

2 / *Muq.*, vol.3, p.288.

存在太多的过量研究了。

　　以上所说的那些著作都是对伊本·赫勒敦生平和著作的积极又符合习惯的叙述，但是他们的叙述充其量只有一部分是真的，因为在我看来，一代又一代的学者们对伊本·赫勒敦作品的了解都已经模糊了，而且当学生们处理到《历史绪论》的最后几章时，他们已经筋疲力尽，无力再做合适的记录了。因为这本书太长，已经经过了选择性的简化和删减，其著作所传达的信息已经被现代化和理性化了。从十九世纪以来，有一种有意识或无意识的将伊本·赫勒敦之思想加以西化的驱动力，这股力量将伊本·赫勒敦描述成了一位具有象征意义的先知。马基雅维利、霍布斯、孟德斯鸠、维柯（Vico）、马克思、韦伯和涂尔干（Durkheim），他们都是伊本·赫勒敦的学术晚辈。想要让伊本·赫勒敦也能像他们一样引人注目和与他们的观点不谋而合的意图是可以理解的。但是，和现代历史学、社会学所处的今日世界相比，伊本·赫勒敦身处的世界和《古兰经》与《一千零一夜》的世界有着更多的共性。然而在伊本·赫勒敦所述的"存在之链"（the Great Chain of Being）中，他已经把猴子放在了仅次于人类的位置上，这和达尔文在《物种起源》一书中阐述的观点十分接近却又远远早于达尔文的著作。如果把伊本·赫勒敦关于"利润"的见解与卡尔·马克思以劳动为基础详细阐述的"价值理论"相比的话，我们也能够看到他们思想中相似的地方。

就像帕翠莎·柯容（Patricia Crone）所观察到的：
"历史上的文明社会和现代文明社会有很多相似之处，
但是这些相似之处在有些方面是有迷惑性的。我们必
须把现代性和现代性缺席的后果拿开，然后才能对历
史上的文明社会和现代文明社会两者间的相似性有所
把握。"[1] 尽管伊本·赫勒敦对北非各个王朝的兴起与衰
落，以及部落精英的发展循环有着非常有趣的阐述，
但是它和现代世界所关注的事物并没有多少特定的关
联，因为当今世界已经没有多少地方还存在历史上的
那种城镇与部落之间的共生关系，那种共生关系在政
治上的重要意义已经不存在了。我认为，现在已经没
有哪个政权还在依赖游牧民的军事支持。在一个全球
化、数字化、民族国家、民主和独裁政治的世界里，
伊本·赫勒敦的理论还能和今天有多少关联呢？正因
如此，我并不打算用伊本·赫勒敦的著作来解决今天
世界的问题（但是与此相反的是，我打算用反过来的
方式——用现代著作来阐述伊本·赫勒敦和他所处的世
界，以现代著作来阐明他的作品）。因为恰恰是伊本·
赫勒敦和现代世界之间的不相关才使得他如此有趣又

---

[1] / Patricia Crone, *Pre-Industrial Societies*（Oxford，1989），
p.1.

重要。当我在阅读《历史绪论》的时候，我觉得自己好似遇到了一个来外太空的客人——这实在是一件令人兴奋又刺激的事。相比那些理所当然的看待世界的方式，我们还能在《历史绪论》中看到其他看待世界的角度和方式。

一个完全沉浸在伊本·赫勒敦思考方式中的现代读者可能会体验到前现代（premodern）、与今日存在根本不同的了解社会和历史的方法——在伊本·赫勒敦的时代，事情诱因的基础是天意，社会组织的原动力是获得宗教救赎。在战争的结果、预知未来吉凶等事务上，天使和小鬼也扮演着各自的角色。而且，现代西方意识中以意识形态为构成基础的政党政治理念在十四世纪的马格里布地区和埃及叙利亚的马穆鲁克苏丹国那里是不存在的。

虽然《历史绪论》还没有经过合宜编辑的阿拉伯语版本，但是波灵根基金会（Bollingen Foundation）在1958年出版了三卷本的《历史绪论》（*The Muqaddimah. An Introduction to History*）。这个译本的第二版在一九六七年由普林斯顿大学出版社出版，其中加入了书目并有一些更正。这本书的译者是弗兰茨·罗森塔尔（Franz Rosenthal）教授，他是一位极其博学和高产的学者，他悉心收集了《历史绪论》的各种现存手抄本，他的目标就是能翻译出一本最终勘定的权威文本。多年以来，罗森塔尔的译本得到了许多赞扬和一些批评，他面对翻译中的问题所采取的方法将在本书的第五章和第十章中有更详细的讨论。法语版《历史绪论》的学术性翻译与《警示之书》部分内容的翻译版本和英语版的情况类似，法语版的译者是阿布杜萨勒姆·哈达迪（Abdesselam Cheddadi），该版本由七星诗社编辑出版（Pléiade edition）。[1]

在罗森塔尔后来的写作中，他认为研究者最好别在太年轻的时候就开始写有关伊本·赫勒敦的东西。[2]中东历史学家亚伯特·胡拉尼（Albert Hourani）曾试图阻止他的学生们把伊本·赫勒敦当作博士学位的研究对象。我曾在1960年代时买了一本罗森塔尔的翻译版并研究了好长一段时间（但是请允许我澄清，从那时候开始，我就使用了阿拉伯语版本作为补充参考）。

最后要提的是，《历史绪论》中有一些和书面阅读有关的注释。我在翻译阿拉伯语的时候使用了标准翻译方式的简化方式。当一个向左撇的单引号（'）用在阿拉伯语的人名或事物上时，它所代表的是字母ع（ayn），而向右撇的单引号（'）则表示ء（hamza）。ع表示擦音（glottal scrape），ء表示不发音的喉塞音

---

1 / Ibn Khaldun, *Le Livre des exemples* (Paris, 2002).

2 / Franz Rosenthal, "Ibn Khaldun in His Time," 见 Bruce B. Lawrence, ed., *Ibn Khaldun and Islamic Ideology* (Leiden, 1984), p.14。

（unvoiced glottal stop），因此以 *rasa'il* 为例，*i* 是在 *a* 之后直接发音。阿拉伯文的史料使用希吉拉历（*hijri*，亦称伊斯兰历、回历），这套历法是太阴历，以先知穆罕默德在公元 622 年从麦加至麦地那的迁徙为元年。因为希吉拉历和西方使用的公元纪年不同，有时候一个事件的日期要用公元中的两年标记。西方人习惯的人名姓氏在中世纪时候的阿拉伯世界是不为人所知的。"阿布"（*Abu*）、"阿比"（*Abi*）的意思是"某某人之父"。"伊本"（*Ibn*）的意思是"某某人之子"。"巴努"（*Banu*）的意思是"某某人的儿子们"。马格里布是指称今天的摩洛哥、阿尔及利亚和突尼斯。艾非奇亚（*Ifriqiyya*）是今天突尼斯的大致疆域。我常常为了方便今天的读者辨认，以摩洛哥、阿尔及利亚、突尼斯和利比亚来指称当时的地理位置，但是当然了，这些国家在十四世纪时是不存在的。安达卢西亚（*Andalusia*）指的是西班牙仍处于穆斯林统治的地区。引自《古兰经》的经文，如果不是罗森塔尔自行翻译自《历史绪论》的话，那就是来自 A.J. 阿伯里（A.J.Arberry）转译的《古兰经》（*The Koran Interpreted*，2 vols., London, 1955）。《古兰经》的章被称作"苏拉"（*Suras*）。

声　明

我十分感激我的经纪人尤里·加布里埃尔（Juri Gabriel）和普林斯顿大学出版社的弗雷德·艾伯（Fred Appel），是他们的努力让这本书能够出版。同样感激的还有出版社的匿名读者，他们给我的文本提出了宝贵意见。戴维·摩根（David Morgan）教授和穆罕默德·马达尼（Mohamed Madani）给我提供了别处难以取得的数据。多年以来，和修·肯尼迪（Hugh Kennedy）的谈话让我获益匪浅。伦敦大学东方和非洲学院的图书馆也是本书参考数据的重要来源。海伦·欧文（Helen Irwin）费了许多心力让我和我的作品变得更好。

大事年表

1332 年 5 月 27 日，伊本·赫勒敦降生。

1347 年马林王朝的阿布杜勒·哈桑（Abu'l Hasan）占领了突尼斯城。伊本·赫勒敦的老师和学者阿比里（al-Abili）是阿布杜勒·哈桑的谋士。

1348 年 -1349 年黑死病蔓延北非。

1353 年伊本·赫勒敦第一次在特莱姆森（Tlemcen）见到马林王朝的阿布·伊南（Abu'Inan）。

1354 年伊本·赫勒敦被阿布·伊南邀请至菲兹。

1355 年伊本·赫勒敦被阿布·伊南任命为秘书。

1359 年伊本·赫勒敦积极支持马林王朝的阿布·萨利姆（Abu Salim）成为王位继任者并被其任命为首

1359~1362 年格拉纳达纳斯里王朝的统治者穆罕默德五世（Muhammad V）及其维齐尔伊本·阿尔－哈提布（Ibn al-Khatib）正遭到放逐，身在摩洛哥的他们首次和伊本·赫勒敦见面。

1361 年伊本·赫勒敦遭到指控，被迫接受 "*mazalim*"（官方对品行不端的调查）。此后在同一年中，阿布·萨利姆被杀，伊本·赫勒敦受到牵连丢掉官位。

1362 年伊本·赫勒敦得到了离开摩洛哥去往安达卢西亚的允许。同年十二月，他在格拉纳达受到了穆罕默德五世的接待。

1364 年伊本·赫勒敦离开安达卢西亚，成为阿尔及利亚贝贾亚（Bijaya）的哈夫斯王朝埃米尔阿布·阿布杜拉（Abu'Abdullah）的首席大臣（*hajib*）。他受到指派前往山区向柏柏尔人收税。

1366 年在阿布·阿布杜拉去世后，伊本·赫勒敦转至君士坦丁（Constantine，位于今日的阿尔及利亚）的哈夫斯王朝统治者阿布·阿巴斯（Abu al-'Abbas）那里效力，他担任了首席大臣之职，但是很快失宠。他先是去达瓦维达阿拉伯人（Dawawida Arabs）那里避难，随后在比斯克拉（Biskra）避难。

1368 年他受雇于特莱姆森的统治者阿布杜·阿尔瓦迪德（'Abd al-Wadid）和阿布·哈穆（Abu Hammu），在里亚（Riyah）担任各阿拉伯部落之间的中间人。

1370 年当伊本·赫勒敦试图去往格拉纳达时，他被马林王朝的阿布尔·阿齐兹（Merinid'Abd al-'Aziz）俘虏。

1370~1374 年伊本·赫勒敦受雇于马林王朝的统治者们，担任各阿拉伯部落之间的中间人，后来在马林王朝的菲兹以随行大臣身份休养。

1374 年逃到格拉纳达。

1375 年他被引渡回特莱姆森。再一次受雇于阿布·哈穆，处理阿拉伯部落事务。随后他来到巴努·萨拉玛堡垒（Qal'at Banu Salama）处寻求庇护，那里是阿尔及利亚西部的一个偏远城堡，他在那里开始写作《历史绪论》和《警示之书》。

1377 年 11 月《历史绪论》的初稿在巴努·萨拉玛堡垒中完成。

1378 年伊本·赫勒敦回到突尼斯，和哈夫斯王朝的阿布·阿巴斯达成和解，并在此找到了一位知心女伴，但是他遭到了突尼斯城首席法官伊本·阿拉法·阿尔瓦卡尼（Ibn'Arafa al-Warghani）的攻击。《历史绪论》的初版被念给哈夫斯王朝统治者听。

1382 年伊本·赫勒敦确保得到了前去朝圣的许可。在这一年到达了亚历山大城（Alexandria）。

1383 年他在开罗落脚，并得到了马穆鲁克王朝苏丹阿尔扎希尔·巴库克（al-Zahir Barquq）的赞助。

1384 年伊本·赫勒敦在卡姆西亚学院（Qamhiyya

Madrasa）成为马里克教法学派（Maliki）的教法学者（*fiqh*）。在随后的八月份，他被任命为埃及的首席马里克教法学派大法官。载有他的妻子、女儿们及藏书的船在亚历山大城附近海域沉没。

1385 年被解除大法官一职。

1387 年得到任命在扎西里亚学院（Zahiriyya Madrasa）任教。他启程前往朝圣。

1389 年他得到任命在萨希米什亚学院（Sarghitmishiyya Madrasa）教授圣训（hadith）。他也被任命为一间拜巴尔（Baybars）所辖的罕卡（Khanqa，苏菲派修道堂）首脑，当时巴库克暂时被反叛的埃米尔们罢黜。当巴库克回归王位后，伊本·赫勒敦在扎西里亚学院和拜巴尔罕卡的职位全都被解除了。

1399 年他再次被指派为马里克学派的大法官。巴库克去世，他的儿子纳斯尔·法拉吉（al-Nasir Faraj）继位。

1400 年伊本·赫勒敦和法拉吉一起造访大马士革。在他们回到埃及后，他被解除了法官职位。帖木儿入侵叙利亚，法拉吉带领军队出埃及保卫大马士革。伊本·赫勒敦和法拉吉同行。

1401 年在一月的第一个星期，法拉吉决定撤回埃及，但是伊本·赫勒敦决定留守大马士革，他约定时间和帖木儿见了面。他在同年三月回到开罗。他受命为马里克教法学派的大法官。

1402 年他被免去法官职位。同年晚些时候复职。

1403 年被免去法官职位。

1405 年受命为马里克教法学派大法官，但是几个月后被免职。

1406 年重新被任命为马里克教法学派大法官，3月 17 日在办公室中去世。

第一章 **废墟间的伊本·赫勒敦**

他徘徊，在漫长的炎炎白日里，沉思对世界早年的记忆，凝视着那些无言的形状，直到月影充满神秘的殿堂，这些形状退散，他仍未离去，他凝视着，直到他空空如也的思绪忽然如闪电一般得到了灵感，他看到了历史诞生的奥义。

——雪莱，《阿拉斯特》（Alastor）

喧闹和那嘶吼的死亡：

船长和国王们离去

……

看啊，我们昨日的全部盛况，

尼尼微和泰尔！

各民族的法官啊，请宽恕我们，

以免我们遗忘——以免我们遗忘！

——吉卜林（Rudyard Kipling），

《退场诗》（Recessional）

让我们先从《一千零一夜》中的一个故事说起吧。这个故事名叫"黄铜之城"（The City of Brass）。［其实更合适的描述应该是"铜"（copper）而不是"黄铜"（brass），阿拉伯原文为"*nuhas*"，这个词的三子音字母词根[1]可以被看作"不祥预兆"，因为它的相关词汇中，"*nahasa*"的意思是"让某人不悦"，"*manhus*"的意思是"命运多舛"。］这个故事讲的是在倭马亚王朝哈里发阿布杜·马里克·伊本·马尔万的统治时期，他的宫廷中举行了一场讨论，话题是被所罗门王封在铜水壶中长达好几百年的精灵（*jinn*）。于是哈里发下了一道命令，让北非的省长穆萨·伊本·努扎伊尔派出一支队伍去寻找那些水壶。探险队费了一年的工夫四处寻找却一无所获，而且他们还迷了路。在四处寻找出路时，他们无意中来到了黑色城堡。这座城堡是阿德部落的国王库什（King Kush of the tribe of 'Ad）曾经遗弃的宫殿。在他坟墓周围，他们发现了许多写着文字的泥板，上面的文字传达着"生命的兴衰和世界的转瞬即逝"的强烈信息。比如说：

昔日之人和昔日遗迹哀叹着帝国的失落。

---

1 / 这是一种闪米特语族语言中存在的语法特点。——译者注

当时宫阙诉说着末世君王们的故事，他们在此死亡，在此埋葬。

死亡将他们分离，将他们毁灭，把他们抛入他们曾脚踏的土地之下。

仿佛他们在此长眠，但又随即匆匆启程。[1]

探险队继续着他们的探险之旅，其间还遇到了一个威力强大的精灵。后来穆萨·伊本·努扎伊尔的探险队来到了黄铜之城。围绕在城市周围的城墙十分高大，却没有城门。在这座城市旁边的一座小山上，人们发现了散落四周的泥板，上面写着给那些将受警告之人的更虔诚、严肃的警讯。他们想要翻过城墙进城，但是最初的尝试都失败了，前十个人奉命爬到了城墙顶，他们都一边笑一边摔下去丧了命。后来，他们以念诵《古兰经》的方式解除了城墙的魔咒，后来出现的美女幻影咒语也被他们解除了。他们进入城中，看到了城中的街道如迷宫一样，到处都是一动不动的人，后来他们来到了一个宫殿，宫殿里有一个王座大厅。在王座上，有一个年轻女人，她就是塔德穆尔[2]女

---

1 / *Arabian Nights:Tales of 1001 Nights*（London，2008），vol.2，p.523.
2 / 即著名的巴尔米拉女王芝诺比娅，阿拉伯语中将该城称作"塔德穆尔"。——译者注

王（Queen Tadmur），她貌似活着，但不会动，她的眼睛中填满闪闪发亮的水银。在王座前面有一块泥板，上面写着这座城市曾经的统治者是沙达德·伊本·阿德（Shaddad ibn'Ad）的儿子库什，那时这里是一个幸福又繁荣的帝国的都城，但是这座城市突然间遭到了饥荒，城市的所有财富都不足以解救城中百姓。穆萨·伊本·努扎伊尔的探险队载上许多财宝后离开了这里，他们在返回的路上，成功得到了一个封着精灵的铜水壶。他们把这个水壶交给了巴格达的哈里发，北非省长穆萨看到了摆在他面前的一切后，决定成为一名隐士。[1]

伊本·赫勒敦的《历史绪论》中也提到了"铜之城"的故事。书中提到了许多废弃的宫阙，"铜

---

1 / *Arabian Nights:Tales of 1001 Nights*，vol.2，pp.518-46：对比 Andras Hamori，"An Allegory from the Arabian Nights:The City of Brass," Hamori，*The Art of Medieval Arabic Literature*（Princeton, NJ，1974），pp.145-63：David Pinault，*Story-Telling Techniques in the Arabian Nights*（Leiden，1992），pp.148-239：Jocelyne Dakhlia，"Un miroir de la royauté au Maghreb:la ville d' airan," Patrice Cressier 和 Mercedes García Arenal，eds.，*Genèse de la ville islamique en al-Andalus et au Maghreb occidental*（Madrid, 1998），pp.17-36：Ulrich Marzolph 和 Richard van Leeuwen，*The Arabian Nights Encyclopedia*（Santa Barbara，CA，2004），vol.1, pp.146-150：Bruce Fudge，"Underworlds and Otherworld in *The Thousand and One Nights*，" *Middle Eastern Literatures* 15（2012）, pp.257-272。

之城"就是其中之一。伊本·赫勒敦本人就成长在废墟的阴影下，他把这些废墟比作"书中褪色的字迹"。[1]（这是前伊斯兰时代的诗人们留下的文学意象之一。）北非地区有丰富无比的伟大古代遗迹：昔兰尼（Cyrene）、阿波罗尼亚（Apollonia）、莱普提斯（Leptis）、玛格纳（Magna）、迦太基（Carthage）、沃鲁比利斯（Volubilis）、埃尔让（El Jem）、塞伯伊特拉（Sbeïtla），等等。对于一个十四世纪的观察者来说，这里在古代明显比当时更繁华，有更多人口。"曾经从苏丹（主要是黑人居住的地方）到地中海的整片地区都有人居住。这里的文明遗迹可以证明这一事实，比如纪念物、建筑雕塑，以及看得到的村庄和小聚落的遗迹。"[2]伊本·赫勒敦曾在《历史绪论》中一再提到北非逝去的辉煌。当他在阿尔及利亚西部的萨拉玛堡垒中落脚开始书写《历史绪论》时，他所在地方的不远处就有罗马时代的遗迹。

阿拉伯文学从最早的时候就常对古代的废墟抒发感伤之情。蒙昧时代（前伊斯兰时期）的阿拉伯诗人通常会以兴叹一个废弃的沙漠营地或者废墟来作为诗歌（qasidas）的开头，以此来给下文中感伤逝去的爱

---

1 / *Muq.*, vol.2, p.351.

2 / *Muq.*, vol.1, p.305.

情和年华做铺垫。在此后的几百年中，前伊斯兰时代的沙漠诗人所用的意象仍然为阿拔斯王朝的都市诗人所使用，他们在巴格达和巴士拉这样的城市中创作——比如九世纪诗人阿布·努瓦斯（Abu Nuwas）的如下诗句，他笔下伟大的巴士拉废墟，实际上指代的是他逝去的青春：

> 华堂已不在，空留荒芜一沙丘，
>
> 米巴达、拉巴布的广场，曾有众人云集在此
>
> 礼拜的大寺——
>
> 人们或殷勤、或虔诚，
>
> 今天和宫殿与广场一同，
>
> 随风而逝。[1]

巴士拉的衰落始自 871 年津芝（Zanj）奴隶叛乱对城市的洗劫。在十世纪时，卡拉米特（Qarmatian）异端派别再次洗劫了巴士拉。其他伊斯兰城市后来也成了废墟。科尔多瓦（Cordoba）是穆斯林西班牙的首都，这座城市在 1013 年被柏柏尔士兵洗劫。十一世纪的作家伊本·哈兹姆（Ibn Hazm），在他的一本关于

---

1 / Jaroslav Stetkevych, *The Zephyrs of Najd:The Poetics of Nostalgia in the Classical Arabic Nasib* (Chicago, 1993), p.63.

爱和礼仪的精彩作品《鸽环》(*The Ring of the Dove*)中，哀叹了他成长的这座城市遭受毁灭：

> 我站在我们房子的废墟上，它的痕迹已经被抹去，它的各种记号已经被擦掉，那些熟悉的地点已经消失不见。衰败把鲜花盛开之地变成了不毛荒地。社会成了野蛮之地，丑陋代替了美丽，豺狼呼号着，鬼魂之地游荡着恶鬼，曾经奢华优美的地方变成了野兽的巢穴。男人爱刀剑，少女爱玩偶娃娃，流光溢彩的华丽装饰就像是宫殿一样，这些东西提醒着人们天堂的美好。所有的这一切都随着时间改变而变得支离破碎。那些雅致的房屋，成了破坏的对象，如今破坏比狮子的血盆大口更凶狠，宣告着世界的末日，揭示出大地居民的命运。[1]

穆斯林北非的巅峰时代是十二、十三世纪的穆瓦希德王朝(Almohads)，这个柏柏尔人王朝创造了一个从大西洋一直延伸至利比亚的黎波里(Tripoli)的帝国，帝国版图还同时包括西班牙的中部和南部。在

---

1 / Michael Brett 和 Werner Forman, *The Moors:Islam in the West* (London, 1980), p.66。

东方，巴格达的衰落过程较为缓慢，阿拔斯哈里发帝国的首都一度辉煌无比，但是在 1184 年当安达卢西亚旅行家伊本·祝拜尔（Ibn Jubayr）来到这里时，他曾说"这个地方就像是幽灵的雕塑一样"。[1] 蒙古人在 1258 年对巴格达的掳掠更进一步导致了这座城市的衰败。

废墟传达的信息

事实上，就像在小说里一样，废墟被虔诚、心思细密的穆斯林当作信息来解读。这世界上没有任何东西是永恒的，当人在死亡面前，富丽堂皇的堆砌没有丝毫的益处。伊本·赫勒敦并非凑巧才把他的编年史著作命名为《警示之书》（*Kitab al-'Ibar*）。'Ibar 是复数形式，它的原形是 *'ibra*，意思是"警告""警示""例子"或"建议"。就像《古兰经》中的经文："对于有眼光的人，此中确有一种鉴戒。"（3:13）以及"对那些有心智的人来说，他们的故事是一个警告（*'ibra*）"。[2] 另外，"有眼光的人们啊！你们警惕吧！"

---

1 / Ibn Jubayr, *The Travels of Ibn Jubayr*（London, 1952），p.226.

2 / 原文标记此句出自《古兰经》12:11。该出处有误。——译者注

（《古兰经》59:2）。《古兰经》强调了解历史的重要性，因为历史可以被当作教训。"所以，你当（对他们）讲述这些故事，以便他们深思。"（《古兰经》7:176）"你难道不将其当作前人的信息吗——努哈（Noah，诺亚）的族人、阿德（'Ad）的族人、赛莫德（Thamood）的族人和他们之后的人们。"[1]"在努哈之后，我毁灭了若干世代！"（《古兰经》17:17）。

穆欣·马赫迪（Muhsin Mahdi）曾经写过："在穆斯林社会里，人们受到鼓励把过去发生的事情，无论是传述听说的，还是亲身经历的，都当作"象征"和"迹象"来看待，它们应该唤起人们心中的道德感，加强人们对履行和实践真主的要求——透过没有明显意义的一系列事件，看到事件的背后含义，参悟造物主给人们带来的永恒思考。"'ibra'既有负面警告的意思，也有正面指导和为未来行动提供指引的意思。"[2]

《古兰经》一再提到古人没能从给人们带来警示的众位先知那里领悟到信息。大洪水毁灭了大多数努哈世代的人们。阿德的族人出现在大洪水之后，他们也常常在《古兰经》中被提及。他们住在阿曼和哈

---

1 / 原文标记此句出自《古兰经》7:149。该出处有误。——译者注

2 / Muhsin Mahdi, *Ibn Khaldûn's Philosophy of History*（Chicago, 1964）, p.68.

达拉毛地区（Hadramawt）之间的沙漠里。先知呼德（Prophet Hud）以警告者的身份被派遣到他们那里，但是那里的人们并不在乎呼德带来的警讯，他们依然故我，最终大难临头。赛莫德人是阿德人的后代，先知萨利赫（Prophet Salih，亦翻译作"撒立哈"）来到他们那里劝他们悔改，为了昭示真主的奇迹，他让一只母骆驼从石头中走出来，但是赛莫德人杀死了那只母骆驼，因此赛莫德人也遭受了灭顶之灾。阿德人、赛莫德人和亚玛力人（Amalekites）被称作"消失的阿拉伯人"（vanished Arabs）。在《警示之书》里，伊本·赫勒敦诡异地对这些民族的事情采取了十分轻信的态度，比方说，他没有经过更多的判断就声称阿德人是他的祖先，他们生活了 1200 年，养育了 4000 个男人、1000 个女人。[1]

"*Ibra*"一词还有很多层意思，后来还具有了神秘不可知的意味（mystical sense）。按照乔纳森·伯基（Jonathan Berkey）的说法，"它是苏菲派众多名词术语中的一个，指代和善恶有关的正确引导，是外在形式和内在真理之间的区别所在，经过延伸，它代表

---

1 / Ibn Khaldun, *Peuples et Nations du Monde* (Paris, 1986), vol.1, p.144.

灵魂从当前世界成功地进入到天堂"。[1]

在《历史绪论》的开篇，伊本·赫勒敦把他遇到的和那些他从书中得知的人们描述为存在于书中的样本："在我们一生的晚年，那些（命运中）注定发生在我们身上的日子是命中注定的。"[2] 历史既包含事件，又包含对事件的记载。实际上，这就仿佛那些事件之所以会发生，是因为它们注定要被写在书中，因为事件和对事件的记载的作用就是给人们带来"'ibar"——警告或教训。按照伊本·赫勒敦的说法，"人类存在的目的并不仅仅是现世的幸福。我们所经历的整个世界是微不足道又徒劳的，它以死亡和灭绝为终结"。[3] 我们在阅读《历史绪论》时，必须时刻把这一点牢记在心。尽管伊本·赫勒敦对他身边的古老废墟加以深思并从中获取道德上的信息，但是他却没有以考古学家的身份看待废墟。他并没有用考古学的方法来研究这些几百年前留下的遗迹。（也没有批判地对待材料来源。）

在阿拉伯语的基本三子音字母词根中，"'ibra"一词及其相关变形在"铜之城"的故事中有十分重要

---

1 / Jonathan P.Berkey, *Popular Preaching and Religious Authority in the Medieval Islamic Near East* (Seattle and London, 2001), p.80.

2 / *Muq.*, vol.1, p.4.

3 / *Muq.*, vol.1, p.386.

的作用。当哈里发听说有所罗门将精灵封在里面的铜水壶时，他表现出了很大的渴望，想要亲眼看看这样的东西，因为那些铜水壶可能是"*'ibra li-man-i'tibar*"，即"给有能力参悟者的警示"。后来，当穆萨·伊本·努扎伊尔派出的探险者们讲到黑色城堡的事情时，一位年长的谢赫（智者）说："我们去城堡那里吧，那是给能参悟者的警示。"城堡中的一片泥板上写着："来到这里的人们，从眼前看到的情境中获取警示吧。"在黑色城堡里边，有"那些领导者如今集结在土中。死亡已经将他们摧毁，让他们体无完肤，他们在他们曾经踩在脚下的土中消散"。这实在是"石头上的布道词"[1]

"铜之城"的故事可以被看作一个绝妙的征兆，它向我们提示了伊本·赫勒敦著作的主题——北非地区的古代废墟和从前人那里学到的教训。"*Ubi sunt qui ante nos fuerunt*？"（那些古人如今身在何处？）——这也是中世纪拉丁文诗歌中常常提出的问题，它常常引出对死亡和人生无常的感慨。伊本·赫勒敦准备让他的读者们从历史中得到警示、学到教训，这些内容将会让穆斯林得到救赎。他曾经描写过混乱衰败的时

---

1 / 此语出自莎士比亚，形容"自然万物给人们带来的启示"。——译者注

代和前人留下的宏伟遗迹。他写道："曾经从苏丹到地中海的整片地区都有人居住。这里的文明遗迹所以证明这一事实，比如纪念物、建筑雕塑，以及看得到的村庄和小聚落的遗迹。"[1]他自问，为什么如此宏伟繁盛之地会变为今日的破败之态。他相信当时北非的破败状态有很大一部分是因为十一世纪埃及阿拉伯部落联盟对这一地区的入侵（我们将在第三章中讨论这一话题）。随后就有问题提出了：帝国从繁荣到衰落的循环过程是不可避免的吗？

黑死病和衰败

除了《一千零一夜》之外，"铜之城"的故事也出现在《一百零一夜》(*The One Hundred and One Nights*)中，这是一本在北非编成集，和《一千零一夜》同时在坊间流传的故事集，这本书的最早校订本可能要早于《一千零一夜》。"铜之城"的故事早在九世纪就已经为人所知了，我们注意到，阿拉伯历史学家马苏第(al-Mas'udi)在十世纪时也传述过这个故事。但是历史学家让·克劳德·加欣(Jean-Claude Garcin)认

---

1 / *Muq.*, vol.1, p.305.

为，这一版本的故事是十九世纪流传至今的印刷版本，故事中的许多细节证明这一版本的汇编时间不会早于十四世纪。加欣还辩称，这个故事的真正主题并不是寻找铜水壶的精灵，而是土地的荒芜和死亡降临在如此多的无辜人民身上。"铜之城"是 1348 年肆虐中东和北非的黑死病的虚构反映，也可能反映的是在几十年后袭击埃及的饥荒。[1] 黑死病的到来让人们有了重述这个故事的动力——就像让伊本·赫勒敦觉得世界为何变化如此巨大，从而推动他书写《历史绪论》的动力一样。

话题回到废墟上来，在穆斯林文学中，废墟也是作者描述恶劣政府时的实际证据。在《历史绪论》的第三章中，在讨论君主的公正统治时，伊本·赫勒敦插入了下面这段故事：萨珊王朝的国王巴赫拉姆·伊本·巴赫拉姆有一次听到了一只猫头鹰的叫声，于是就问波斯人的宗教权威莫贝丹（Mobedhan），猫头鹰的叫声意味着什么。这位祭司给他讲了如下的故事：有一只雄性猫头鹰正在向雌性猫头鹰求偶，雌性猫头鹰告诉他，她要二十个沦为废墟的村庄供她飞翔玩耍。雄性猫头鹰回答说，这没问题，只要巴赫拉姆国王继

---

1 / Jean-Claude Garcin, *Les Mille et Une Nuits et l'Histoire*（Paris, 2016）, pp.38-43.

续他统治的方式，雄性猫头鹰可以给雌性猫头鹰一千个这样的村庄。听到这个故事，脸红的国王决定更加用心地处理国政。[1]

在伊本·赫勒敦 1365 年离开格拉纳达后，格拉纳达统治者的维齐尔（vizier，意为宰相），饱学渊博的伊本·哈提布（Ibn al-Khatib）给伊本·赫勒敦写了一封信（很可能言不由衷地）表达了对他离去的悲伤不舍，声称他靠"在清晨时分到废墟中散步，以求对孤单的慰藉"。[2] 伊本·哈提布本人早先曾被放逐到马格里布，他还有一本情绪十分忧郁的旅行日志记录了他当时在北非的行迹，里面有很多他在当地到访废墟的伤怀之感，以及对人生短暂无常的兴叹。[3]（本书第二章中将更详尽地讨论伊本·哈提布。）

要忽略黑死病对伊本·赫勒敦造成的影响是不可能的。纵观伊本·赫勒敦的一生，悲剧总是伴随着他。

---

1 / *Muq.*, vol.2, pp.104-105.

2 / Ibn Khaldun, "Autobiographie," 见于 *Khaldun*, *Le Livre des exemples* （Paris, 2002），vol.1, p.111：对比 Allen James Fromherz, *Ibn Khaldun*, *Life and Times*（Edinburgh, 2001），p.79。

3 / Alexander Knysh, "Ibn al-Khatib," 见 于 Maria Rosa Menocal, Raymond P.Scheindlin 和 Michael Sells，编辑的 *The Cambridge History of Arabic Literature:The Literature of Al-Andalus*（Cambridge, 2000），p.366。

第一次悲剧发生在1348年，黑死病从埃及蔓延至北非，十七岁的他失去了双亲和很多老师、朋友。在《历史绪论》中，他曾这样写道：

> 在东方和西方的文明中，黑死病都造成了国家的衰微和人口的消失。黑死病吞噬了文明中的诸多美好事物，让衰老的王朝终于在其寿命的极限处灭亡。黑死病削弱了王朝的力量，缩减了它们的影响力和权威。王朝发展到了死亡和衰落的节点。随着人口下降，文明也跟着衰落。城市和建筑物变成了无人使用的废物，道路和街巷阻塞，平民区和华丽的宅邸也人去楼空，王朝和部落也都越来越弱。整个人类世界都被黑死病改变了。在东方，（更丰饶的）文明也受到了相似、比例相当的破坏。这就仿佛世间存在的一切都在泯灭中呼唤大限来临，而世界响应了人们的呼声。真主对大地负责，所有人都包括其中。[1]

马苏第——注定被超越的历史学家

在公元十四、十五世纪，最伟大的阿拉伯历史学

---

1 / *Muq.*, vol.1, p.64.

家是伊本·哈提布、伊本·赫勒敦和阿尔·马克利兹（al-Maqrizi），他们都创作出了带有忧郁和悲观主义的历史著作。那时候的人们在废弃的房屋和沙漠村庄之间流浪。与这种时代背景形成对比的是十九世纪英格兰的辉格党历史学家们（Whig historians）所处的时代，比如麦考利（Macaulay），他所处的时代和阿拉伯历史学家们的时代实在是大相径庭。阿拉伯的历史学家们并不相信人类社会是在发展进步的过程中，而是正等待着真主宣布世界末日的来临。伊本·赫勒敦并不期待世界会变得更好，他也对未来没有希望。既然黑死病已经改变了一切，需要有人在新的情形下书写新型的历史著作，这样的著作将提供前人的教训来让后人得到警示。《黄金草原与珠玑宝藏》（*Muruj al-dhahab wa ma'adin al-jawhar*，*Meadows of Gold and Mines of Jewels*）那一类型的编年史已经注定过时了。

《黄金草原与珠玑宝藏》是阿拔斯王朝时期的历史和地理学家马苏第（896~956）的文学杰作。马苏第见多识广，他曾旅行至伊拉克、伊朗、印度、锡兰、阿拉伯等地，他著作丰富，提出了许多来自观察、见闻和广泛阅读后的见解。（我们不清楚当时支持他进行自由学术研究的收入来源是哪里。）马苏第曾饱读古希腊的著作，在这一点上，伊本·赫勒敦从未如此。在他的杰作《黄金草原与珠玑宝藏》中，马苏第不仅提供了阿拉伯人的编年史，还书写了其他六个伟大民族的历史，他们是：迦勒底人（Chaldaeans）、印度人、中国人、希腊人、波斯人和埃及人。不像伊本·赫勒敦，他最感兴趣的是非伊斯兰文明的世界，其中包括法兰芝人（Franj，即欧洲人）。我们可以明显看出，马苏第认为在他所进行的学问研究范围中，有广泛的"adab"（种类）——"adab"这个词可以翻译成"文化"（culture）、"文雅"（refinement）或"纯文学美文"（belles-lettres）。他书中的内容可以供读者们在晚餐桌上进行一场雅谈。他提供了各种门类的信息，而且，也可能是因为这一点，他把自己描述为"在夜间砍木头的人"（不可忽略的人）。在十世纪的书商伊本·纳迪姆（Ibn al-Nadim）汇编的庞大阿拉伯文学目录《群书类述》（Fihrist）中，马苏第的著作被放在了宫廷弄臣、歌手和小丑的门类中。还是不公正的。其实是一个书写既有知识性，又具娱乐性的漫谈作品的专家，马苏第是第一个认真严肃地反映出历史背后的原则和目的的阿拉伯历史学家，伊本·赫勒敦十分赞扬他的这一点。[1]在后来的另一部作品——《提醒和总结之书》（Kitab al-tanbih wa-al-ishraf）中，马苏第提到了很多之前

---

1 / Ahmed Shboul, *Al-Mas'udi and His World*（London，1979）；Tarif Khalidi, *Islamic Historiography:The Histories of Mas'udi*（New York，1975）.

的著作，这些著作已经全都亡佚了。在《提醒和总结之书》里，他论述了不同类型的政府、王道和宗教之间的关系，并讨论了政治和宗教衰败的原因。[1] 尽管他曾夸口说他完成了三十六本著作，但很有意思的是，除了《黄金草原与珠玑宝藏》和《提醒和总结之书》这两部作品以外，其他著作都没有什么存在的证据。

在穆斯林历史学家中，有一个习惯是用"isnads"（传述链）的方法来为其历史数据提供支持。"isnads"是指口耳相传的记事链，用来表示一些特定信息的权威性和可靠性。比如说，"我从阿布·伊萨克那里听说一件事，他是从希吉斯塔尼那里听说的，希吉斯塔尼是听伊本·瓦奇迪说的……"马苏第并不是一个传统主义者，他省去了这样的传述链传统，因此被大多数的阿拉伯历史学家批评，但是常常也省去传述链规则的伊本·赫勒敦并不鄙视马苏第的著作。[2] 伊本·赫勒敦偏好依赖他与生俱来的直觉来断定事件。他认为人类社会中的事件是有特定的发生方式的，如果不是以特定的方式出现，该事件就不会发生。

---

1 / Gustave E.von Grunebaum, *Medieval Islam*（Chicago，1946），pp.339-340n.

2 / Chase F.Robinson, *Islamic Historiography*（Cambridge，2003），p.36.

伊本·赫勒敦十分赞赏马苏第，赫勒敦称他是"历史学家中的伊玛目"——意思是"历史学家中的领头者"。他赞赏马苏第具有普遍性的视野，以及处理非阿拉伯和异教徒文化的敏锐能力，他还赞赏马苏第对地理、气候和种族的强调。马苏第煞费苦心地以系统化的方式组织信息，并对他的信息加以对照和检索。伊本·赫勒敦常常引用马苏第的研究内容。[1] 伊本·赫勒敦所说的游牧崇拜（cult of the nomad）很有可能是受到了马苏第的启发。在《黄金草原与珠玑宝藏》中，他认为阿拉伯人历史的最初样貌是游牧民，他们可以和库尔德人、突厥人、柏柏尔人等民族相提并论。除此之外，"古阿拉伯人之所以选择了沙漠生活，是因为他们认为城市定居是可耻、有缺陷的……他们中的有知识者（*dhawu al-ma'rifa*）认为沙漠更健康，是一种强健、健康的生活方式"。[2]

但是伊本·赫勒敦对马苏第的正面评价中也掺杂有严厉的批评，因为马苏第的写作既是为了娱乐读者，

---

1 / 关于马苏第给伊本·赫勒敦带来的帮助，见 Fischel，*Ibn Khaldun in Egypt:His Public Functions and His Historical Research*（Berkeley and Los Angeles，1967），pp.111-114。

2 / Peter Webb 摘录马苏第的说法，见 *Imagining the Arabs:Arab Identity and the Rise of Islam*（Edinburgh，2016），p.329。

也是为了劝诫读者，而伊本·赫勒敦认为他所提供的历史应该只是为了劝诫。也正因如此，在《历史绪论》的开端部分，伊本·赫勒敦阐述了历史学家总是犯错的原因，他常常使用马苏第举过的例子来做说明，这也反过来解释了为什么《历史绪论》中有对"铜之城"这个故事的讨论。

伊本·赫勒敦曾经这样写道：

> 还有马苏第的"铜之城"的故事。据说在穆萨·伊本·努扎伊尔对马格里布发动攻击的西吉玛萨沙漠（desert of Sijilmasah）中，有一座完全用铜建造起来的城市。据说这座城市的城门紧闭，当人们试图爬上城墙翻进城中时，他们总是在城墙顶端拍手击掌，然后就会掉下城墙丧命，再不能回来。这简直就是个荒谬的故事，实属说书者的闲谈。在西吉玛萨沙漠中到处是往来穿梭的旅客和向导。他们从来没说到过有这样一座城市。这里提到的所有细节都是荒谬的。

随后伊本赫勒敦继续说道，根本就不会有足够的铜来建造一整座城市。[1]但是伊本·赫勒敦大概不会承

---

1 / *Muq.*, vol.1, pp.75–76.

认，一个像马苏第这样极聪慧的人本身也肯定不相信这个铜城的故事，他也一定没有期待他的读者会相信这个故事，他只是把这个故事放在著作中来娱乐读者。因此他的著作中才有专门的一章来讲述大海和各种奇异地方的神奇故事。[1]在中世纪的阿拉伯文学中，故事和逸闻奇谈是文学的重要组成部分。

伊拉姆的柱子是什么？它们在哪里？

另一处有关废墟的传说吸引了《一千零一夜》的编纂者，同样也吸引了马苏第和伊本·赫勒敦。这就是伊拉姆的柱子（Iram of the Columns）的故事。《古兰经》里有十分模糊又寥寥带过的几句话提到了伊拉姆的柱子，经文是这样说的："难道你不知道你的主怎样惩治阿德人——有高柱的伊拉姆人吗？"（《古兰经》89:6~7）按照《古兰经》注释学家的说法，在伊斯兰时代以前，阿德的儿子沙达德（Shaddad）在也门创造了一个花园，他亵渎地将其和天堂乐园做对比，他把自己的花园称作伊拉姆，但是当他和他的大臣们一同去欣赏花园时，来自天堂的恐怖巨响毁灭了他们。在

1 / Al-Mas'udi, *Les prairies d'or*（Paris，1966~79），vol.1，p.149.

《一千零一夜》中，有一个故事细致解说了这件事。那个故事的名字是"阿布杜拉·伊本·奇拉巴和有柱子的伊拉姆城"。[1] 在这个故事里，阿布杜拉·伊本·奇拉巴为了寻找两头走丢了的骆驼而在沙漠里迷了路，后来他无意中来到了伊拉姆的奇幻城市，"那里有高耸的亭台，每个亭台里都有金银建造的小房间，墙上镶嵌着五彩宝石和珍珠，门上的装饰叶片也极其美丽"。"伊拉姆的柱子"的故事被伊本·赫勒敦不留情面地加以严格审视，他反问说，为什么来往于也门的众多旅行者从来没有关于这个地方的可靠报道呢？而且他认为"'imad"这个词应该被翻译成"帐篷杆"，而不是"柱子"。[2]

在《黄金草原与珠玑宝藏》一书中也提到了一个阿拉伯人为了寻找他走失的骆驼而发现了一个沙漠城市的故事，书中的这段内容是一个叫作"Ka'b al-Ahbar"的人传述的。但是马苏第也对此提出了自己的怀疑："很多有学识的人都把这一类的故事归为可疑的谎话，它们是说书人为了取悦各位国王而编造出来的。正是这些说书人让当时的人们知道了这样的故事并代代流传。"马苏第还进一步观察到，这样的故事在各种

---

1 / *Arabian Nights*，vol.1，pp.898-903.

2 / *Muq.*，vol.1，pp.25-28.

藏书版本中都有，其中还有一个波斯版本，"这本书以《一千零一夜》的名字面世。书中有一个故事是'国王、大臣、大臣的女儿、大臣女儿的奴隶色拉扎德和迪娜扎德'"。[1]

无独有偶，奇幻又招非议的"伊拉姆城的柱子"又在二十世纪现身，出现在奇幻小说作家洛夫克拉夫特（Howard Phillips Lovecraft）的作品里（该作者本人自幼就是《一千零一夜》的书迷）。他写道："消瘦的祭司们穿着华丽的长袍，他们吸着高处的空气并咒骂着这样的气息。终于，恐怖的景象中出现了一个人，他看起来是古代人，也许是古伊拉姆——柱子之城中的人，那个城市里的人被古老民族撕成了碎片，人们很高兴那个地方只剩下了断壁残垣。"[2] 那些去过无名城市中追求魔鬼的知识的阿拉伯人全都因眼前的情景而变成了疯子。伊拉姆柱子的故事还出现在《克苏鲁的呼唤》（*The Call of Cthulhu*，1926 年首版）中，书中有一个水手名叫卡斯特罗，他发现了"古圣们"（The Old Ones）古老又恐怖的仪式。"他说，这群狂热信徒

---

1 / Masudi, *Meadows of Gold:The 'Abbasids* (London, 1989), pp.44-46.

2 / H.P.Lovecraft, "The Nameless City," in T.Joshi, ed., *Lovecraft*, *The CompleteFiction* (New York, 2008), p.147.

的中心位于无路可通的阿拉伯沙漠中，那里有一个叫伊拉姆的地方，那是柱子之城，那里隐藏着梦境，还从未有人接触过。"[1]

在着手处理"黄铜之城"的故事之前，伊本·赫勒敦在《历史绪论》第一卷的评论中讲述了另外一个离奇故事，他说："学生们常常接受错误信息的传播，其实他们相信的只是权威。就拿马苏第来举例吧，他曾经记载过一个关于亚历山大的故事：海怪曾阻止亚历山大修建亚历山大城。于是他用一个木质的容器将一个玻璃盒子插在这个容器里，随后他进到玻璃盒子中潜入海底。在海底，他将看到的怪物画下来，再找到塑像的人把它们做成金属雕像竖立在建筑工地那里。当海怪再度出现时，它们看到那些雕像后就逃走了。从此亚历山大才完成了亚历山大城的建造。"[2]

理所当然的是，伊本·赫勒敦对整个故事持有十分怀疑的态度，首先一个统治者不会亲自冒险，他的大臣也不会允许他这么做。其次，精灵是没有固定形态的，它们不会停留于一种固定形态上。除此之外，盒子中的空气很快就会用完，里边的人会被闷

---

1 / Lovecraft, *The Complete Fiction*, p.368.

2 / *Muq.*, vol.1, pp.73–74：对 比 al-Mas'udi, *Muruj al-dhahab wa-ma'adin aljawhar*（Paris, 1861–77）, vol.2, pp.425–427。

死。虽然亚历山大和海怪的故事并没有出现在《一千
零一夜》里，但是一个篇幅更短的变体版本则被记录
在"阿鲁斯·阿拉伊斯和女骗子"的故事里，另外在
"大海和岛屿的奇幻故事"中也有收录这个故事。后
者是一本类似的奇幻故事集中的一个故事，这本书名
为《奇闻怪谈》（*Hikayat al-'ajiba wa'l-akhbar al-
ghariba*）。[1]

　　伊本·赫勒敦也认为马苏第关于阿拔斯王朝的一
些记载是不可信的。马苏第记载道：在哈里发哈伦·
拉施德（Harun al-Rashid，786~809）统治时，波斯
人巴尔马基德宗族（Barmecide clan）的首领名叫贾法
尔（Ja'far），此人在巴格达权倾一时。在 803 年时，
贾法尔突然遭到逮捕，其宗族的其他人也被拘禁并遭
没收财产。[2] 伊本·赫勒敦直接忽略了这个在《黄金草
原与珠玑宝藏》和其他编年史中有所记载的事件，在
这些记载中，哈伦·拉施德十分喜爱他的姐姐阿巴萨
（al-'Abbasa），想要她参加他的宴饮会，为了能达到
这个目的，他让阿巴萨嫁给了贾法尔，但要求他们保

1 / *Tales of the Marvellous and News of the Strange*（London，
2014），p.139-140.

2 / Hugh Kennedy，*The Court of the Caliphs:The Rise and Fall of
Islam's Greatest Dynasty*（London，2004），pp.71-77.

证不能同床。但是阿巴萨趁着贾法尔酒醉时将他骗上了床并让自己怀孕。哈伦·拉施德发现这件事后，便决定处死贾法尔。[1] 在马苏第的编年史中，出现这个故事是为了给后面的诗歌做铺陈，那些诗歌抒发了尘世荣耀、权力和财富的变化无常。巴尔马基德宗族覆亡的故事也出现在了《一千零一夜》的一些版本中。[2]

伊本·赫勒敦认为哈伦·拉施德常常和酒伴们一起喝酒的记载是荒谬不可信的。[3] 虽然在《一千零一夜》中，常有哈伦喝酒的情节，有时还会酒醉，但是所有的历史证据都指出现实中的哈伦·拉施德是一位严格遵守戒律的穆斯林。与此相似的是，伊本·赫勒敦也怀疑十世纪神学家伊本·阿布·拉比赫（Ibn 'Abd Rabbih）在《无双项链》（'Iqd al-farid）中故事的真实性，他的故事是这样的：哈伦的儿子玛蒙（al-Ma'mun）曾在夜色中的巴格达街道上散步，他看到有一个篮子被绳子和滑轮从一扇高高的窗户那里降下来，于是他爬进了篮子并被拉进了一个小房间，在那有一

---

1 / *Muq.*, vol.1, pp.28-33：al-Mas'udi, *Muruj al-dhahab*, vol.6, pp.387-89：al-Mas'udi, *The Meadows of Gold*, pp.115-120.

2 / Marzolph 和 Van Leeuwen, *Arabian Nights Encyclopedia*, vol.2, p.488。

3 / *Muq.*, vol.1, pp.33-34.

个美貌的女子，他们一同饮酒并行闺房之事。[1]伊本·赫勒敦拒斥了这个故事，原因是这个故事不符合其他史料显示出的玛蒙是一个虔诚的人的事实。再一次需要注意的是，这个故事也出现在了《一千零一夜》里，但是故事的主人公换成了与玛蒙同时代的歌手诗人伊沙克·摩苏里（Ishaq al-Mosuli）。[2]

怪异论

让我们把话题转回到马苏第身上。伊本·赫勒敦攻击早期历史学家们认为的真主创造的人有完美的身体并享有超长寿命的观点。"在最开始时，世界上的人们可以享有完全的寿命限度，人们的身体也是完美的。后来人类身体越来越恶化，而且这种恶化会不断持续，直到世界毁灭为止。"[3]伊本·赫勒敦拒绝了这样的观点，认为它只是一个假设，而且得不到任何有力证据的支持。值得注意的是，在批评马苏第的时候，伊本·赫勒敦依靠的是常识和简单的逻辑，而不是十分复杂的

1 / *Muq.*, vol.1, pp.39-40.

2 / *Arabian Nights*，vol.1，pp.903-4：对比 Marzolph 和 Van Leeuwen，*Arabian Nights Encyclopedia*，vol.1，p.232。

3 / *Muq.*, vol.1, p.359.

哲学方法。也许《黄金草原与珠玑宝藏》必须被批评攻击，才能够给《历史绪论》创造空间。

马苏第认为，规模巨大的废墟，比如金字塔和波斯的霍斯芬会客大厅（Persian Reception Hall of Khosraw）可能不是由巨人建造的。[这种幻想并不只是伊斯兰世界独有的。比如，在十二世纪西欧的韵文故事书 *Roman de Brut* 中，一个巨人帮助梅林（Merlin）建造了位于英格兰的巨石阵，另外地中海戈佐岛上的吉甘提亚神殿的巨大石像一直以来也被历史学家认为是巨人的杰作。] 伊本·赫勒敦嘲笑过那些"想象古代人的身体就像大型建筑物那么大，他们比我们更高、更宽、更重，所以才能相应建造大型建筑"[1]的观点。他尤其攻击了很多人认为的大型纪念物是由古代的阿德人建造的观念。那些人认为那些纪念物之所以巨大，是因为阿德人是巨人。伊本·赫勒敦提出，实际上那些大型建筑物是高级社会组织和利用精湛工具的结果。

虽然伊本·赫勒敦喜欢用逻辑和基于逻辑的观察来概括观点，这让他看起来很现代，但是他的理性观念也存在局限。如果我们用现代人的理解来看待他的

---

1 / *Muq.*, vol.1, pp.356-357; cf.vol.2, p.239.

一些对世界运行模式的理解的话，他的那些看法可以被我们归为怪异论（weird science）。不仅如此，很多和他同时代的人也会觉得他的观念有点太怪异了。比如说，在讨论古代被信以为真的巨人一事上，他写道："所有的这些故事里最为离奇的是奥格（Og）的故事，他是阿纳克（Anak）的儿子，迦南人，他的敌人也是以色列的犹太人在叙利亚的敌人。按照这些说书人的说法，他的个子太高，所以他从海中抓鱼，然后把鱼放在太阳旁边烤熟。"[1] 更早的历史学家，比如塔巴里（al-Tabari）和萨拉比（al-Thalabi）曾经考证过巴山国王（king of Bashan）的身高，认为他一年只睡两次觉，他身高太高，海洋只能没过他的膝盖。伊本·赫勒敦理所当然地对这样的记录加以嘲讽，因为对巨人的记录多来自无知的说书人，但是随后他开始反驳巨人把鱼放在太阳旁边烤熟这件事。他说："他们觉得太阳的热力在越靠近太阳的地方就越强，他们不知道太阳的热力是光，光在靠近大地的地方（比在靠近太阳的地方）更强，因为当光照在地面，地面会发生反射，因此靠近地面的地方的热力比（靠近太阳的地方）强许多倍……太阳本身并不冷也不热，太阳只是简单的

---

1 / *Muq.*, vol.1, pp.357-358：对比 vol.2，p.240。

会发光的单一物质。"[1]因此他相信太阳的射线离太阳越远就越热。伊本·赫勒敦相信太阳不冷也不热，只是一个发光体。实在难以猜测他是如何得到这样的想法的。

在批判炼金术和把金属变成金子可能性的讨论时，伊本·赫勒敦承认蝎子、蜜蜂和蛇的自然发生论（spontaneous generation），他认为这个现象已经被观测到了。[2]当他在讨论埃及工匠的高超技法和马格里布地区的事情时，他说他听说埃及人曾经成功地让驴子和其他四脚动物学会了说话。[3]

在考虑黑死病和其他传染病发生的原因时，他也并未表现出更为理性的一面。首先，他表示这是因为文明太繁荣，人口密度过高，这导致了空气遭到了污染。[4]但另一方面，他又主张人们要在同一个地方周围多多活动，让空气流通，避免腐败。[5]伊本·赫勒敦的朋友，同时也是他的对手的伊本·哈提布对于黑死病原因的推测则更敏锐，他认为这一灾难是由传染造成

1 / *Muq.*, vol.1, pp.357-358：对比 vol.2, pp.240-241.

2 / *Muq.*, vol.3, p.277.

3 / *Muq.*, vol.2, p.432.

4 / *Muq.*, vol.2, p.136：对比 Michael W.Dols, *The Black Death in the Middle East*（Princeton, NJ, 1977）, p.90。

5 / *Muq.*, vol.2, p.245.

的。在伊本·赫勒敦的思想里，还有许多不合理的地方。比如说，前文提到的亚历山大"海怪"一事，他认为那会导致亚历山大被热死，而不是窒息。在《历史绪论》中，他还讨论了在特定的一些战役里，神力的介入对于结果的影响。[1] 在后面的章节中我们还会看到，他对节食和巫术也有一些离奇想法。

废墟、苛政和神的判决

正如我们已经了解到的那样，除了传递关于道德的信息之外，废墟还代表着苛政，并传达了人生无常、财富易逝的信息。在《历史绪论》中，还有一种十分明显的矛盾情绪（ambivalence）弥漫在整部作品中。在大多数时候，伊本·赫勒敦都辩称废墟是自然原因或者社会发展造成的——可能是传染病、苛政、市民的放荡软弱，或者游牧阿拉伯人的破坏。"时间让我们精疲力竭。"[2] 但是在其他时候，他又觉得他有责任说人类的命运是神的判决。"当我要毁灭一个市镇的时候，我命令其中安乐生活者服从我，但他们放荡不检，所以应受刑罚的判决。 于是我毁灭他们。"（《古兰经》

---

1 / *Muq.*, vol.2, p.86.

2 / *Muq.*, vol.1, p.4.

17:16）编年史家马克利兹（al-Maqrizi）是伊本·赫勒敦在开罗的学生，他在自己的著作《高价和饥荒》（*Ighathat al-umma bi-kashf alghumma*）中也引用了同一段经文。[1]

在《一千零一夜》里，有一些故事传达了这样的信息，有一些社群注定被神的裁决灭亡。比如在"阿布杜拉·伊本·奇拉巴和有柱子的伊拉姆城"中，墓碑上的碑文写着：

> 警醒吧，你的寿数已经确定，
>
> 我是强悍城堡的主人，沙达德·伊本·阿德，
>
> 我手握权力，强大又威武，
>
> 全世界都对我臣服，惧怕我的军队和恐吓。
>
> 虽然我手握东方和西方，拥有无比的权威。
>
> 我们听到有人在传道，指引我们的人是一个得正道者，
>
> 但是我不服从，大声说："难道没有逃脱的可能吗？"
>
> 这时从遥远的地平线外传来了呼喊声；
>
> 我们就像田地的庄稼一样倒下，

---

1 / Al-Maqrizi, *Mamluk Economics:A Study and Translation of al-Maqrizi's Ighathah*（Salt Lake City, 1994）, p.53.

在我们的坟茔里，等着末日的审判。[1]

因此，就伊本·赫勒敦思索的问题而论，王朝、城市和村庄到底是因为社会发展而衰落，还是因为神的意愿而衰落呢？他的答案好像认为两者都是，这是神的意愿以自然原因得以实现。一个地方的人民罪恶，神将这个地方毁灭。以同样的方法，十一世纪的学者安萨里（al-Ghazali）在《哲学家的矛盾》（*The Incoherence of Philosophers*）中辩称，原因和结果之间并没有联系，除非神意如此。

我们将会在第四章里看到，在伊本·赫勒敦探究"阿萨比亚"（*'asabiyya*，social solidarity，一种社会凝聚力或集体情感）的作品中，他认为新获得胜利的统治者及其部落在城市中定居，三四代人之后，衰败不可避免会发生，因为统治者们会慢慢地沉迷于奢侈和过度浪费。此外，当部落凝聚力和游牧民的质朴气质越来越弱，统治者就会越来越依赖雇佣军或奴隶兵，为了付钱给这些军人，统治者开始增加没有被伊斯兰教父所禁止的税项。所以，王朝的衰落是社会发展的产物，也是或多或少不能避免的，与此同时，王朝及

---

1 / *The Arabian Nights*，vol.1，pp.902-903.

其臣民的罪恶和贪婪会受到神意的判决，偏离正道的人会遭到毁灭。所以，我们所见的一个结果是由两个原因决定的，只要满足其一就会发生。[这种多元决定论（overdetermination）对弗洛伊德《梦的解析》的读者来说一定很熟悉。]

伊本·赫勒敦研究社会科学的方式是道德教化的，在《历史绪论》的全篇中，就像在他之前的那些穆斯林神学家和哲学家那样，他也必须面对关于命定和因果关系的问题。事实上，他根本就不愿意考虑因果关系的问题。也许探究因果关系的本质并将其神学化的做法太像是揣测神意，这可能太接近亵渎了。他不认为一般人会理解因果的本质，因此在写到那些试着探究因果主题的哲学家们时，他说"我敢保证他们一定会无功而返。这就是为什么立法者（穆罕默德）禁止我们探究因果"。[1]

---

1 / *Muq.*, vol.3, pp.36–37.

第二章　十四世纪北非的权力游戏

在穆瓦希德王朝于十三世纪开始解体时，北非的政治主题就是冗长又没有结果的争斗倾轧，各支力量都想要统一之前穆瓦希德王朝统治的领土。尽管艾非奇亚（Ifriqiyya，位于马格里布地区的东部，大概是今日的突尼斯和阿尔及利亚东部）的哈夫斯王朝（Hafsid dynasty）把自己看作穆瓦希德王朝哈里发的真正继承者，因为他们是先前给穆瓦希德王朝效力的官员，但是摩洛哥的马林王朝拥有更强大的部落军队，他们更接近于统一马格里布地区。马林王朝主要依靠摩洛哥东部和阿尔及利亚西部的柏柏尔部落战士。但是在阿尔及利亚西部特莱姆森的阿布杜－瓦迪德王朝（'Abd al-Wadid dynasty，或齐亚尼王朝，Ziyanid）一次又一次地阻碍了马林王朝的雄心。控制特莱姆森是一件很有吸引力的事情，因为这座城市正好位于运送黄金的商路上，来自撒哈拉以南非洲的黄金会经过西吉玛萨沙漠来到这里。在特莱姆森，黄金会被继续运往瓦赫兰（Oran，Wahrān 又名奥兰），再从那里装船运至欧洲、埃及或土耳其。部落地区税收的不稳定始终是马林王朝面临的一大难题。除此之外，马林王朝、哈夫斯王朝、阿布杜·瓦迪德王朝内部的王位争端更让这三个王朝之间相对简单的三角竞争关系趋于复杂。对马林王朝和其他北非王朝来说，他们的统治中有一个潜藏的问题，即不存在长子继承制度。而且跨过直布罗陀海峡不远处的纳斯里王朝（Nasrid dynasty）也常常介入北非的政治事务（反之亦然）。

地形学

伊本·赫勒敦的大部分地形学信息都来自《想要探索世界各地的乐行者之书》（*Nuzhat al-mushtaq fi ikhtiraq al-afaq*），这是一部地理著作，是穆罕默德·伊德里斯（Muhammad al-Idrisi）在十二世纪时为西西里的统治者罗杰二世（Roger II of Sicily）编纂的。伊德里斯曾把世界分为七个区块，每一个区块又分为十个部分。寒冷的第七区和酷热的第一区里并没有太多人口。[1]中间的区块文明最兴盛，对伊本·赫勒

---

1 / Hugh Kennedy，*An Historical Atlas of Islam*（Leiden，2002），p.1；HenriBresc 和 Annliese Nef，*Idrisi：La première géographie de l'Occident*（Paris，1999）。

敦来说最重要的地点是北非城市和在第三区的柏柏尔势力所在，其他伟大的东方伊斯兰中心地区也都位于这个区块之中。按照《历史绪论》的说法，"科学、工艺、建筑、服饰、料理、水果，甚至是动物，以及所有在中间的三个区块的事物都以温和适度著称（个性适宜）。在这些地区居住的人的身体、肤色、个性和大体条件都很温和"。拜占庭人、波斯人、以色列人、希腊人、印度人和中国人在这些区域中兴盛繁荣地生活。[1]伊德里斯、伊本·赫勒敦和多数的中世纪阿拉伯学者都认为地球理所当然是一个球体。多数由伊本·赫勒敦完全照搬自伊德里斯和其他阿拉伯地理学家的内容和《历史绪论》所主要探讨的历史话题并没有什么关联。在《历史绪论》第一章的这个部分中，他主要是在讨论温和的地区和不温和的地区，读起来更像是综合性的百科全书，而不像是一本关注历史发展背后之驱动力的专著。

尽管伊本·赫勒敦对"铜之城"和"伊拉姆的柱子"抱有怀疑态度，但是他相信神怪物种雅朱者（Yajuj，亦称歌革，Gog）和马朱者（Majuj，亦称马革，Magog）的存在，而且他认为亚历山大大帝修建大

---

1 / *Muq.*, vol.1, pp.167，172.

坝就是为了把这些怪物阻挡在外[1]。我们可以推断，他这么认为是因为这些怪物的情节和启示意义在《古兰经》（21:96~97）中出现过：

> 直到雅朱者和马朱者被释放，他们将从各个高地成群冲出。
>
> 真实的诺言（复活日）临近了。（人类从坟墓中被复活时，你将看见）不信仰者的眼睛突然因恐怖而直瞪。（他们将说）："我们真该死！我们的确忽略了此事。不，我们是不义者。"

红宝石岛是另一个这样的奇异之地。在这个岛上，有大量的红宝石和致命的大蛇，这个岛屿是人们难以接近的，因为它的外围是一圈陡峭的高山。尽管如此，这个地区的人们却能借助神力来开采红宝石。[2]

我们先不论伊德里斯和伊本·赫勒敦对世界地理的概述呈现，从突尼斯城到直布罗陀海峡之间有大约1500英里，以整体来看，十四世纪北非地区的土地要比现在更肥沃。按照现代的估算，撒哈拉沙漠以每年

---

1 / *Muq.*, vol.1, pp.161-163: cf.pp.110，137，149，157-158，166，172.

2 / *Muq.*, vol.1, p.138.

几百平方英里的速度向外扩张。人们对木柴的过度取用导致了河流的干涸。

马格里布和艾非奇亚位于地中海沿岸的干燥地区，布罗代尔（Fernand Braudel）曾经这样描述这一地区：

没有水的干旱地：这里很少有泉水、水气、植物或树木。一些稀疏分布的植被就可以被誉为"牧场"了。木头在这里是极为宝贵的。在这样的干旱地方，泥屋（clay houses）从印度开始延伸至热带非洲的大片城镇地带，人们的房子都像是"泥土做的帐篷"：石头房子在这样的地方就可以算是出类拔萃的建筑杰作了；这种房子就是把石头反复堆积起来，没有任何的木工……这里的人们所面临的问题和地中海地区的人们不同，地中海地区的人要想着怎么造商船和战船，但是这里的人担心的却是日常的起灶做饭事宜，寻找简单的柴火是这里的一大麻烦。柴火要架在两块石头上来起灶，各种东西都被人们用来当柴烧。一点点树枝，或者是灌木、干草、细颈草、棕榈树的树皮都被用来当柴烧。骆驼、马或牛的粪便也被晒干做柴火。[1]

阿特拉斯山（Atlas Mountains）从大西洋的海峡沿岸处一直延伸到艾非奇亚。每年冬天，沿海地区和

1 / Fernand Braudel, *The Mediterranean and the Mediterranean World in the Age of Philip II*（London, 1972）, vol.1, p.174.

山区会有大西洋水气造成的降水。艾非奇亚地区（大致相当于今天的突尼斯）最重要的城市是突尼斯城（Tunis）和凯鲁万（Kairouan），沿海的平原地区一直到今天都是土地肥沃的。北方走廊地区种植有玉米、小麦和橄榄树，在更干燥的中部和南部地区则主要种植大麦。从十月到来年四月，这里的气候湿冷，中世纪时的游牧民主要栖息在沿海的陡峭山区以南和撒哈拉沙漠以北的地方。

君士坦丁（Constantine）、比斯克拉（Biskra）、贝贾亚（Béjaïa）和特莱姆森是这个地区最重要的城市，这些城市构成了今天的阿尔及利亚。阿尔及利亚的沿海条状地带和多山的内陆构成了泰勒地区（Tell region）。在其他地方，陡峭的坡地阻碍了大规模的农业生产。阿特拉斯山脉稍微下降而形成了高原，在这样的地方，人们主要从事放牧，养育绵羊和山羊。从高原地区再向南前进，就到了撒哈拉沙漠。

菲兹和马拉喀什（Marrakesh）位于肥沃的大西洋平原上，它们的南边是西吉玛萨（Sijilmasa），在十四世纪时，这三座城市是摩洛哥的主要城市。里夫地区是北部沿海地区的高地，那里有一些土壤肥沃的谷地。在十四世纪时，那里仍然有茂密的森林。定居人口的农业活动主要集中在北部和摩洛哥山区以西。如果有人从里夫开始，自北向南走，就会依次到达中阿特拉斯（Middle Atlas）、高阿特拉斯（High Atlas）和小阿特拉斯（Anti-Atlas）。高阿特拉斯就像是平原中升起的一座高墙，它的南坡和东坡常常下雨，有溪流流向河谷。在坡地上，从古至今都有梯田农业存在。到了春末，低地村庄里的人们会带着他们的牲畜转移到高阿特拉斯山坡上的牧场去。最高的北坡上有森林，但是坡地植被主要集中在南坡，高山融雪提供了牧场和一些能够耕作的农地。传统上，高阿特拉斯是不受控制的居民领土，菲兹的马林王朝很难对山区施行任何控制，而且后来的法国殖民者也将这些地方蔑称为 "*le Maroc inutile*"（没用处的地方）。阿特拉斯山脉以外的撒哈拉沙漠地区是撒哈贾柏柏尔人（Sahaja Berbers）的领土。大体而论，撒哈贾柏柏尔人在沙漠中游荡，马斯慕达柏柏尔人（Masmuda Berbers）则主要在山里活动，扎纳塔柏柏尔人（Zanata Berbers）住在平原地区。扎纳塔部落给北非的各个政权提供轻骑兵，他们同时也给格拉纳达的纳斯里王朝提供同样的保障。

伊本·赫勒敦在北非的早期生涯

伊本·赫勒敦总是从一个城市搬去另一个城市，从一个统治者手下到另一个统治者手下，他担任过各种行政官员和文书的职务。在《历史绪论》里，他特别夸大一名文书人员所应该具有的才能："他应该有好文采；来自上流社会，有渊博的知识"；"他必须考虑到自己是知识分子中的中流砥柱，因为他所处理的事情可能会被带到统治者的群臣那里"。最后，一个文书还应该要有好的操守。[1] 有时候伊本·赫勒敦貌似是在统治者身后出谋划策的人，但是其他时候他不是在监狱里就是在逃跑的途中。他可以被看作某种文职雇佣兵（bureaucratic condottiere），身处危险重重的官场之中，政治失败的惩罚通常会让人送命。

伊本·赫勒敦的全名是瓦利·阿勒丁·阿布杜拉赫曼·伊本·赫勒敦，出生在 1332 年哈夫斯王朝的突尼斯城。正如本章后面会提到的，伊本·赫勒敦的一生都在从事官员、外交人员、朝臣和教师的职业，在他启程前往埃及以前，他是一个很有趣又复杂的人，他在不同的宫廷中做过很多不同的职位。[2] 他的祖先拥有贵族身份，他夸耀说他的祖先可以上溯至伊斯兰教发源地，以前居住在哈达拉毛地区的金达部落（tribe al-Kinda），按照他的说法，他的家族在伊斯兰征服的

---

1 / *Muq.*, vol.2, pp.27-28.

2 / 关于伊本·赫勒敦之生平，以下作品是极为有用的参考：Franz Rosenthal，"Introduction，"in Muq.，vol.1，pp.xxxix-lvii；M.Talbi，"Ibn Khaldun，" 自 *The Encyclopedia of Islam*（Leiden，1960-2009），vol.3，pp.825-831；Fromherz，*Ibn Khaldun*。

早期定居在塞维利亚（Seville），但是在收复失地运动（Reconquista）中，由于基督教军队在 1248 年占领了卡斯蒂利亚（Castille），他的家族在此之前逃到了艾非奇亚。（在整个十三、十四和十五世纪期间，突尼斯城、菲兹，尤其是特莱姆森的统治者接纳了大量从安达卢西亚逃来的难民，如果他们有政府机关工作的经验或者学术背景，统治者也乐于给予他们官职。）伊本·赫勒敦对他的家世背景特别骄傲，他也十分认同自己的安达卢西亚文化。他既是学者也是官员，他的父亲曾是学者和法学家（*faqih*）。

统治北非和安达卢西亚的穆瓦希德王朝在 1269 年灭亡，帝国分裂成了一些后续的政权，它们是哈夫斯王朝、阿布杜·瓦迪德王朝和马林王朝。在突尼斯城、特莱姆森和菲兹，穆瓦希德王朝的遗绪仍然隐约出现在这些政权的政治运作中。在哈夫斯王朝的突尼斯城，许多统治精英都是来自有穆瓦希德祖先的军事贵族。这些旧精英阶层十分用心地维护穆瓦希德王朝的机构设置和头衔的传承。但是在十四世纪，来自安达卢西亚的难民和他们的后代开始在宫廷中享有越来越大的影响力，他们开始和之前的旧精英阶层展开竞争。在北非，突尼斯城是安达卢西亚文化的中心。安瑟姆·阿多诺（Anselm Adorno）是一名朝圣者，他在 1470 年时造访了突尼斯城，在他的描述中，这座城市的防守固若金汤，人口众多，有很多围绕庭院而建的白色大理石大宅。在城市的东门外，有一个十分热闹的城郊地区，这里住着很多热那亚人、威尼斯人、比萨人、佛罗伦萨人和加泰罗尼亚人，他们都是商人。当时的统治者有八九千名贝都因骑兵，不过他们虽然是在突尼斯城附近驻防，但是从未得到在夜晚通过城墙进城的许可。统治者需要这些阿拉伯人来帮他抵御其他阿拉伯部落。[1] 虽然伊本·赫勒敦十分欣赏伊本·图马特（Ibn Tumart），此人曾经宣称自己是"马赫迪"（Mahdi）并在北非和安达卢西亚建立了穆瓦希德帝国，但是伊本·赫勒敦对哈夫斯王朝所抱有的那种怀念穆瓦希德王朝的遗绪十分不以为然，而且在总体上看，他对穆瓦希德王朝的统治亦带有些许敌意，表现得更乐于见到马林王朝取代他们在马格里布西部的统治。

从十三世纪末期开始，哈夫斯王朝的统治者开始以哈里发自居。然而，哈夫斯王朝的突尼斯在军事上比较弱小，和摩洛哥的菲兹相比，他们在文化上也较为闭塞。在马林王朝的阿布－哈桑·阿里（Abu'l-Hasan'Ali，1331~1348）的统治下，菲兹已经成了北非地区最强大的首都。在哈夫斯王朝的统治者阿布·叶哈亚（Abu Yahya）于 1346 年去世的一年后，阿布－

---

1 / Anselm Adorno, *Itinéraire d'Anselme Adorno en Terre Sainte* （1470−1471）, pp.101, 103, 141.

哈桑占领了突尼斯城，并且带了一批支持他的朝臣和学者作为随行人员。阿布－哈桑是一个特别严格的穆斯林，他曾经跟随伊本·马祖克（Ibn Marzuq）学习《古兰经》。这位统治者也是一名出类拔萃的书法家，他会在闲暇时间用优美的书法誊写《古兰经》经文，然后将这些作品当作外交礼品送人。他也创作诗歌，并对苏菲派和知识分子十分热情。[1]普遍来看，这时候的北非统治者们都有一个特别突出的特征——他们特别喜欢得到出色学者们的簇拥和服侍。高调炫耀宫廷中拥有大量有识之士和知识分子的行为被视作拥有王权的象征，这就像是皇家排场、在星期五的聚礼中以统治者的名义得到祝福、铸造印有自己名字的货币一样，都是有重要意义的事情。但是有一种特别显而易见的炫耀方式是马格里布和安达卢西亚特有的，虽然埃及和叙利亚的马穆鲁克苏丹们也会资助学者，但是他们几乎从来不会像马格里布和安达卢西亚的统治者一样给予知识分子重要的政治职位，而且苏丹的声望也不会取决于他给知识分子提供资助的多寡。

最初，年轻的伊本·赫勒敦跟从他父亲和家人的朋友接受教育，后来他受益于阿布－哈桑带来突尼斯

---

1 / Mohammed B.A.Benchekroun, *La Vie intellectuelle Marocaine sous les Mérinides et les Wattasides*（Rabat, 1974）, p.38.

城的摩洛哥学者们。尤其是跟随穆罕默德·伊本·易卜拉欣·阿比里（Muhammad ibn Ibrahim al-Abili）学习的经历让他受益匪浅。阿比里是一位著名的数学家，也是理性学问领域（*al-'ulum al-'aqliyya*）的大师。他出生在特莱姆森，自幼就对数学有着超凡的热情。他先是在穆斯林西班牙当兵，后来他旅行到了阿拉伯世界的东部，和那里的伟大学者们一同学习，但是就在这段时期里，他开始经受某种精神崩溃的症状。在回到马格里布以后，他学习了宗教法学（*fiqh*）和神学（*kalam*）。之后，他学习了理性学问并开始热情地研究十二世纪神学家和《古兰经》注释者法赫尔丁·拉齐（Fakhr al-Din al-Razi）的著作，他也成了这方面的专家。最终，阿比里加入了阿布 – 哈桑的宫廷和内阁圈子。当他住在突尼斯城的时候，他和伊本·赫勒敦的父亲成了邻居，于是就开始教授伊本·赫勒敦法学、神学、哲学、数学方面的知识，这一过程持续了三年。[1]

阿比里的著作如今已经全都散佚了，但是在伊本·赫勒敦的自传作品中有很多地方都提到了阿比里，伊本·赫勒敦评论他是"宗教科学的杰出大师"。阿

---

1 / 关于 al-Abili 的内容，见 Nassif Nasser，"Le maître d' Ibn Khaldun: al- Abili,"*Studia Islamica* 20（1964），pp.103-115。

比里给他提供了逻辑学、哲学和数学方面的训练。[1] 在
《历史绪论》中，伊本·赫勒敦也一再地将阿比里称作
他的导师。[2] 除了教授伊本·赫勒敦，阿比里还曾教授
年岁大得多的伊本·阿拉法（'Arafa），此人也将成为
另一位伊斯兰世界西部的顶级知识分子。阿比里拒绝
在马德拉沙（madrasas，宗教学院）任教，原因可能是
马德拉沙的教学大纲受到了当权者的严密控制。[3] 他也
反对增加教科书的数目，或是删节教科书内容的行径。
伊本·赫勒敦在这件事上继承了他老师的态度，认为
比起坐在不同老师的足下学万卷书，倒还不如走出教
室去行万里路。

虽然我们可以确定伊本·赫勒敦从马格里布西部
来的学者们那里获益颇丰，但是马林王朝宫廷对突尼
斯城的占有只是暂时的，当阿布－哈桑的统治变得不
得人心，他对艾非奇亚的占有也就愈发不稳了。特别
是内陆的苏莱姆部族联盟（Banu Sulaym confederacy）
中的贝都因阿拉伯人（Bedouin Arabs）痛恨阿布－哈

1 / Ibn Khaldun, *Le Voyage d'Occident et d'Orient*（Paris，
1980），pp.48-49，54-58，72.

2 / *Muq.*, vol.2, pp.189, 198, 339.

3 / Maya Shatzmiller, *The Berbers and the Islamic State:The
Marinid Experiencein Pre-Protectorate Morocco*（Princeton，NJ，
2000），p.92.

桑废除了他们对定居居民收税的权力，因此他们起身反抗。阿布－哈桑曾经在特莱姆森地区招募了扎纳塔部落战士作为雇佣兵，但是在这个时候，雇佣兵们抛弃了阿布－哈桑，随后阿布－哈桑在 1348 年发生在凯鲁万附近的战役中被打败了。与此同时，黑死病传播到了突尼斯城，这场灾难害死了阿布－哈桑的许多随员和士兵，他只好带着残留的人马向菲兹方向撤退。在前文中我们已经提到了，黑死病夺去了伊本·赫勒敦的双亲、很多朋友和老师。在《历史绪论》中，他引用了一位突尼斯诗人的诗句叙述这件事：

> 突尼斯城日和夜，
>
> 日夜无常，人心慌张，
>
> 恐惧、饥饿与死亡，
>
> 伴着骚乱与瘟疫之殇。[1]

最终，虽然黑死病过去了，但是突尼斯城的盛况也大不如前了。

1348 年哈布－哈桑在凯鲁万打了败仗之后，他的儿子阿布·伊南·法里斯（Abu Inan Faris）宣称阿

---

1 / *Muq.*, vol.3，p.264.

布－哈桑已经死了，但是后来阿布－哈桑又重新出现在了人们眼前，阿布·伊南于是开始和阿布－哈桑作战并且获得了胜利，从而逼迫阿布－哈桑签署了退位文书。阿布－哈桑在这之后不久就离开了人世，死因有可能是遭到了谋杀。就像宫廷政治中已经司空见惯的那样，阿布·伊南接下来便开始对他的亲属们下手。他杀死了两个堂表兄，并放逐了两个兄弟。（马林王朝放逐王子和政治人物的地方通常是西班牙南部的格拉纳达。）随后，当他牢牢地掌控了菲兹后，阿布·伊南认为他应该追随他父亲的脚步，重新开始了向东的军事行动。

在 1350 年，全突尼斯城最有权势的人是朝廷中的"哈吉卜"（*hajib*）——伊本·塔福拉欣（Ibn Tafraghin）[1]，他也是穆瓦希德王朝议事会里的大谢赫。虽然"*hajib*"的字面意思是"看门人"，但是这个职位可比它的字面意思要重要多了。伊本·塔福拉欣掌控整个宫殿，确保统治者的安全，并且能掌控那些接近统治者的人。在十四世纪，哈吉卜的权力和职权相当于大维齐尔。伊本·塔福拉欣把哈夫斯王朝的王子阿布·伊沙克（Abu Ishaq）推上了王位，然后将他当作

---

1 / "*hajib*" 的字面意思是"看门人"，这个职位类似于西方宫廷中的内务大臣。——译者注。

自己的傀儡进行实际统治。在这一年中，伊本·塔福拉欣雇用了伊本·赫勒敦担任"掌玺大臣"（*sahib al-'alama*），这是伊本·赫勒敦的第一份工作。他主要负责在官方文书的末尾处写下苏丹精细又复杂的签名——这是一个和书法艺术水准相关的职务。但是在北非，"掌玺大臣"通常是大臣之首担任，并监督所有重要文件的起草，而且还有外交方面的职责。"掌玺大臣"在官阶排位上位列第三，低于大维齐尔和哈吉卜。[1]因此我们可以说伊本·赫勒敦的第一份工作绝对非同小可，但他只是"小池塘里的大鱼"，因为伊本·塔福拉欣和他的傀儡苏丹的实际控制范围甚至无法超过突尼斯城的远郊，伊本·赫勒敦的雄心可远远不止于此。

另外，伊本·塔福拉欣和他的哈夫斯王子面临着来自哈夫斯宗族内部成员的挑战，这些对手的势力集中在君士坦丁和贝贾亚，因此这个地区的局势十分动荡。马林王朝的王子阿布·伊南·法里斯在动荡局势中获利，而且他的军队在1352年占领了哈夫斯王朝的贝贾亚。这时候，伊本·赫勒敦就抛弃了哈夫斯人，加入到了阿尔巴萨·伊本·阿比·阿米尔（al-Batha

---

1 / Ahmed Khaneboubi, *Les Institutions gouvernmentales sous les Merinides（1258–1465）*（Paris，2008），p.110：Ibn Khaldun, *Voyage*，p.47.

ibn Abi'Amr）的门下，他是马林王朝的哈吉卜，被任命进驻贝贾亚并管理该城。

在 1354 年时，一直住在贝贾亚的伊本·赫勒敦得到了阿布·伊南的传唤，在此后的几年中，他在菲兹城同时担任朝臣和苏丹的秘书之一，但是他对此并没有什么兴致。[1] 不过，在马林王朝的都城里至少还有很多图书馆，而且他在这里找到了才智方面的刺激。阿布·伊南和他的父亲一样，身上都带有学者的特点，他们喜欢参加智慧话题的辩论，当时的菲兹就和突尼斯城一样，已经成了（穆斯林西班牙）难民的栖身之地，这里会聚了来自安达卢西亚的学者和朝臣，这些人大大促进了马林王朝的文化发展。

菲兹的凯拉维因清真寺（Qarawiyyin Mosque）建于公元 859 年，此后经过多次扩建，这座清真寺是北非地区最大的清真寺。它的功能不仅是聚礼日清真寺（在每个主麻日，星期五，穆斯林会聚在大清真寺里参加聚礼），而且还是城市的主要学术机构。在这里，有

十四世纪北非的权力游戏

---

1 / 因为我没有找到单独叙述马林王朝历史和伊本·赫勒敦与马林王朝互动的史料，所以以下的记录是来源自不同的数据源的。但即便如此，下面的三本著作对这一话题十分有帮助：Benchekroun, *La vie intellectuelle*；Khanenoubi, *Les institutuions gouvermentales*；Maya Shatzmiller, *L'historiographie Merinide:Ibn Khaldūn et ses contemporains*（Leiden，1982）。

《古兰经》、沙里亚法（Shari'a law）、地理、医学、天文学和算术方面的学习，学生甚至享有定期的津贴补助。伊本·赫勒敦在此学习的图书馆直到今天仍然保留着，而且还保存着伊本·赫勒敦签名版的《历史绪论》和《警示之书》，它们是伊本·赫勒敦定居在开罗以后捐赠给图书馆的。他规定，一个可靠之人在交纳押金之后，就可以借阅这部手抄本，时长为两个月。从十三世纪末开始，这座清真寺传授各种门类的知识，其他更小的清真寺也得到了马德拉沙的补充。马德拉沙是逊尼派伊斯兰教的学术机构，这种教育机构最先出现在伊斯兰世界东部，其最初的功能之一是打击什叶派（所宣传的教义）。在摩洛哥，马德拉沙使用阿拉伯语授课，目的是推广阿拉伯语在宗教和政府机构中的使用，以抵消柏柏尔语的使用。菲兹的马德拉沙吸引了来自摩洛哥各地的学者来此学习。在菲兹，有许多这样的学院，其中最著名的是阿布·伊南马德拉沙（Bou'Inaniya Madrasa），这所学院由阿布·伊南于1355年建立在凯拉维因清真寺附近。阿布·伊南十分热衷于修建和支持马德拉沙，他将其看作政府对宗教和学术加强控制的工具，因为所有的马德拉沙都在马林王朝的控制下。马德拉沙的教学内容大部分都限于宗教研究的范畴，伊本·赫勒敦貌似从来没在马德拉沙中学习过，也许他根本看不起这种学习方式。

尽管伊本·赫勒敦在菲兹奋力学习，而且菲兹可能是他的智识结构得以形成的地方，但是他貌似认为宫廷秘书是一个有碍他尊严的职位，因此他参与了一场反对马林王朝的政治阴谋，想要重新推举一位哈夫斯王子在贝贾亚上台，这位王子是阿布·阿布杜拉（Abu'Abd Allah）。但是在1357年，政变阴谋败露，他被关进了监牢，在铁窗后度过了二十一个月。同一年，阿布·伊南试图重新占领突尼斯城，这一行动是他统一北非计划的一部分。但是他遭到了达瓦维达阿拉伯人（Dawawida Arabs）的背叛，这些人是他军队的重要组成部分，他们拒绝长时间在远离他们传统战场的地方作战，随后他不得不撤退回菲兹。在随后的一年中，阿布·伊南因为在一些事务上没有询问谋士们的意见，因此招致不满，他的维齐尔之一哈桑·伊本·欧玛尔·弗杜迪（al-Hasan Ibn'Umar al-Fududi）趁他生病虚弱的时候勒死了他。他的被害标志着马林王朝衰落的开始，从此之后，王位就一直处于各位王子和他们的背后支持者的争夺中。

在阿布·伊南被杀后，弗杜迪将阿布·伊南尚在襁褓中的儿子扎伊尔迪（al-Sa'id）推上了王位，他自己以摄政者的身份进行统治。这位维齐尔认为可以释放狱中的伊本·赫勒敦，但是伊本·赫勒敦对他并未表现出多少感激之情，反而支持了另一个马林王朝的王子阿布·萨利姆（Abu Salim），他是前任苏丹的一个兄弟。在阿布·萨利姆的指派下，伊本·赫勒

敦去了内陆地区招募梅尔因柏柏尔部族（Banu Merin
Berber tribesmen）士兵。

当伊本·赫勒敦正在内陆地区和柏柏尔部落交涉
的时候，沙姆斯·阿尔丁·阿布·阿布杜拉·伊本·
马祖克（Shams al-Din Abu'Abd Allah ibn Marzuq）
正在菲兹城内效力于阿布·萨利姆旗下。[1] 尽管这两位
学者–政客暂时身处同一阵营，但伊本·马祖克此后
将成为伊本·赫勒敦最避之不及的人。伊本·马祖克
出生在 1310 年或 1311 年的特莱姆森，他比伊本·赫
勒敦年长，在当时也远比伊本·赫勒敦有名气。年轻
时，他曾于麦加、麦地那和开罗学习。1333 年，他加
入了阿布–哈桑的宫廷，但是自 1347 年起，他转而
效力于特莱姆森的阿布杜·瓦迪德王朝，后来又效力
于格拉纳达的纳斯里王朝，在最终回到菲兹的马林王
朝宫廷效力以前，他担任过阿布–哈桑的秘书、外交
使节、宫廷教职人员。在 1371 年仍在哈夫斯宫廷效力
时，他曾创作了一部给马林王朝阿布–哈桑的统治歌
功颂德的作品（名为《吾辈明君阿布–哈桑之无瑕美
德》，*Musnad al-sahih al-hasan fi ma'thir mawlana*

---

1 / Ibn Khaldun，*Voyage*，p.84.

Abi al-Hasan）。[1] 这部编年史作品的目的是吸引马林王朝阿布尔·阿齐兹（'Abd al-'Aziz，1366~1372 年在位统治）的资助。在编年史中，他特别注重强调作者本人对阿布尔·阿齐兹的父亲阿布－哈桑有多重要。除了颂扬阿布－哈桑的统治以外，这本编年史的内容极其广泛，甚至已经接近于一部百科全书了（在这一点上和《历史绪论》很相似），但是伊本·马祖克的作品中对服侍、饮食、民宿之类的事物有着很详细的描述，这些内容在伊本·赫勒敦的著作中是趋于被忽视的。伊本·马祖克是未来安达卢西亚的两位维齐尔——伊本·哈提布和伊本·扎姆拉克（Ibn Zamrak）的老师。除了编年史，伊本·马祖克对其他方面的题目也十分熟悉，他旅行各地，在菲兹和特莱姆森担任高官。北非政治是一件充满危险的事情，他曾经多次遭受解职和囚禁。

得到伊本·马祖克和伊本·赫勒敦支持的阿布·萨利姆还拥有卡斯蒂利亚的基督教军队的支持。在得到大权后，阿布·萨利姆（1359~1361 年在位）任命伊本·马祖克担任大维齐尔，伊本·赫勒敦为 "*katib al-sirr*"，（字面意思是 "scribe of the secret"，"机要

---

1 / Shatzmiller, *L'historiographie Mérinide*, pp.36-43: Benchekroun, *La vie intellectuelle*, pp.283-293.

文书"，这个职位在菲兹相当于"副总理"）。[1] 很可能
伊本·赫勒敦曾期待得到维齐尔的职位，但即便是这
样，拥有维齐尔权力的伊本·马祖克在苏丹之下还是
难以独揽权威，他嫉恨伊本·赫勒敦受到的宠爱，当
伊本·赫勒敦被授予"*mazalim*"（监察使）的职权后，
他们之间的龃龉更深了。"监察使"的职责是调查和惩
戒那些违反沙里亚法的官员。[2]

荣耀时代——伊本·哈提布

伊本·赫勒敦在马林王朝的菲兹身居高位的时
候，遇到了当时另一位伟大的知识分子和学者兼政客里
桑·阿尔丁·穆罕默德·伊本·哈提布（Lisan al-Din
Muhammad ibn al-Khatib，1313~1374）。此人曾经在
伊本·马祖克门下求学，后来去了格拉纳达，效力于
纳斯里王朝统治者穆罕默德五世（Muhammad V）。伊
本·哈提布自穆罕默德五世登上王位开始到1354年一
直担任维齐尔的职位。十六岁的穆罕默德五世曾在好
几年中作为伊本·哈提布的门徒接受教育。1359年，
穆罕默德在一场政变中被罢黜，他的弟弟伊斯玛仪

---

1 / Ibn Khaldun，*Voyage*，pp.85-86.

2 / Ibn Khaldun，*Voyage*，p.86.

（Isma'il）登上了王位，伊本·哈提布跟随着穆罕默德来到菲兹避难。在这里，伊本·哈提布和伊本·赫勒敦碰面并成了朋友。伊本·哈提布是官员贵族，一生中都比伊本·赫勒敦更著名、更有权势，也有更多的著作，在此后几百年的时间里，他的光芒盖过了他的年轻友人。对伊本·赫勒敦来说，伊本·哈提布大概是他一生中最有影响力的人了。在《旅程》中，他形容伊本·哈提布是"真主在诗歌、散文、知识和文化上的奇迹之一"。他名字中"Lisan al-Din"部分的意思是"宗教之舌"，这是一个荣誉头衔，来赞美他的雄辩口才。他也被人们称作"双寿之人"，因为他患有慢性失眠症，因此他利用漫漫长夜继续写作。他一生中写下了各种体裁的作品超过六十本。

伊本·哈提布相信，历史著作是榜样和范例的来源，他声称如果没有历史著作的话，美德之光将会熄灭。他以极其富有文采的方式书写历史，在当时他的编年史被人们看作以诗歌文体完成的杰作。和认为历史发展有其背后规律的伊本·赫勒敦不同，伊本·哈提布更加关注戏剧性的突发事件、个人的性格和动机。他写了一本格拉纳达的历史，开篇处就着墨于格拉纳达的统治者们从幼年一直到登基之后的编年史，但是在他还没完成的时候，这本书就扩展成了一部宏观历史著作，书名是"A'mal al-a'lam"（《伟人之举》）。他提出，所有的王朝在发展进程中随着时间的推移都注定变得腐败、贪婪和野心过重。历史是篡位和夺权的循环。在他的著作中，我们应该注意到一件有意思的事，即作者在所有论及伊本·赫勒敦的地方，都没有将他称作历史学家。而且同样怪异的是，伊本·赫勒敦在提到伊本·哈提布的所有地方，也从来没有提到过他的编年史著作。

就像我们已经注意到的那样，和伊本·赫勒敦一样，伊本·哈提布也对古代废墟所传达的道德和政治信息持有十分沮丧、悲观的看法。维多利亚时期的赞美诗作者赖特（Henry Francis Lyte）有几行歌词可以描述伊本·哈提布的立场："目光所及各处都有变化和衰退；喔！永恒不变的主，与我同在。"作为一个立场悲观的高傲贵族，伊本·哈提布十分鄙视普通大众。除了历史著作以外，伊本·哈提布撰写了三本叙事宏大的旅行见闻录，其中有一本名为《晃动的行囊》（*The Shaking of the Bag*），记录了他在摩洛哥的流放和回到格拉纳达的情形，结尾部分记载了1362年12月在阿尔罕伯拉宫（Alhambra）举行的一场无比盛大的庆祝，以此来纪念先知的生日。

伊本·哈提布还是一名虔诚的苏菲主义者，在到达菲兹之后，他并没有在当地抛头露面，而是从政治风波中退隐多年，在摩洛哥沿海地区的塞拉（Salé）研修神秘主义和冥想。后来在1367年，他编纂了《高贵爱中的花园指南》（*Rawdat al-ta'rif bi'-hubb al-*

sharif, Garden of Instruction in Noble Love），这是一部描绘神意的诗文集作。苏菲派相信有一种爱的方法，可以让星移斗转，让宇宙运行。伊本·赫勒敦在讨论"扎加尔"（*zajal*）诗歌格式时（详见本书第九章），曾引用了伊本·哈提布创作的苏菲诗句，并表示认同：

> 日出日落间，
> 人作各式爱之篇。
> 故人去，新人来，来来往往，
> 唯真主不朽，永恒天地间。[1]

伊本·哈提布从伊本·阿拉比（Ibn al-'Arabi）和伊本·萨布因（Ibn Sab'in）的著作中汲取了很多思想，这两位作者都是十三世纪时生活在安达卢西亚的苏菲派信徒。这些作者所持的宗教正统性时常遭受质疑，因此有时候在著作中提到他们也是很容易引火上身的。[2]实际上，这也正是导致伊本·哈提布死亡的原因之一。

在 1362 年，穆罕默德五世重新夺回了王位，伊

---

1 / *Muq.*, vol.3, p.459.

2 / Alexander D.Knysh, Ibn'Arabi in the Later Islamic Tradition:The Making of a Polemical Image in Medieval Islam (Albany, NY, 1998), pp.171-184.

本·哈提布随同他回到了格拉纳达。与此同时，菲兹的政治局面继续动荡不安。伊本·马祖克决心把所有的权力都集中在自己手中，这使得他下面的所有人都疏远了他。1361 年，一名维齐尔，阿玛尔·伊本·阿布杜拉（'Amar ibn'Abdallah）发起了一场反对阿布·萨利姆的叛乱，阿布·萨利姆在动荡中失踪了，人们猜测他已经遭到了杀害。随后伊本·马祖克被投入了监狱。[1]最终他得到释放并想方设法来到了突尼斯城。在这里，拥有无上权力的伊本·塔福拉欣欢迎了他，但是没过多久，那里的情形变得让他也自身难保了。1372年，伊本·马祖克放弃了北非政治，逃去埃及，在那里专心于学问直到 1379 年离世。他作为一名官员和学者跌宕起伏的一生在很多方面都和伊本·赫勒敦相似。

身在西班牙的伊本·赫勒敦

对伊本·赫勒敦来说，他得到了阿玛尔·伊本·阿布杜拉的允许离开菲兹，但前提条件是他不能去特莱姆森，因为在那里，他有可能支持阿布杜·瓦迪德王朝的统治者。因此在 1363 年，伊本·赫勒敦启程去

---

1 / Ibn Khaldun, *Voyage*, pp.69-70.

往格拉纳达，他确信会在那里得到统治者和维齐尔的热烈欢迎。穆罕默德五世的确很喜欢他，还让他执行许多重要的任务。[1] 其中最重要的任务是和卡斯蒂利亚的国王残酷者佩德罗（Pedro the Cruel）谈判。1364年，他被派往塞维利亚执行这个重要的外交任务。（身处塞维利亚的时候，他拜谒了他祖先曾经的家。）这次外交行程很顺利，佩德罗提出，只要伊本·赫勒敦改信基督教，他就在宫廷中给他提供一个职位，并归还他家族祖先的地产。伊本·赫勒敦拒绝了这个要求并回到了格拉纳达。但正是他在安达卢西亚的成功给他带来了危险，迄今为止都和他关系良好的伊本·哈提布貌似对他产生了怀疑，他怀疑伊本·赫勒敦想要取代他维齐尔的位子并占据高位。有迹象表明，伊本·赫勒敦的确梦想过能够指导穆罕默德五世成为一个哲学家型的国王，而他则以"亚里山大"身边的亚里士多德的角色辅佐君王。[2] 但正如我们在后面的章节中将会看到的那样，这样的说法也存在很多值得怀疑的地方。

1 / 关于伊本·赫勒敦在格拉纳达的生活，见 Ibn Khaldun, *Voyage*, pp.89–93: Rachel Arié, l'*Espagne Musulmane au Temps des Nasrides*（1232–1492）（Paris, 1973），passim。

2 / Muhsin Mahdi, *Ibn Khaldûn's Philosophy of History:A Study in the Philosophic Foundation of the Science of Culture*（Chicago, 1964），p.42.

回到北非

伊本·赫勒敦面对这种情形，觉得最好不要直面伊本·哈提布不加掩饰的敌意，他在 1365 年离开了安达卢西亚并重新回到北非危险的政治游戏中。哈夫斯王朝的王子阿布·阿布杜拉·穆罕默德之前在阿布·伊南统治时曾经和伊本·赫勒敦共事过，他在不久以前已经成功地当上了贝贾亚的统治者，他让伊本·赫勒敦担任哈吉卜和宫廷清真寺的"哈提卜"（khatib，伊斯兰教聚礼仪式中宣讲"呼图白"的人。[1]）[2] 这个职位大概可以算是伊本·赫勒敦政治生涯上的巅峰了。

大概在同一时间，伊本·赫勒敦的弟弟叶哈亚·伊本·赫勒敦被任命为维齐尔。[3] 再一次，哥哥伊

---

1 / 呼图白，khutbah，是伊斯兰教聚礼日上的正式演讲。——译者注

2 / 关于哈夫斯王朝历史参见 Robert Brunschvig, La Berbérie orientale sous les Hafsides:des origins à la fin du XVe siècle（Algiers, 1940, 1947）; Ramzi Roughi, *The Making of a Mediterranean Emirate:Ifriqiyya and Its Andalusis*, 1200–1400（Philadelphia, 2011）。

3 / 关于伊本·赫勒敦的兄弟 Yaya ibn Khaldun 的内容，详见 M.Talbi, "Ibn Khaldun," *Encyclopedia of Islam*, vol.3, pp.831–832。

本·赫勒敦又要和部落成员们打交道了，他得到授命向高地柏柏尔人收税。1366年，阿布·阿布杜拉在战斗中被君士坦丁的哈夫斯王朝的统治者阿布·阿巴斯（Abu'l-Abbas）击败并杀死。虽然阿布·阿巴斯提出让伊本·赫勒敦继续当官，但被他拒绝了，伊本·赫勒敦不久后离开了贝贾亚。他的兄弟继续在特莱姆森效力，服侍的是阿布杜·瓦迪德王朝的苏丹阿布·哈穆二世（Abu Hammu II，1359~1389），他让叶哈亚担任"*katib al-sirr*"（机要文书）一职。

与此同时，伊本·赫勒敦做出了意志并不坚定的退出政治的尝试，他开始在比斯克拉（Biskra，位于今天阿尔及利亚东南部的绿洲小镇，当时哈夫斯王朝对这里只有名义上的统治，该地处于半独立状态）钻研学问。他说："的确，我得以从政务中解脱出来。另外，我已经忽视学问研究太久了。因为这个原因，我让自己不再参与到国王之间的事务中，全身心地阅读和教学。"[1]他和伊本·哈提布有着大量的通信往来。也正是在比斯克拉，他开始对一种叫作"命仪"（*za'iraja*）的预测（算命）设备产生了兴趣。他在比斯凯拉得到了这座小城的地方小王朝的保护。小王朝的统治者是穆

---

1 / Ibn Khaldun，*Voyage*，p.103.

兹尼部族（Banu Muzni），他们和强大的达瓦维达阿拉伯部落有结盟关系。达瓦维达部落在比斯克拉周围的扎布地区（Zab region）以哈夫斯王朝的名义向这里的定居居民收税，收上来的税金归达瓦维达部落所有，以作为他们军事服务的酬劳。[1]

但是伊本·赫勒敦很快就发现自己再次陷入一场政治阴谋中。首先他试图在突尼斯城的哈夫斯人和特莱姆森的阿布·哈穆之间当中间人，想要以此来团结阿拉伯和柏柏尔的部落首领们。后来他又改换阵营支持在菲兹的马林王朝统治者。虽然他最初在菲兹受到了欢迎，但后来遭到了逮捕，随后被释放，并得到允许在1375年回到格拉纳达。但是他在格拉纳达也不受欢迎，因为他被认为是伊本·哈提布的同党，这时候后者已经失去了穆罕默德五世的宠爱，而且也在1371年被放逐到了摩洛哥。伊本·赫勒敦只好再回到北非，他在特莱姆森暂住了很短的一段时间。

在这时，他的朋友伊本·哈提布已经被杀死了。尽管伊本·哈提布最初在菲兹受到了欢迎，但是他的敌人，格拉纳达的新维齐尔伊本·扎姆拉克（Ibn Zamrak）和格拉纳达的大法官阿里·努巴希（Ali al-

---

1 / Michael Brett, Elizabeth Fentress, *The Berbers* (Oxford, 1996), p.139.

Nubahi）合伙给马林王朝的统治者阿布尔·阿齐兹施压，以异端邪说的罪名处决了伊本·哈提布。在此案的审理过程中，有关他涉嫌宣扬一元论（monism）和化身论（incarnationism）异端的审理还没有完成，伊本·哈提布就在1375年的一个夜晚在牢房中被人勒死了。在《历史绪论》中，伊本·赫勒敦将他的死称为"殉道"。[1]

关于伊本·哈提布之死，伊本·赫勒敦写了一篇长诗哀悼，诗中的最后几句是这样的：

> 那就告诉敌人们吧，"没错，伊本·哈提布已经死了，
> 但是有谁可以逃过死亡吗？"
> 那也告诉那些听到这个消息会感到欢喜的人吧，
> 只有那些认为自己不会有这么一天的人才会对这个消息感到欢喜。[2]

在十四世纪的苏菲派中，并不存在所谓的"新纪元运动"（New Age），对于一个苏菲派信徒来说，他

1 / *Muq.*, vol.3, p.366.
2 / Knysh, *Ibn'Arabi*, p.176.

是可能成为一位有权势的政客和凶手的。对所有人来说都是这样，伊本·扎姆拉克是一个很有学问的人，但他曾经施加压力让伊本·哈提布被囚禁，并派杀手杀害了他。他曾经在伊本·马祖克的门下学习苏菲教主义，在阿尔罕布拉宫殿的墙上，有很多铭文诗句都出自伊本·扎姆拉克。促成伊本·哈提布被杀的伊本·扎姆拉克在1393年之后的某一天也遭到了谋杀。

在1378年，伊本·赫勒敦的弟弟叶哈亚也遭遇了类似的不幸。他是一个热爱书法和诗歌的人，和哥哥相比，他更像一个文学家。他著名的作品是一部用优美的诗句写成的历史著作，名为《客人眼中的阿布杜·瓦迪德国王们》（*Bughyat al-ruwwad fi dhikr al-muluk min Bani 'Abd al-Wad*）。虽然他更像文人，但他也是一个政治人物，服侍过很多位统治者，而且就像当时的许多政治人物一样，曾经多次遭受牢狱之灾。最终他定居在特莱姆森，效力于阿布杜·瓦迪德王朝的统治者阿布·哈穆二世，这位统治者十分喜爱学者和诗人，他本人也撰写过讨论政治道德的论文。他任命叶哈亚担任他的机要文书。但是在1379年，阿布·哈穆的儿子命人杀死了叶哈亚，没人知道其中的缘故。但是在这时候，他的哥哥已经离开了政坛，正在全力书写他探讨北非历史背后的发展规律的伟大作品。

我们从前文中可以了解到，北非的历史叙述中充斥着暴力和尔虞我诈，政治势力之间上演着竞争、背叛、放逐、监禁和谋杀的桥段。帕翠莎·柯容对此的观察是："在实际操作中，政府常常是既虚弱又具压迫性的——之所以说虚弱，是因为政府常常达不到它想要达到的目的；说它具有压迫性，是因为统治者们常常随意牺牲人命和臣民的财产，这么做只是为了维护自己的王位，维护一些徒有其表的秩序。这种情形对于精英阶层成员来说很正常，他们中也包括在牢狱中度日的知识分子。大多数高级官员和将军都死于暴力、谋杀；在这样的政治环境中，折磨、暗杀和敲诈是家常便饭。"[1] 但令人好奇的是，这样恐怖的动荡场景很少出现在《历史绪论》中。

伊本·赫勒敦从贝贾亚搬到了菲兹，随后又搬到了格拉纳达，再后来又回到了贝贾亚，然后又去了菲兹、格拉纳达（再一次）、特莱姆森、突尼斯城和开罗。一个书写如此多游牧民内容的历史学家本人就像是一个游牧民。在中世纪的北非，知识分子在政治事务中令人惊讶的重要角色已经在伊本·马祖克、伊本·哈提布、伊本·扎姆拉克、伊本·赫勒敦和他的弟弟叶哈亚的故事中表露无遗了。伊本·赫勒敦最厉害的地方在于，在这些人全都死于非命之后，他居然还活

---

[1] / Patricia Crone, *Medieval Islamic Political Thought*（Edinburgh, 2004）, p.315.

着。英国政治家伊诺克·鲍威尔（Enoch Powell）曾经说过："所有的政治生命的结局都是失败，除非他们在政治生涯的中途有幸离开。因为这就是政治事务和人事的本质。"[1] 穆欣·马赫迪（Muhsin Mahdi）和帕翠莎·柯容（详见第十章）曾经表示，伊本·赫勒敦书写《历史绪论》是为了能够弄明白为什么他的政治生涯是失败的，也许这其中藏着什么秘密。从这个角度来看，伊本·赫勒敦可以被拿来和马基雅维利与爱德华·海德（Edward Hyde，后来的克拉兰敦勋爵）[2]相比，后两人都在政治中扮演了十分活跃的角色，在政治生涯慢慢走下坡路的时候，他们开始书写历史著作。在《历史绪论》的第六章中，伊本·赫勒敦用了许多笔墨来解释为什么知识分子不熟悉政治。他认为，学者倾向于抽象的想法和概括（generalizations），他们习惯模拟探究的方式，这让他们无法感知政治形势中的细节化现实。[3]

在伊本·赫勒敦的晚年，他全力投入马格里布地区的政治和战争，在退隐于萨拉玛部落的城堡里专注

---

1 / Enoch Powell, *Joseph Chamberlain* (London, 1977), p.151.

2 / 英国保皇派大法官，著名政治家和历史学家，曾著关于英国内战的《大叛乱史》。

3 / *Muq.*, vol.3, pp.308-310.

《历史绪论》和《警示之书》的写作之前，他不断地受
到菲兹、突尼斯城、特莱姆森的统治者们的雇用，奉
命担任部落谈判人和游牧部落士兵的招募人。我们在
此应该要好好探究伊本·赫勒敦对游牧民在历史中扮
演的角色所持的态度。

第三章　游牧民及其美德和游牧民在历史中的地位

　　你以为你自己道德高尚，人家便不能喝酒取乐了吗？

——莎士比亚，《第十二夜》

　　现在，没有了野蛮人，我们该怎么办呢？

　　他们，那些人，是解决方案。

——卡瓦菲（C.P.Cavafy），《等待野蛮人》

　　社会学家马克斯·韦伯（Max Weber）对一个国家（state）的定义是这样的："在一定的领土范围内对人力拥有合法的垄断支配力的人类社群。"[1]如果按照韦伯的观点来衡量的话，十四世纪的北非并不存在国家。阿拉伯部落和柏柏尔部落都太过强大，都创造出了统治王朝并且摧毁了它们。正如我们将在后文中看到的，

---

1 / Max Weber, *Weber Political Writings*, P.Lassman, R.Spiers eds.（Cambridge, 1994）, p.358.

对这种创造－毁灭的循环所做的研究构成了《历史绪论》的核心。

在 1375 年，位于特莱姆森的阿布杜·瓦迪德王朝的统治者阿布·哈穆派伊本·赫勒敦出使达瓦维达阿拉伯部落。但是，也许他看到了伊本·哈提布死于非命的前车之鉴，因此伊本·赫勒敦决定从政治事务中退隐一段时日，以完成《历史绪论》和《警示之书》。伊本·哈提布一生中那段快乐的时期也许启发了伊本·赫勒敦的退隐决定。早在 1359 年时伊本·哈提布曾经跟随着穆罕默德五世一同被放逐，他们被迫离开了格拉纳达，先是去了菲兹（正是在这里他遇到了伊本·赫勒敦），但是在这之后，前文已经提到伊本·哈提布曾退隐至大西洋沿岸的塞拉，在那里寻求并得到了辛塔塔部落（Shaykh of the Hintata tribe）谢赫的保护，这位部落谢赫是高阿特拉斯山地区的阿米尔·伊本·穆罕默德·伊本·阿里（Amir ibn Muhammad ibn Ali）。在他的保护下，伊本·哈提布潜心钻研神秘主义和宗教，直到被召回到格拉纳达重归政坛为止。

和伊本·哈提布一样，伊本·赫勒敦曾经寻求一个内陆的强大部落给他提供保护，因为一些我们不明了的原因，服从于马林王朝的阿瓦拉德·阿里夫（Awlad 'Arif）部落欢迎了他，这个部落是阿尔及利亚西部的苏瓦伊德阿拉伯联盟（Suwayd Arab confederacy）中最强的部落。他们不但张开怀抱欢迎他，还借给他一座堡垒。这座堡垒的名字是巴努·萨拉玛堡垒（Qal'at Banu Salama），伊本·赫勒敦和他的家眷住在这里，远离各种喧嚣的打扰。当时他四十五岁，他简陋的工作环境曾被描述成"完全是泥土房子的柏柏尔村落，位于阿尔及利亚西部高原的陡坡上，坡地向南部沙漠的方向倾斜"。"*Qal'at*"是他从事写作的地方，这个词可以译为堡垒，他从事写作的堡垒今天已经不存，如今这个地方只是一个用干石（drystone）建起来的村庄。堡垒的名字源自拥有堡垒的隐居学者家族（maraboutic family）的名字。[1]（这里的专有名词"marabout"最初是用来形容"在卫戍要塞中驻守的战士"，后来变成了称呼那些离开俗世，在圣祠或山林中隐居的修士。）伊本·赫勒敦所栖息的地方在悬崖峭壁的顶端，那里人迹罕至，难以到达。从那里向下俯瞰，可以一览肥沃的平原，上面有谷物生长。[2]在巴努·萨拉玛堡垒中，远离图书馆和其他知识分子的陪伴，这位"阿拉伯的普洛斯帕罗"[3]将在接下来

游牧民及其美德和游牧民在历史中的地位

---

1 / Brett 和 Fentress，*The Berbers*，pp.148−149。

2 / Jacques Berque，"Ibn Khaldoun et les Bédouins，" 见 Berque，*Maghreb，histoireet société*（Algiers，1974），pp.48−52。

3 / 普洛斯帕罗（Prospero）是莎士比亚笔下的一个角色，详见莎士比亚之戏剧《暴风雨》（*The Tempest*）。——译者注

的四年中撰写他的著作，然后再回到突尼斯城，在那里的图书馆里核实校正他作品中的内容，并再一次介入到政治事务中。

与此同时，他从政坛中的隐退可以和苏菲派修行中的"*khalwa*"（哈勒瓦）相提并论，这个术语的意思是暂时离开社会俗务去人迹罕至之地隐居冥思。在伊本·赫勒敦的冥思中，他主要关注的是神是如何通过社会进程来进行支配的。在《旅程》中，他写到了他是如何在自己的历史作品中进行神学性探索的："在隐居的过程中我得到了很多启发，词汇和灵感就像是奶油从奶桶中喷涌出来一样，直到作品完成，一直是这样。"[1] 也许观看阿里夫部落（'Arif tribe）如何成功有效地处理日常事务和照看牲畜给作者提供了比阅读更加有益的刺激。毫无疑问，部落人口和他们给北非政治带来的影响在伊本·赫勒敦的历史观念中占据了中心位置。虽然在《历史绪论》和《警示之书》中，最开始的内容都是对柏柏尔和阿拉伯部落的研究，但是后来两部作品都扩展成了综合性的文明论述和对社会组织的探讨。这是一个雄心勃勃的做法。就像他本人说的："人们应该意识到，我对这一主题的探究实际上

---

1 / Ibn Khaldun, *Le Voyage*, p.142；Rosenthal, "Introduction," *Muq.*, vol.1, p.liii.

是某种新的、极出色的，且高度实用的研究。深入的研究已经触及了这些问题的核心。"[1]伊本·赫勒敦对于其作品的贡献和原创性持有毫无疑问的信心："当我们在讨论王权权威和王朝的时候，这一部分的研究应该得到特别的关注，人们将会发现我的作品给这些话题提供了详尽、清晰、完整的解释和细节上翔实的揭示。在神的帮助之下，不需要亚里士多德的指导或莫贝丹（Mobedhan，一名琐罗亚斯德教祭司）的传授，我们开始意识到了这些问题。"[2]

尽管伊本·赫勒敦是一位被城市文化滋养的学者，但是他有很多内陆（荒野地区）生活的经验，他已经是一名和住在远离城市的半沙漠、高原地区的柏柏尔部落、阿拉伯部落谈判的专家了。由于当时的部落政治实在是跌宕起伏又变化多端，要是将他的所有谈判内容罗列出来未免过于枯燥又复杂，但是简短来说，不同的马林王朝和哈夫斯王朝的统治者都曾派伊本·赫勒敦出使部落地区，向那些部落住民征税或者招兵。虽然说马林王朝和哈夫斯王朝军队的核心通常是由统治集团的成员、马穆鲁克（奴隶兵）和雇佣军组成，但是在进行重要的战役时，他们需要大量半游

---

1 / *Muq.*, vol.1, pp.77–78.
2 / *Muq.*, vol.1, p.82.

牧部落战士的参与。在这一时期，在贝贾亚和君士坦
丁放牧骆驼群的达瓦维达阿拉伯部落所提供的骑兵是
数量最多、战力最强的军事力量，他们为出价最高的
人提供军事服务。很显然，达瓦维达部落对北非地区能
够统一在一个强大统治者之下的局面不感兴趣，因此他
们不断地变换阵营。伊本·赫勒敦不仅一再负责和他们
谈判，笼络他们参战，而且有时还率领部落战士参与到
军事行动中。有一次，阿布·哈穆派伊本·赫勒敦带着
一小队人马去游说达瓦维达部落重新和他们一起作战，
他在途中遭到了另外一队阿拉伯人的攻击，攻击他的人
中还包括未来款待他的主人阿瓦拉德·阿里夫。所以当
他书写游牧民的事情时，他并不是以一个高高在上的神
学家的身份书写的。这是一份艰难又危险的工作。正如
艾伦·弗洛姆赫茨（Allen Fromherz）所说的："并没有
几个哲学家曾经被迫要杀死自己骑的马然后吃马肉。"[1]

　　伊本·赫勒敦最熟悉的部落民并不完全是游牧民。
纯粹的游牧生活方式对于撒哈拉沙漠北方的马格里布
人来说是十分陌生的。和阿拉伯半岛空白地（Empty
Quarter，阿拉伯半岛上的一片荒漠地区）上的骆驼主
人们不同，和伊本·赫勒敦共事的柏柏尔和阿拉伯人

1 / Fromherz, *Ibn Khaldun*, p.84.

并不会大范围迁移，也不会在沙漠中漫无目的地寻找稀少降水带来的牧草。他们是以固定的线路，在冬季草场和夏季草场之间有规律地做季节性迁徙。以摩洛哥来说，部落的夏季草场位于高阿特拉斯山脉和奥雷斯山脉（Aures）的高地上。到了冬天的时候，他们向南迁徙，进入南部的沙漠－半沙漠地区。他们的季节迁徙有可能只是在一片坡地的上下移动，也可能是长距离迁徙。在伊本·赫勒敦的著作中，他写到扎纳塔柏柏尔人就是采取季节迁徙的方式。[1]尽管他们的作风粗野，但是在伊本·赫勒敦的作品中，他们是受赞扬的，这就像是更早时的穆瓦希德王朝作者们赞赏桑哈加（Sanhaja）部落民一样。

季节性迁徙的游牧民可能在秋季和冬季也会进行农业生产。有很多部落，可能是大多数的部落都畜养绵羊。著名的美利奴绵羊品种（Merino sheep）之所以如此得名，很可能就是因为这一品种的绵羊是在马林王朝的摩洛哥最先繁衍的。季节迁徙的部落特别不愿意长时间远离自己熟悉的牧场，而且来自城镇里野心勃勃的将军们所发动的战争也让他们的田地遭到了很多破坏。因为部落成员需要卖羊毛、肉、羊皮或者以

---

1 / Ibn Khaldun, *Le Livre des exemples*, vol.2, p.746.

物易物，用这样的方式来取得他们需要的武器、谷物和其他生活所需。部落和城镇中心之间存在着共生关系。伊本·赫勒敦认为，那些生活在城市之外的人更依赖城市，而不是相反。除了靠牲畜和当雇佣兵维生以外，部落民也习惯从定居人民那里收税。这些税项在《古兰经》中是没有被禁止的，而且，出于虔诚或是信念的动机，马林王朝的苏丹们一再试图废除这些税，但是正如我们所看到的，他们从没成功过。

游牧民的健康程度

在《历史绪论》第一卷的第五篇序言中，伊本·赫勒敦注意到，游牧的阿拉伯人和柏柏尔人很少能够生产出自己需要的谷物粮食，他们并没有多少钱，通常还要购买谷物，随后他继续写道："他们只是获取生活的必需品而已，有时候甚至连生活所需都达不到，根本谈不上充裕的舒适生活……尽管如此，缺少谷物和香料的沙漠居民却有更健壮的身体，在个性上也比那些衣食无忧、住在小山丘上的人们更好。他们的肤色更浅，身体更干净，身材也更健硕悦目。"[1] 作者

---

1 / *Muq.*, vol.1, pp.177-178.

继续解释道，吃太多东西会让身体里有过多的湿气循环，这会产生"恶趣味、脸色苍白、肥胖、丑陋和愚蠢"。（这里需要注意的是，尽管伊本·赫勒敦常常用"*badawi*"来指代住在城市郊外的居民，从他在这里所描述的饮食习惯来看，这里的"*badawi*"具体是指住在沙漠里的人。）

布鲁斯·查特文是另外一个对游牧部落及其健康的生活方式抱有巨大热情的人。这位饱学多识的小说家和旅行作家曾深深地为游牧民而着迷。他的小说《歌之版图》灵感来自作者和萨曼·鲁西迪（Salman Rushdie）在澳大利亚的旅行，其中还有查特文和骆驼出口商罗宾·戴维森（Robyn Davidson）之间的故事，这本小说集合了自传和对原住民神话的探索。

在《歌之版图》关于旅行主题的内容中，他摘录了《历史绪论》中的句子："沙漠中的人们比定居居民更好，因为他们更靠近最初的土地，更能远离那些已经污染了定居居民心灵的邪恶习惯。"他表扬"沙漠人"是"他曾经招募过的贝都因人，这些人是在他好战的青年时代来自撒哈拉心脏地区的雇佣兵"。随后查特文补充道："很多年后，当他凝视帖木儿的眼睛，亲眼见证那些堆垒起来的骷髅头和燃烧的城市时，他也像是旧约中的先知一样，感觉到了对文明的可怕焦虑，怀念起在帐篷中的日子。"随后查特文进一步暗示，伊本·赫勒敦将沙漠看作"文明的蓄水池"。游牧民"更有节制、更自由、更勇敢、更健康、更谦逊、更大方，不那么屈服于腐败的法律，总的来说更易疗愈"。[1]

　　和查特文一样，我们必须要说，伊本·赫勒敦对贝都因人饮食健康的观察并没有得到广泛的证实。按照劳伦斯（T.E.Lawrence）的说法："阿拉伯沿海地区的痢疾有时候来得就像砸下去的锤子一样迅猛，在几个小时之内就将患病者击垮。在疾病高峰过后，剩下的人们极其虚弱，在好几个星期的时间里都像是惊弓之鸟一样。"[2]20世纪二三十年代英国在海湾地区的外交人员迪克森（H.R.P.Dickson）得出过这样的结论："在沙漠居民中有很多种类的疾病，大多数病因都是缺乏营养和缺水……他们的寿命也通常很短。"[3]曾在阿拉伯半岛的空白地生活过的威尔弗雷德·塞西杰（Wilfred Thesiger）说过，"沙漠里的居民有严重的头痛和肚子痛的问题"。而且他们大多数人的牙齿"就像是发黑的贝壳一样"。[4]美国人类学家唐纳德·柯尔（Donald

---

1 / Bruce Chatwin, *The Songlines*（London，1987），p.196.

2 / T.E.Lawrence, *Seven Pillars of Wisdom:The Complete 1922 "Oxford" Text*（Fordingbridge，Hampshire，2004），p.184.

3 / H.R.P.Dickson, *The Arab of the Desert:A Glimpse into Badawin Life in Kuwait and Saudi Arabia*（London，1949），p.505.

4 / Wilfred Thesiger, *Arabian Sands*（London，1959），pp.112–113.

P.Cole）曾在沙特阿拉伯进行过田野调查，他在研究报告中写道："我们在这里参访的医生全体一致地认为，这里的贝都因人常患有营养失调、贫血和眼科疾病。"[1]

有点反常的是，伊本·赫勒敦不承认饥饿会导致死亡，而且他还说自己见过有人四十天没有进食。不仅如此，他的老师们还在安达卢西亚遇到过两个已经好几年没有吃过东西的圣徒女子了。他还认识其他一些什么都不吃，只靠山羊奶过活的人。[2]但是按照《SAS生存指南》(*The SAS Survival Guide*)所提供的信息，一个成年人可以在不进食的情形下存活三个星期（不喝水的情形下只能活三天），[3]而且伊本·赫勒敦也相信大脑中有过多的水会导致愚蠢。

阿萨比亚

在《历史绪论》这部著作中，最著名可能也是最核心的理论是：在沙漠生活的艰苦环境中，部落所必需的集体生活会发展成一种特殊的群体团结（group

---

1 / Donald P.Cole, "Bedouin and Social Change in Saudi Arabia," *Journal of Asian African Studies* 16（1981）, p.140.

2 / *Muq.*, vol.1, p.182.

3 / John Wiseman, *SAS Survival Guide*（Glasgow, 1993）, p.27.

solidarity），伊本·赫勒敦将这种情形称为"阿萨比亚"（'asabiyya，群体情感）。在《历史绪论》中，这个词出现了超过五百次。"'asabiyya"的动词词根"'asaba"的意思是"他扭动（某物）"，"'usbah"的意思是"一群人合在一起相互保护"。在中世纪时的阿拉伯语字典中，"'asabiyya"一词的解释是"一种强大的依附关系，它把一些持有同样兴趣或同样观点的人紧紧联系在一起"。（有一个很老的笑话是说每一个阿拉伯语的动词词根都有一个和骆驼有关的东西或者名词。其实这样的说法并不全是说笑。"'usub"这个词和"'asabiyya"有相同的词根，词根意是"一只除非大腿被绳子捆住，否则就不会一直产奶的母骆驼"。）也许伊本·赫勒敦强调、"'asabiyya"是因为沙漠部落居民们的生活是彼此相互依靠、紧密相依的。从另一个角度来看，"'asabiyya"可能是指彩色的缠头巾或者发带，以这样的头饰作为部落或群体联盟的标志："ta'assaba"的意思是"他在头上束着头巾或者条状物"。

前面的第一种解释貌似更为可信，而且在威尔弗雷德·塞西杰的《阿拉伯沙地》（Arabian Sands）中，这位探险家是这样描述阿拉伯半岛空白地相互依存的游牧民的：

> 贝都因人的社会是部落制的。所有人都属于

某一个部落，同一部落的所有成员都有某种血亲关系，他们有着共同的祖先。他们的关系越近就越有彼此间的忠诚，人们忠诚于部落同伴，这种忠诚是超越个人情感的，只有在极端情形下才有例外。这种情形让部落法律的存在成为可能，部落法律的基础是部落成员的认同。部落法律可以在世界上最我行我素的种族中运作，因为一个孤注一掷拒绝部落决议的人会遭到人们的排斥。[1]

塞西杰还写道："阿拉伯人是一个只有在严酷条件下才能做到最好的种族，当生活条件变得越来越轻松，他们的表现会逐渐恶化。"[2]

伊本·赫勒敦被一些现代学者描述为一名民族志学者。可能他的确如此，但是这样的说法要在十分严格的定义下才可行。以塞西杰而论，他不仅对游牧部落内部的联系感兴趣，也对他们的放牧技术、社会礼仪、饮食、衣着、给骆驼配鞍袋的方式等内容感兴趣，但是这些细节并没有吸引到伊本·赫勒敦，而且，如果不是有史料记载告诉我们的话，我们可能会觉得他从来没在游牧部落中生活过。他唯一真正感兴趣的问

---

1 / Thesiger, *Arabian Sands*, p.94.

2 / Thesiger, *Arabian Sands*, p.97.

题就是"阿萨比亚"（群体情感）。正如他所呈现出的，"群体情感"貌似是说一个人有自己的意见，同时也不可避免地要从部落成员那里寻求支持。在这种"群体团结"中，没有任何事情是静止的，因为"'asabiyya'"一词貌似也有精神动力的隐含意义和生命冲动（élan vital）的意味。"阿萨比亚"将一个部落推向强盛。"……很明显，王权就是团体情感的最终目标。"[1]"阿萨比亚"是神的工具之一，神通过"阿萨比亚"来让神的计划在人类身上实现。[2]

按照《历史绪论》中的说法，能控制一个足够强大和重要的"阿萨比亚"群体的领导者也许能成功地建立起一个王朝，并为他本人和家族赢得"mulk"（王道）。（部落成员不一定是彼此的血亲，因为在部落内部也可以结成委托关系。）伊本·赫勒敦认为，群体的团结，再加上部落民的粗朴坚韧和勇气，可以给拥有上述特质的部落带来军事上的优势——如果再有宗教上的凝聚力的话，这种优势将得到更进一步的加强。他甚至还提出"阿拉伯人只能利用一些宗教性的外衣来获得王位的权威性，比如拥有预言能力或是圣徒地位，

---

1 / *Muq.*, vol.1, p.286.

2 / *Muq.*, vol.1, p.438.

或者一些伟大的宗教事迹"。[1] 因此那些野蛮，有时候还有些宗教狂热的部落民能够击败和征服各大帝国和城市，并从此建立起新的政权。

　　但是在几代人的时间内，也许是三代，或许四代，这些部落征服者就会丧失他们的"阿萨比亚"，成为文明人。他们沉溺在奢华、放纵和享乐之中。娇柔的城市生活会导致退化。政权的统治者现在已经不再依靠勇猛的部落战士的保护了，他不得不征收过高的税赋来支付军人的军饷，否则就会有进一步的问题。当政府被认为腐败、奢侈，统治者就变得脆弱；当统治者被看作是不虔诚的，那么他的统治就要走入末日了。他的政权将会被下一波来自沙漠的清教徒式部落民攻击并最终覆灭。于是他的城市被新的部落战士们占领，他们来自沙漠，开始了又一轮的循环。人类学家厄内斯特·盖尔纳（Ernest Gellner）对这一永恒循环做出了总结："在特征上，部落既是国家的替代品，也是国家象征的替代品，部落是国家缺陷的替代品，也是新国家的种子。"[2] 王朝的衰老是无可挽回的。"就像人类一样，朝代也有其自然寿命的极限。"[3]

---

1 / *Muq.*, vol.1, p.305.

2 / Gellner, *Muslim Society*, p.38.

3 / *Muq.*, vol.1, p.343.

伊本·赫勒敦甚至用《旧约》的内容来支持他对世代衰败的看法："在《妥拉》（Torah）[1] 中，有如下的内容：'神——你的主，是全能又有戒心的，他惩罚罪孽，自父及子，至三、四代。'这段内容说明一个族谱上的四代人是祖传威望的极限。"[2]（但是我们并不明白的是，他提出这段内容究竟对《历史绪论》的核心理论能提供什么样的支持。）

把伊本·赫勒敦和爱德华·吉本（Edward Gibbon）的名著《罗马帝国衰亡史》（History of the Decline and Fall of the Roman Empire）放在一起对比是一件很有意思的事。在这本书中，吉本将罗马帝国的衰落归因于未开化主义（barbarism，野蛮主义）和宗教。

与之相反的是，伊本·赫勒敦认为未开化主义和宗教是帝国建立的源泉，因为正如我们已经看到的，他相信帝国被周期发生的蛮族入侵轮替，他也相信宗教是对"阿萨比亚"的强大补充，这对一个征服者征服旧有的政权，并建立起一个新政权来说是十分重要的。宗教可以而且应该作为帝国的接合剂，帝国统治者们的职责应该是维持宗教的法律，这样的行为将让他们获得后世的救赎。最初的阿拉伯部落征服者如果

---

1 / 犹太教经典，常称为《摩西五经》。

2 / Muq., vol.1, p.281, 引述《出埃及记》（Exodus 20:5）。

不是拥有新宗教带来的团结心，那么他们是绝对无法建立起一个伟大的帝国的。（但是我们应该注意到，并没有宗教因素启发蒙古人或是察合台突厥部落的征服者，而且在马林王朝政权的建立过程中，宗教也没有扮演任何角色。）伊本·赫勒敦提出，净化式的改革运动很少能维持超过一百年的时间，或者至多能够维持一百二十年。吉本在他的著作中担心奥古斯都的欧洲（Augustan Europe，十八世纪前半期）是否会重蹈罗马帝国的覆辙。而伊本·赫勒敦则认识到了阿拉伯人的伟大时代已经结束了。

伊本·赫勒敦的神学历史模式貌似在处理穆罕默德指挥的早期伊斯兰阿拉伯的征服和正统哈里发时期的历史事件时十分成功，同样也合理地解释了中世纪多数时期的北非历史。这种神学历史模式适用于解释十一世纪时穆拉比特王朝（the Almoravids）的兴起，该王朝的统治者曾是桑哈加（Sanhaja）柏柏尔部落成员，他们是遵循马利克教法学派的逊尼派（Maliki Sunni），他们的军事力量（al-Murabitun，Almoravid）自此之后开始驻扎在小型堡垒（ribats）中。伊本·赫勒敦的理论也能解释为什么他们的王朝会在十二世纪时衰落。这一理论模型看起来也可以解释十二世纪时的那些自称救世主的穆瓦希德人（Mahdist Almohads）是如何兴起的，他们的领导者是马斯慕达柏柏尔人（Masmuda Berbers），他们的势力于十三世纪时衰落。

伊本·赫勒敦提出的这种"四代人就换人坐江山"的周期循环模式是否也适用于其他时代和其他地方是值得怀疑的，而且实际上这种循环理论看起来也并非放之四海皆准。他本人也举出了一些例外情形，在城市化程度更深、人口更多的伊斯兰世界东部和安达卢西亚，伊本·赫勒敦的周期循环理论是不适用的。在《警示之书》中，他也提到埃及、叙利亚的马穆鲁克政权也构成了其特殊的情况（详见第五章）。即便是在北非地区内部，他的这种模式貌似也没有普遍适用性。首先，扎纳塔柏柏尔马林王朝的"阿萨比亚"并没有得到任何特殊宗教意识或宗教目标的推动，而且他们的王朝（1217~1465）所延续的时间远超过四代人之久，同样的现象在哈夫斯王朝和阿布杜·瓦迪德王朝也出现了。

"阿萨比亚"是由神意所决定的，因为它是真主的工具之一。[1] 但是在先知穆罕默德在世和刚刚去世的那段时间，世间是不需要"阿萨比亚"的，这是因为那段时间是各种神意宣示、天使、奇迹出现的时代，这些事物和社会 – 政治方面的律法没有相关性。[2] 伊本·

1 / *Muq.*, vol.1, p.438.

2 / *Muq.*, vol.1, p.437.

赫勒敦对于部落"阿萨比亚"的概念具有不寻常的热情，可是今天的很多人都把部落主义（tribalism）看作是中东地区发展的症结所在。的确，"阿萨比亚"的概念和它对历史发展的阐释在《历史绪论》一书中扮演了最重要的角色，但是即便如此，这个概念的重要性在一些对《历史绪论》的现代解读中被过分强调了。除了特意挑选出来的几个马格里布阿拉伯和经过曲解的柏柏尔部落发展史，以及从中得出的循环理论之外，《历史绪论》中还有更多值得我们注意的东西。

过去的时光是最好的时光

《历史绪论》是一部百科全书式的作品，伊本·赫勒敦提出了具有悲观色彩的周期循环理论，其背后存在着一种历史神话性（historical mythology），这是早期的阿拉伯编年史学家们所共同具有的特点，他们在分析伊斯兰教最初一百年的征服中的阿拉伯战士时也持有这种历史神话性。在一个故事接着另一个故事中，那些战士被描述为质朴、粗粝、蛮横、无所畏惧的人物。他们对舒服的靠垫、丝绸、珍馐玉盘或气派的排场既不了解也没有兴趣。在更早以前，前伊斯兰蒙昧时代的阿拉伯诗人曾歌颂过沙漠生活的朴素和危险，这种对沙漠生活的态度一直流传到了伊斯兰时期。

伊本·赫勒敦身怀向往地回顾正统哈里发

（Rashidun Caliphs）的时代，这是最初的四位哈里发的年代："世间的奢华享乐对他们来说，比任何其他民族都更遥远，在对他们宗教的记录中，他们的审美取向更倾向于拒斥华美的东西，而习惯沙漠景色和居住在沙漠中，他们习惯了粗陋的俭朴生活。"伊本·赫勒敦还称赞了穆达尔（Mudar）阿拉伯部落的饮食，说他们把碾碎的石头和血加入骆驼毛里一起煮饭吃。他提出，尽管在伊斯兰教最初的征服中，最初的穆斯林们获得了大量的战利品，他们保持着自己的生活方式。哈里发欧麦尔（'Umar）用一块皮革给自己仅有的衣服打补丁。哈里发阿里（'Ali）曾说过："金子和银子！去诱惑别人吧，不要来找我！"阿布·穆萨（Abu Musa）曾不吃鸡肉，因为鸡肉对当时的阿拉伯人来说十分少见，人们对鸡肉并不了解。当时的阿拉伯人没有筛斗和笸箩，因为他们吃带糠的谷物。[1]

这些颇有苦修主义的故事情节来自"阿拉伯人的黄金时代"，它们是历史 - 文学修辞方法的一部分，编年史家们汇集了这些未必可信的苦行故事，用它们来比对自己所处时代的堕落。高大的建筑，镶嵌宝石的短刀，装饰庭园的果树，奢华的珍馐美味都预示着厄

---

1 / *Muq.*, vol.1，pp.418-19.

运来临。我认为，正是这种道德训诫（moralizing），比新提出的社会生态理论更大地启发了伊本·赫勒敦的历史引擎论。"整个世界都是虚幻、无意义的。它引向死亡和毁灭。"[1]

就像帕翠莎·柯容所观察到的，贫穷在中世纪的伊斯兰世界被看作对美德的坚守："在族长统治下的麦地那，我们可以确定，社会中的各种事物都是处理得当的，因为社会规模小、简单、清贫，政府管理处于最低的限度，完全公正，而且没有任何类型的压迫和暴力，除非是对待为非作歹之人。那里没有宫殿，没有法庭，没有皇冠，没有宝座……没有监狱，没有守门人，没有赋税，没收财产或强制劳动，没有社会精英和普通人之间的差别：每个人的生活都跟其他人没什么不同。"[2] 嗟乎，奢侈被证明是具有腐蚀性的，由于穆斯林对波斯人和拜占庭人取得的军事胜利，战利品越积越多，这在很大程度上造成了上面所述的小国寡民乌托邦的覆灭。

长期的物质享受会带来经济崩溃和帝国覆灭的观点直到今日依然存在。在 2015 年出版的《生物史：西方的衰落和灭亡》（*Biohistory:Decline and Fall of the*

---

1 / *Muq.*, vol.1, p.386.

2 / Crone, *Medieval Islamic Political Thought*, pp.318−319.

West）中，作者吉姆·彭曼提出，成功的文化都注定要灭亡，因为繁荣和舒适会改变人的秉性，会让人们没有维护或永存自身的能力。西方世界也注定会重蹈罗马和希腊帝国之覆辙，在描述灭亡的顺序时，作者引述了维柯的话："人的本性首先是残忍，然后是苛刻，之后是和蔼，再之后是精美雅致，最后是放荡。"（关于维柯的更多讨论详见第四章。）吉姆·彭曼还引述了塔西佗（Tacitus）的句子："繁荣丰盛是美德的标尺或试金石，因为比起忍受悲苦，在欢乐中谨防堕落是更难做到的事。"[1] 按照吉姆·彭曼的说法，精英人士特别脆弱，因为他们居住在人口密度很高的城市中，他们的精力会被丰裕所折损。和伊本·赫勒敦一样，彭曼认为艰苦的生活条件对部落战士有利。但是和伊本·赫勒敦与维柯不一样的是，彭曼是借助对儿童的抚养模式、忧患意识的减轻程度和对女性控制的放松程度来研究和识别文明衰亡过程的，他认为上面提到的因素是文明衰亡背后的破坏因素。

"比起定居民族，贝都因人的举止更良善。"[2] 通过对比，定居民族太在乎奢华和享乐，随后被贪婪和放

---

1 / Jim Penman, *Biohistory:Decline and Fall of the West*（Newcastle on Tyne，2015），p.156.

2 / *Muq.*, vol.1, p.253.

纵所污染，因此"定居的生活是文明的最后阶段，也是由盛转衰的起始点。它也是邪恶的最后阶段，同时也是距离良善最远的地方"。[1]这种偏见是可以在《古兰经》和社会传统的背景中看到的。在《古兰经》17:16处："当我要毁灭一个城镇的时候，我命令其中过奢侈生活者服从我，他们的生活放荡不检。于是话语成真，我毁灭了他们。"[2]还有一段经过考据的先知箴言："只有当世上的人们攀比他们修建的建筑高度时，世界末日才会来临。"

伊本·赫勒敦有些概括化地把城市生活表现得比乡村生活更容易。但是十四世纪时的北非城镇居民并非全都过着奢侈舒服的生活。卖水的商贩、皮革工人、澡堂的煤火工、养鸡的农民并不会觉得他们和奢侈生活的罪恶影响有什么瓜葛。从另一方面来说，伊本·赫勒敦并不熟悉偏远社群中的繁荣，比如十四世纪的意大利和十五世纪诺福克和萨福克的情景。更进一步说，乡村和城市生活的界限并非像人们想象中的那样泾渭分明。在北非和意大利，十分常见的现象是农民们早上骑着马离开城镇，来到他们耕作的田地和果园中，傍晚时分再骑着马回到城镇里。

---

1 / *Muq.*, vol.1, p.255.

2 / 对《古兰经》的摘录出现在 *Muq.*, vol.1, p.293；vol.2, p.294。

谁是贝都因人？谁是阿拉伯人？

在阅读《历史绪论》的时候，一个很大的困难是伊本·赫勒敦所用的语言很不稳定，尤其是在英语中通常翻译成"贝都因人""阿拉伯人"这样的专有术语。"*Badawi*"可以被翻译成"贝都因人"或者"游牧民"，"*badawa*"可以翻译成"沙漠生活"或者"沙漠态度"，"*badw*"可以翻译成"沙漠"。但是罗森塔尔提出，伊本·赫勒敦笔下的"贝都因人"并不一定采用游牧生活的方式；他们只是住在远离城镇的地方而已。因此，住在乡村的非游牧农民可以被认为是"*badawis*"和"*umran badawi*"，指的是乡村文化，而不仅仅是沙漠文化。"*Badawi*"可以适用于任何城市以外的人，包括养蜜蜂的农人和养蚕人。在《历史绪论》的一开始，伊本·赫勒敦明确地指出，在沙漠里的游牧贝都因人和主要定居生活的农人之间并没有清晰、彻底的分别。"那些务农或者养牲畜的人是难以避免荒漠的召唤的，因为这样的地方能提供宽广的土地、适合放牧的地方和许多定居地区没办法提供的东西。"[1]

---

1 / *Muq*., vol.2，p.357.

同样地，当伊本·赫勒敦回到农业话题上时，则这样说："这项技术尤其存在于荒漠之中，也正因如此，就像我们之前谈过的，它比定居生活出现得更早，是更古老的营生。因此它成了贝都因人的营生，而不被定居的居民所了解和掌握，因为所有的农业条件对于沙漠生活和沙漠营生来说都很容易，因此农业的地位低于（贝都因人的）营生。"[1] 伊本·赫勒敦还提出，住在沙漠里的贝都因人在经济上是依附城镇的商业买卖的。

与此相似，当伊本·赫勒敦使用"阿拉伯"这个词的时候，它的意思是基于上下文语境的。"阿拉伯"是种族词汇，一个直截了当的意思是指代所有阿拉伯血统的人。正如我们前面提到的，伊本·赫勒敦十分为自己的"阿拉伯"族谱而骄傲，他家族的起源可以回溯至阿拉伯半岛西南角的哈达拉毛地区。但是他常常带有贬义地用"阿拉伯"这个词指代那些游牧阿拉伯人入侵者。他们有"野人的本性"，而且"他们掠夺百姓，造成损失"。"那些阿拉伯人蹂躏过的地方很快就变成了废墟"。也门、伊拉克和叙利亚都被阿拉伯人变成了废墟。[2] 很明显，这里有一种互相矛盾的心态。他一方面谴责游牧阿拉伯人入侵者的野蛮和破坏，然而

---

1 / *Muq.*, vol.1, p.302.

2 / *Muq.*, vol.1, *pp.304-305.*

在另一方面，他赞扬他们的勇敢、粗朴，以及彼此之间的忠诚。

希拉尔部落的传奇

按照伊本·赫勒敦的说法，让也门、伊拉克、叙利亚沦为废墟的厄运在公元十一世纪时降临到了北非头上，那时候埃及的维齐尔派出了希拉尔部族（Banu Hilal）和苏莱姆部族（Banu Sulaym）的军事力量入侵艾非奇亚。伊本·赫勒敦描述这些阿拉伯游牧民像"一群蝗虫"（*jarad muntashir*），他们导致北非的平原衰败，让原本人口众多的地方变得人丁稀少。（对蝗虫的提及可以在《古兰经》中找到回响，在第七苏拉中，蝗灾是真主降给法老的不义人民的灾难。）废墟见证了这些阿拉伯人带来的恐怖。强大的政府在这时成了不可能。[1] 在很多地方，游牧生活代替了定居农业。（他也认为是这次入侵让阿拉伯白话口语传到了柏柏尔人那里。）他是一部很受欢迎的史诗作品的热情拥护者，这部史诗讲述的是希拉尔部落联盟和柏柏尔人作战的故事，名为《希拉尔部落的希拉》（*Sira of the Banu*

---

1 / *Muq.*, vol.1, pp.302−305, vol.2, p.289: '*Ibar*, vol.6, pp.13−16.

Hilal)。[1]

最近的几十年中，伊本·赫勒敦讲述的希拉尔人的故事在北非遭到了学者的挑战。有一些证据表明济里王朝（Zirid dynasty）在当时已经处在衰落中，游牧的生活方式可能已经普遍，因为城市贸易和农业产品的需求已经下降了。我们无法确定是不是埃及的维齐尔在十一世纪中叶派出了希拉尔部落的阿拉伯人来攻打济里王朝的突尼斯城。并没有一场能和"一群蝗虫"相提并论的入侵北非的军事行动。最初，阿拉伯人是受到邀请而来的，他们以雇佣军的身份为当地的地方性王朝效力。身在突尼斯城的济里王朝苏丹穆伊兹（al-Mu'izz）招募希拉尔部落来镇压内陆地区叛乱的柏柏尔人。希拉尔人向缺少人口的北非移民是一个漫长的过程，这一过程持续了五十多年。[2]我们在本书

1 / *Muq.*, vol.3, pp.415-420：对比 Malcolm C.Lyons, *The Arabian Epic:Heroicand Oral Storytelling*（Cambridge，1995），vol.2, pp.136-211, vol.3, pp.237-300。

2 / J.Poncet, "Le mythe de catastrophie hilalienne," Annales Economies, Societés, Civilisations, vol.22（1967），pp.1099-1120；Claude Cahen, "Quelques motssur les hilaliens et le nomadisme," *Journal of the Economic and Social History of the Orient* 11（1960），pp.130-33；Michael Brett, "The Flood of the Dam and the Sons of the New Moon," 见 *Mélanges offerts à Mohammed Talbi*（Tunis，1993），pp.55-67。

第十章中将会看到，伊本·赫勒敦对"阿拉伯"一词的贬义使用将在十九、二十世纪的法国殖民主义者话语中扮演重要的角色。

柏柏尔人

柏柏尔人是北非的原住民。从大西洋沿岸一直到锡瓦（Siwa）的埃及绿洲都有柏柏尔人社群分布，但是大部分柏柏尔人之前和现在都居住在今天摩洛哥所在的地方。"柏柏尔"这个术语，来自拉丁文的"*barbari*"，是"outsider"（外人）之意，是罗马人对那些居民的称呼。不同于阿拉伯人的是，柏柏尔人不是闪族（Semitic family）的成员。柏柏尔语是含族（Hamitic）语言，并且下分为各种彼此听不懂的方言。柏柏尔人有文字，但是很难使用，因此柏柏尔人大多是使用阿拉伯语来记录历史和神话故事。尽管柏柏尔人在七世纪和八世纪时对阿拉伯人的北非入侵做出了许多抵抗，但是到十四世纪时，他们已经伊斯兰化，而且很多柏柏尔人使用阿拉伯语，这种情形在城市中尤其普遍。在政治上，柏柏尔人是处于优势地位的，而且自从那时候开始，各统治王朝都有柏柏尔血统（虽然中世纪时的柏柏尔人不认为他们是同一民族）。在柏柏尔人中间，有三个部落大联盟，他们分别是桑哈加、扎纳塔和马斯慕达，他们操着三种不同的方言。柏柏尔人的认同感是基于部落从属关系的，无论这种关系是真实的或是虚构的。

在《警示之书》中，伊本·赫勒敦在开始描述扎纳塔人的风俗习惯是多么阿拉伯化以前，他将他们称作马格里布最古老的居民，他还描述了他们畜养骆驼和马匹的方式，他们在冬季和夏季的游牧，他们对其他人的突袭侵扰，以及他们对统治政权的反抗。虽然扎纳塔人遍布各地，但是他们主要居住在马格里布中部。[1] 在菲兹的马林王朝和在特莱姆森的阿布杜·瓦迪德王朝是扎纳塔宗族中关系很近的两支势力。（尽管马林王朝的统治者们是柏柏尔人，但是他们在任命官员时更倾向使用阿拉伯人。）哈夫斯王朝的统治者们来自马斯慕达部落联盟。马斯慕达众部落主要居住在马格里布最西边的高地地带。他们所占有的大多数领土都适合农业耕作和种树。[2] 达瓦维达（the Dawawida）是一个重要的阿拉伯部落，他们在伊本·赫勒敦所处时代的北非事务中扮演着重要的角色，他们占据了贝贾亚和君士坦丁的平原地区。[3] 游牧的阿拉伯部落具有一种普遍倾向，他们多居住在马格里布的低

1 / Ibn Khaldun, *Le Livre des exemples*, vol.2, p.746.

2 / Ibn Khaldun, *Le Livre des exemples*, vol.2, p.352.

3 / Ibn Khaldun, *Le Livre des exemples*, vol.2, p.58.

地区域（lowlands），而柏柏尔人更喜欢在高地区域（highlands），但是这种情形并不是绝对的，比如，在沙漠中有许多以牧骆驼为生的柏柏尔人，在高地上也有季节性放牧迁徙的阿拉伯人，同时还有很多曾经是游牧民的阿拉伯部落变成了定居一处的农民。

虽然伊本·赫勒敦自己有阿拉伯宗族世系（Arab lineage），而且他也一直在处理马格里布地区方方面面的阿拉伯事务，可是他的《警示之书》本来的写作计划是要写柏柏尔人的历史，但后来内容扩展到了阿拉伯部落及北非各王朝，不仅如此，他还把其他的民族和王朝加入到了讨论之中。《警示之书》最初是要探究柏柏尔人历史发展背后的现象，从当时的柏柏尔人回溯到更早的柏柏尔人。

伊本·赫勒敦的历史充满了对柏柏尔人的赞赏。"柏柏尔颂歌"（Mafakhir al-Barbar，boasts of the Berbers）在当时已经成了一种阿拉伯人的文学流派。在《警示之书》里，专门有一章叫作"柏柏尔人的美德和高贵品质——已经得到了最高权力、政治权威和王道的人们"。柏柏尔人是"强大、令人敬畏、勇敢，而且人口众多的民族；他们就像我们已知的那些民族——阿拉伯人、波斯人、希腊人和罗马人一样，也是一个实实在在的民族"。他们曾是一个懂得保留前人经验尤其是军事成就的民族，他们位于世界上的伟大民族之列。他们以道德高尚、诚实、好客、乐善好施和坚忍不拔著称。但是在伊本·赫勒敦生活的时候，财富和衰败已经让他们堕落。[1] 在《警示之书》里，伊本·赫勒敦看起来是一个支持扎纳塔柏柏尔人的十足政客，扎纳塔部落正是马林王朝所属的部落。

宗谱世系

宗谱世系（'ilm al-nasab, genealogy）是伊本·赫勒敦从始至终一直特别关注的。[2] 宗谱世系的学问被认为始于阿拉伯半岛上的贝都因人。对伊本·赫勒敦来说，宗谱世系的专门学问是游牧阿拉伯人的特殊专长，而城市的定居居民不太需要这方面的学问。城市里的凝聚力更多地体现在姻亲关系上，这样的关系是通过婚姻得来的。他也感觉到，有一些宗谱世系是后人穿凿附会的，人们编造虚假的家族传承世系只是为了政治上的目的。挖掘宗谱中的各位祖先可能会对建立联盟关系或者获得保护有利。宗谱，不管是真实的还是编造的，均可以加强"阿萨比亚"。伊本·赫勒敦所使用的辩识宗谱世系真伪的方法太过简单，计算从当代人到他所宣称的老祖宗中间隔了几代人，如果在

1 / Ibn Khaldun, *Le Livre des exemples*, vol.2, pp.151-157.

2 / 关于宗谱世系学，见 *Muq.*, vol.1, pp.264-273。

宗谱的一百年中有少于三位祖先的话，那么这个宗谱世系就是编造出来的。

伊本·赫勒敦所意识到的存在虚假世系的可能性让他对各种历史事件抱有怀疑的态度。在整个伊斯兰世界，一个社群宣称自己的祖先是来自阿拉伯半岛，并以此来提升自己社群的地位是很普遍的现象。桑哈加和库塔玛（Kutama）柏柏尔人声称他们的祖先是前伊斯兰时代入侵北非的统治者伊非齐什（Ifriqish）留下的也门残部。伊本·赫勒敦认为这整个故事都是荒谬无理的。[1]据说，也门对北非展开的神秘征服止于一条沙河（Sand River），这条沙子汇成的河流阻止了也门军队，但是伊本·赫勒敦反问到为什么近年来从未有旅行者提到过有这么一条流沙的河。[2]即便如此，他还是接受了桑哈加柏柏尔人可能有也门起源的说法，他们是在示巴（Sheba）大坝崩坏的时候从那里离开的。

另一方面，他认为一些柏柏尔人可能有巴勒斯坦的起源，因为他们有可能是迦南人（Canaanite）或亚

---

1 / *Muq.*, vol.1, pp.21-22；Brett 和 Fentress，*The Berbers*，pp.124，130；Shatzmiller，*The Berbers and the Islamic State*，p.149n。

2 / *Muq.*, vol.1, p.24.

摩力人（Amalekite）的后代，他们的祖先是歌利亚（Goliath）军队的残部。在《警示之书》中，他说扎纳塔柏柏尔人是迦南的后代［迦南是一个《圣经》中的地名，伊本·赫勒敦将其认定是一个人，诺亚的儿子闪姆（Shem）］，否定了当时扎纳塔系谱学家认为他们是歌利亚后代的观点，歌利亚被认为是亚摩力人。[1] 关于各个柏柏尔部落的起源，有各种各样来自阿拉伯神话或者旧约的观点，虽然伊本·赫勒敦否定了一些巴勒斯坦或也门来源的说法，但是他并没有完全成功地将这些神话梳理清楚。我们应该注意到，伊本·赫勒敦并没有在阿拉伯和柏柏尔人之间做出明确的区分，而且他也相信一些阿拉伯部落有柏柏尔起源。对于拉姆图纳（Lamtuna）和桑哈加家族的谱系，他的说法是自相矛盾的。[2] 简短说来，他对于柏柏尔人的民族认同和起源是完全混沌的，当然，中世纪时的柏柏尔人自己也是如此。他们貌似并不认为他们是单一的民族。

有很多族谱充满了浪漫化的虚构，比如达瓦维达阿拉伯人声称他们源自巴马基德宗族（Barmecides），该波斯官员宗族曾为阿拔斯王朝哈里发哈伦·拉希德

游牧民及其美德和游牧民在历史中的地位

---

1 / Ibn Khaldun, *Le Livre des exemples*, vol.2, pp.747-748.

2 / H.T.Norris, *Saharan Myth and Saga*（Oxford, 1972）, pp.58-60.

效力，还有法德勒部族（Banu Fadl），这个在马穆鲁克叙利亚拥有无比强大权势的贝都因宗族把他们的族谱上溯至哈伦·拉希德的姐姐。[1]

尽管伊本·赫勒敦完全意识到很多世系的可疑，但是他还是对于一些特定的说法采取了十分宽容的态度。比如说，他是穆瓦希德王朝的坚定支持者，他十分赞赏该王朝的许多成就，尤其是王朝的建立者伊本·图马特（Ibn Tumart），此人曾声称自己是马赫迪（Mahdi，类似于救世主的概念），而且是先知穆罕默德的后代。在处理他的宗谱世系时，伊本·赫勒敦写道，那些怀疑伊本·图马特宗谱的人是没有证据的，并且继续道："此事已经是定论了，他所宣称的世系无法推翻，因为人们都相信他们的宗族谱系。"[2]

让伊本·赫勒敦最为声名狼藉的篡改是他对什叶派法蒂玛王朝哈里发（Fatimid caliphs）宗谱世系的辩护，法蒂玛王朝的哈里发们从 969 年至 1171 年统治埃及，他们声称自己的宗谱来自先知穆罕默德的女儿法蒂玛（Fatima），她也是先知堂弟阿里的妻子。不可避免地，法蒂玛王朝的宗谱世系遭到了在伊拉克接受逊尼派阿拔斯王朝资助的历史学家们的拒斥和藐视。"他

---

1 / *Muq.*, vol.1, p.272.

2 / *Muq.*, vol.1, p.54.

们说这个得到尊重的世系是编造的，因为这么说会对那些奉承孱弱的阿拔斯哈里发们的人有利，阿拔斯人对他们的敌人总是极尽诋毁之能事。"[1] 关于法蒂玛王朝的宗谱世系一直就存在可疑之处，所以他们可能正是因为这个原因而没能从北非的柏柏尔人那里得到支持。伊本·赫勒敦对法蒂玛王朝所取得成就的赞赏表现得十分明显，他对法蒂玛王朝宗谱的辩护使得他遭到了秘密支持什叶派的（不公平）指控。他只是赞赏他们的成功，但并非赞同什叶派教义。

就像是伊本·赫勒敦已经认识到的那样，宗谱世系是用来照顾社会需要的。它们通常是被设计用来把单一部落联盟中的各个族群包含在一起，而不是把族群排除出部落联盟。部落宗谱世系是虚构的作品，是为了适应不同时期的需要而经过一次又一次的改动。而且顺便要说一句的是，伊本·赫勒敦自己的宗谱世系可能也是在更早期的穆斯林所统治下的西班牙所编造的，因为他家族名字中的 "*un*" 结尾（Khaldun）在安达卢西亚通常是改信伊斯兰教的基督徒名字的结尾。[2]

---

1 / *Muq.*, vol.1, pp.41–43.

2 / María Rose Menocal, *The Ornament of the World: How Muslims, Jews, and Christians Created a Culture of Tolerance in Medieval Spain*（New York, 2002）, p.230.

而且，阿拉伯南部地区历史的伟大学者罗伯特·斯简特（Robert Serjeant）曾提出，他发现在阿拉伯南部地区从来就没有任何有关赫勒敦部族（Banu Khaldun）的记载。[1]

究竟是什么让伊本·赫勒敦，一个作为阿拉伯部落谈判专家的阿拉伯人，开始撰写一部赞美柏柏尔人历史和成就的著作呢？虽然他对马苏第雄心勃勃的世界史著作怀有极大的赞赏，但是马苏第的著作并没有太多提到马格里布的历史，也许这一点鼓励了伊本·赫勒敦来填补这一空白。但是也有可能是因为他想要给菲兹的柏柏尔统治者，或突尼斯城、特莱姆森的柏柏尔统治者呈现出一部完整的作品，这么做也可以确保自己在学术圈的地位以及在政治上获得提拔。这样的做法是很正常的，比如伊本·马祖克创作《吾辈明君阿布－哈桑之无瑕美德》就是为了能够吸引后来的马林王朝苏丹的资助。与此相似，伊本·赫勒敦的兄弟叶哈亚在为特莱姆森的阿布杜·瓦迪德王朝统治者效力期间曾经写过阿布杜·瓦迪德王朝的历史。

---

1 / R.B.Serjeant, review of Rosenthal's translation of the *Muqaddima*，见 *Bulletin of the School of Oriental and African Studies 24*（1961），p.143。

智慧文学（Wisdom Literature）和《历史绪论》

我们应该注意到，《历史绪论》所讨论的内容并不严格局限在历史问题上。它的有些内容更适合被归类到讽谏文的范畴里（这种流派在阿拉伯语中称作 *nasihat al-muluk*，波斯语中是 *andarz*）。在《历史绪论》的开场白中，伊本·赫勒敦提到了前人对伊斯兰教以前的历史和神话充满睿智的叙述和前人所提供的发人深省的奇人逸事。他将这些内容的记载归功于琐罗亚斯德教的祭司莫贝丹和萨珊王朝统治者阿努席尔万（Anurshirwan），以及后来的讽谏作品作者伊本·穆卡法（Ibn al-Muqaffa）和图尔图什（al-Turtushi）。《历史绪论》第三章的内容是关于"王朝、王权、哈里发国家、政府官职和各种其他相关的事物"。在这一章里，伊本·赫勒敦抄录了塔希尔·伊本·胡塞因（Tahir ibn al-Husayn）在 821 年写的一封信的全文，他是给阿拔斯王朝哈里发玛蒙（al-Ma'mun）效力的一名将军，也给玛蒙的儿子传授为君之道和如何处理政府事务。[1] 现代学者们对这封信的评价是这样

---

1 / *Muq.*, vol.2，pp.138-156.

的："这封信表达了特别老练又细致的王道理论精神，提出了完美统治者所应具备的素质，通过历史例子或奇人逸事，架构紧密又不加虚饰地强调了统治者对神的依靠，以及伊斯兰教是他所有行动的主要动力。"[1]

伊本·赫勒敦同样吸收了很多来自《秘密的秘密之书》(*Sirr al-asrar*，Secret of Secrets) 的内容，人们相信这本书是亚里士多德写给亚历山大大帝的一封信，提出了如何治国的建议。实际上，书中的内容是至迟在十世纪时才出现的伪作。(在中世纪学者眼中，亚历山大大帝最伟大的美德之一是听从学者的建议。) 伊本·赫勒敦把《秘密的秘密之书》错认成了亚里士多德的《政治学》(*Politics*)。[2] 按照《秘密的秘密之书》中的说法，亚里士多德是从波斯人和印度人那里学到了智慧。尽管这本书的核心内容是给统治者提供为君治国之道的指导，但是这部话题广泛的百科全书式作品所关注的内容还包括地貌学 (physiognomy)、占星术、炼金术、魔术和医学。以 "*Secretum Secretorum*" 为名，这部作品的翻译版本在基督教世界也获得了在

---

1 / Edmund Bosworth, "Mirrors for Princes," in Julie Scott Meisami and Paul Starkey, eds., *Encyclopedia of Arabic Literature* (London and New York, 1998), vol.2, p.528.

2 / *Muq.*, vol.1, p.81.

伊斯兰世界一样的欢迎度。人们觉得这本书来自亚里士多德，因此伊本·赫勒敦也对这部作品十分看重，但是他观察到，对政治的讨论掺杂了许多其他事物。他引用了这部作品中简洁精练的隐喻写法："世界是一个花园，王朝就是花园的围栏。王朝具有权威地位，通过王朝，人们得以举止合宜。合宜的举止是统治者施行的政策。军队是统治者的帮手，并得到金钱的维持。金钱是所有臣民共同积累起来的食物给养。臣民是仆人，并得到司法的保护。司法是住在花园中的精灵，通过司法，世界才得以持续。而世界就是这个花园。"[1] 在《历史绪论》中，有三个这样的道德循环，它们分别被归功于亚里士多德、巴赫拉姆（Bahram）和阿努席尔万。这种意涵丰富的政治隐喻被称为公正（司法）的循环（Circle of Justice），这个概念给几个世纪后开始阅读伊本·赫勒敦的突厥人留下了深刻印象。当然，亚里士多德的真正作品是《政治学》，这部作品的核心是理想型城市（ideal city），但是，正如伊本·赫勒敦所关注的，城市中很少或者根本不存在理想型（ideal）。突尼斯城和菲兹都不太可能成为这种哲学家们所梦寐以求的城市。

---

1 / *Muq.*, vol.1, pp.81−82.

在《历史绪论》的其他地方，热衷于预测未来的伊本·赫勒敦，引用了伪亚里士多德（pseudo-Aristotle）关于字母预测（*hisab al-nim*，一种基于每个字母具有的价值的预测方法）的内容。[1] 在战争中被用于恐吓敌人的号角和条幅上，伪亚里士多德的内容也有特别重要的作用。[2] 除了引述伪亚里士多德关于政治和伦理方面的内容以外，伊本·赫勒敦也吸收了波斯讽谏文中的内容，其中有很多是出自前伊斯兰时期波斯皇帝的智慧名言。（虽然不太可能）但是伊本·赫勒敦还是有可能曾梦想着能给年轻的统治者讲授《历史绪论》和《警示之书》，并进一步给统治者提供对文本的讲解，以这样的方式重新扮演辅佐亚历山大的亚里士多德的角色。他可能想象自己未来能够指导马格里布地区的哲学家式国王，但如果事情真是如此的话，那么他将要失望了。在完成了伟大作品的初稿后，伊本·赫勒敦离开萨拉玛堡垒并回到了突尼斯城，他在那里开始全力完成一本关于这座城市的哈夫斯柏柏尔统治者阿布-阿巴斯的书。

---

1 / *Muq.*, vol.1, pp.235-236.

2 / *Muq.*, vol.2, p.48.

《警示之书》

　　《警示之书》的篇幅很长，它的阿拉伯语原作篇幅超过三千页。这部著作不太像是以时间先后排序的编年史，而是关于部落的历史和由部落建立的王朝之历史。（对比来看，在十四世纪的北非、埃及和叙利亚，历史著作主要是以年份安排，罗列官方做出的官位任命和政治上、宗教上的重要人物的去世时间。）在伊本·赫勒敦编写《警示之书》时，他也将关注视角扩展到了不只是柏柏尔王朝的地方，关注了位于东方和西方的各个阿拉伯王朝，以及塞尔柱突厥人、蒙古人、马穆鲁克人、波斯人、犹太人和法兰克人的王朝。但不管怎么说，他的著作缺少马苏第的作品《黄金草原与珠玑宝藏》那样的全知主义视角，因为《警示之书》对法兰克人、突厥人和其他种族历史的处理是不准确的。伊本·赫勒敦只是详细阐述了说阿拉伯语地区的情形。但是阿拉伯人的辉煌时期已经过去了，因为突厥人已经在伊斯兰世界的东部代替了阿拉伯人，而柏柏尔人则是在伊斯兰世界的西部代替了阿拉伯人的地位。

　　虽然说在《历史绪论》中，伊本·赫勒敦表现得像是一名大胆而且具有原创性的理论家，但是他最初的目的是书写历史，而《历史绪论》本来只是他历史著作的序篇，这是十分普遍的做法。邓洛普（D.M.Dunlop）认为，"看看《警示之书》，人们就可以知道能从十四世纪的编纂者们那里获得什么了"。邓洛普还说："伊本·赫勒敦大力挞伐前人所犯过的一些错误，但是这些错误在他自己的《历史绪论》中也十分明显。他对此无计可施，因为他在很大程度上是摘取前人作品来充实自己。"[1] 塔勒比（Talbi）在《伊斯兰百科全书》（*Encyclopedia of Islam*）中的一篇关于伊本·赫勒敦的文章中也相似地提到，他发现了《警示之书》并不是把《历史绪论》中提出的理论承诺生动化，但是他还说道："他很明显不能做出别的选择。没有人能够光是按照《历史绪论》的要求就可以写一部普世性的历史。"[2]

罗伯特·不伦瑞克（Robert Brunschvig）注意到了伊本·赫勒敦在穆瓦希德王朝的早期历史中犯了许多错误。[3] 唐纳德·科特尔（Donald Little）曾对伊本·赫勒敦所记载的1290年代的马穆鲁克王朝历史进行过对比研究，他的结论是"虽然伊本·赫勒敦的《历史绪论》给历史编纂学提供了一些不同的方法，这

1 / Dunlop, *Arab Civilization*, p.138.

2 / Talbi, "Ibn Khaldun," p.829.

3 / Brunschvig, *La Berbérie orientale*, vol.2, pp.385-392.

也提高了人们对其作品的期待，但是在著作《警示之书》中，他并没有达到他的标准，我们发现他和他的前辈们走在相同的乏味道路上"。后来利特尔还曾补充道："他的版本没有提出任何不同的东西，所提供的那段历史时期的资料也没有什么重要性。"[1]

虽然这样的评价并没有错，但是《警示之书》包含一些后来的巴赫里马穆鲁克时期（Bahri Mamluk period）的信息，这些信息在其他地方是找不到的。比如说，伊本·赫勒敦称马穆鲁克士兵于 1367 年和 1369 年分别在开罗和亚历山大城使用了大炮。戴维·阿雅隆（David Ayalon）在他的著作《马穆鲁克王国的火药和火枪武器：中世纪社会的挑战》（*Gunpowder and Firearms in the Mamluk Kingdom:A Challenge to a Medieval Society*，1956）中认为，马穆鲁克人是直到十五世纪末期才开始使用火药武器的。[2] 很明显，《警

---

1 / Donald Presgrave Little，An Introduction to Mamluk Historiography:*An Analysis of Arabic Annalistic and Biographical Sources for the Reign of al-Malik an-Nasir Muhammad ibn Qala'un*（Wiesbaden，1970），pp.75，76.

2 / 关于戴维·阿雅隆的论文内容，见 Robert Irwin，"Gunpowder and Firearms in the Mamluk Sultanate Reconsidered，"自 *The Mamluks in Egyptian and Syrian Politics and Society*（Leiden，2004），pp.114-139。

示之书》和《旅程》对于 1382 年开始的切尔克斯马穆鲁克（Circassian Mamluk）统治时期的埃及、叙利亚历史来说是更为重要的史料，因为当时的伊本·赫勒敦能够得到扎希尔·巴库克（al-Zahir Barquq）和纳斯尔·法拉吉（al-Nasir Faraj）苏丹提供给他的信息，这个时期权力纠葛中的主角埃米尔们也可以给他提供消息（详见第五章。）除此之外，人们普遍认为《警示之书》中关于马格里布的柏柏尔人和阿拉伯人的内容提供了有用的事实和分析，这些内容在其他的编年史作品中是找不到的，而且那部分内容的结构和叙述都很有条理。先描述地理区域，然后分析地形学，最后是一个接一个地讨论由共同祖先发展出来的各个部落。

从更概括的角度看，伊本·赫勒敦在年代学（chronology）方面功力较弱。在他写作的大多数时间里，他手头的书很少，因此只能依靠自己超凡但仍不完美的记忆力。如果他是想要用《警示之书》中的历史事件来解释《历史绪论》中的思想，那么伊本·赫勒敦应该在历史书写中提供更多的分析，以此来表明这就是他所做的事情。有以下的可能性存在（只是可能性而已）：伊本·赫勒敦是先写出那些有关北非王朝章节的草稿，然后才开始撰写《历史绪论》的。所以，伊本·赫勒敦在叙述了各支柏柏尔人和各阿拉伯王朝之后，得到了许多后续想法，这些想法汇聚成了《历史绪论》。但是，他后来得到了隐藏在王朝历史背后的驱动力的概念，却从未成功地用这种方式把他的历史叙述重新整合起来，以此来呼应和解释他在《历史绪论》中提出的命题。

《警示之书》不看重个性和个人行动的影响力，而且作者在《警示之书》里也很少提及奇闻逸事。重大事件的背后有各种原因。对历史事件发生的原因加以公平、不加虚饰的总结可能是为了表现历史运行的法则。虽然关注点是如何管理权力，但是历史运行的法则通常暗藏在更特定的、"阿萨比亚"的作用。《警示之书》的读者们需要很费力才能从中看到历史的普遍规则及其作用，而这一点在《历史绪论》中是得到了陈述的。

因为伊本·赫勒敦和法国的编年史学家让·傅华萨（Jean Froissart，1337~ 约 1404）是同时期的人，将他们二人书写历史的方法进行对比，也许会给我们带来一些启发。傅华萨所得到的大部分信息来自他对当时重大历史事件的领导者的采访，随后他开始撰写著作《见闻录》（Chroniques），这本书记录了1360年代的贵族骑士和战争。《见闻录》的标准版本长达十五卷，其开篇是这样写的："为了那些高贵的战功，为了值得被彰显在历史和人们长久记忆中的那些法英战争中的事件和成就，也为了这些事情能鼓励后人做出正义之举，本人，让·傅华萨爵士，将公正地记载和探究这些历史。"[1]

在傅华萨的记述中，英法百年战争占据了主要的篇幅，他十分乐于提供各种战役、小规模冲突和包围战的细节。虽然他赞美骑士精神、礼貌和勇敢，但是他所记录的事件揭示的是野蛮、背叛和残忍——尤其是 1370 年当黑王子爱德华（Edward the Black Prince）攻陷利摩日（Limoges）后实行的大屠杀。傅华萨十分喜爱夸张和铺陈。著名的荷兰历史学家扬·赫伊津哈（Jan Huizinga）评论了傅华萨对各种多彩细节的记录，他引述了傅华萨的细节描写："海面上的战船飘舞着帐旗和飘带，上面的纹饰富丽而且五颜六色，在阳光的照耀下闪闪发光。阳光在长矛的刺尖上反射出寒光，艳丽的长矛三角旗和条幅也沐浴在阳光的照耀下，这是骑士们的军队正在前进的景象。"[2]伊本·赫勒敦并不会把他的语句写成图画，他的历史叙述几乎从头到尾都是没有色彩的。傅华萨十分依赖用对话来推进他笔下的故事，而伊本·赫勒敦不是这样。

---

1 / Jean Froissart, *The Chronicles of Froissart*（London，1908），p.1.

2 / Jan Huizinga, *The Waning of the Middle Ages:A Study of the Forms of Life，Thought and Art in France and the Netherlands in the Fourteenth and Fifteenth Centuries*（London，1955），p.252.

傅华萨在他的历史叙述中完全没有提到历史事件背后的驱动力。他只是简单地赞美勇气、雄心、荣誉感和责任心，他并不思索更深层的意义。通过对比，伊本·赫勒敦的著作所具备的分析、理论和基于证据所得出的概括给他的著作带来了现代性的表象。傅华萨赞扬勇气和高贵战士的礼节，而伊本·赫勒敦很少赞扬任何事，只是对宗教法展现出了一贯的支持。在他的历史记载中，英雄主义没有什么市场。最终，伊本·赫勒敦认为黑死病改变了一切，而傅华萨却几乎没有提到过黑死病。

虽然伊本·赫勒敦在今天被认为是著名的历史哲学家和历史作家，但是他貌似并不把历史看作独立的学科，因此对历史的书写并没被包括在《历史绪论》第六章对各种学问的讨论中。

第四章　《历史绪论》的方法论基础：哲学、神学和法律

在《历史绪论》中，充满了各种关于历史本质和社会发展的想法。这些想法的基础是什么？在罗森塔尔的英文版翻译中，《历史绪论》的前言是这样说的：

> 历史的内涵……包括对真相的观察和探求，包括对已经存在的事情之起源和原因的细致解释，以及事件如何发生和为什么发生的深刻知识。（历史），因此，是深深扎根于哲学中的。它值得被看作（哲学的）一个分支。

在上文中，伊本·赫勒敦看起来是明确无误地宣告自己是一名哲学家，《历史绪论》应该被看作哲学著作。但事情并不是看上去的样子。普遍来说，阿拉伯语单词"哲学"是"*falasifa*"，"哲学家"是"*faylasuf*"。你可以说柏拉图是一名"*faylasuf*"，当然亚里士多德、伊本·西纳（Ibn Sina，西方人称为 Avicenna，阿维森纳）、伊本·鲁世德（Ibn Rushd，

西方人称为 Averroes，阿维罗伊）和伊本·法拉比
（al-Farabi）也是如此。但是被罗森塔尔翻译成哲学的
阿拉伯词语是"*hikma*"，这个词有各种十分精巧又复
杂的词义，它可以被翻作"智慧"，或者"防止某人的
无知行为"。"*Hikma*"这个词描述了不是从《古兰经》
和圣训中发展出来的各门学问。它也常常用来指代那
些充满格言警句、睿智的建议和以君王、先贤和哲学
家们的生平故事来提供行事榜样的文体。

在名为"鲁格曼"（*Luqman*）的《古兰经》第
三十一个苏拉中，鲁格曼是一位神话般的先哲，他曾
经说过许多箴言、成语，后来也说了许多寓言故事。
"的确，我给了鲁格曼智慧（*hikma*）。"还有一句与此
相关的先知箴言，先知说："诗歌中有智慧。""*hakim*"
（哈基姆）则是指"智者"。《历史绪论》常常引用智
者的睿智话语，其中包括琐罗亚斯德教的祭司莫贝丹、
萨珊王朝统治者阿努席尔万、萨珊王朝维齐尔布祖尔
基米赫（Buzurjmihr）和写《秘密的秘密之书》的伪亚
里士多德。[1]

在《一千零一夜》中，有一些包含着简短奇闻逸
事的智慧箴言穿插在故事情节里。在"阿努席尔万和

---

1 / *Muq.*, vol. 1, p. 6.

农民女孩"的故事中，阿努席尔万在一个村子里受到了盛情款待，于是他要给这个村子更重的税，但是当他听到那个女孩说，"我听一些智者说过，如果一个统治者对待百姓的善意不在了，那么统治者身上的祝福和优势也就会随之消失"，阿努席尔万改变了主意。[1]在"亚历山大大帝和贫穷的国王"故事中，亚历山大穿越了一个非常穷苦的村庄，那里的村民一无所有，以吃草维生。在这个地方，亚历山大受到了大量关于人终究逃不过死亡、虚无、贪婪、不公的训诫。亚历山大深受触动，于是他想要把他帝国的一半让给这位贫穷的国王，但是国王却回答说："万万不可！绝对不要！"亚历山大想知道为什么，国王回答说："因为你拥有财富和王国，所有人都成了你的敌人……然而对我来说，所有人都是我的朋友，因为我满足于贫穷。我没有王国，在这世上，已经没有我想要索取和追求的东西了。我在这里没有一点企图心，心中只是知足和满意。"亚历山大拥抱了这个国王，随后就继续赶路了。[2]在这个故事的下文中，"正义之王阿努席尔万"宣布，他作为

---

1 / 关于 "hikma" 一词，见 *Muq.*，vol. 1，pp. 80–83；对比 Mahdi，*Ibn Khaldun's Philosophy of History*，pp. 158–59。

2 / *Arabian Nights*，vol. 2，pp. 195–96.

统治者的职责就是给臣民带来繁荣。[1] 我们可以明显看出的是，智慧文学的内容中带有强烈的劝诫色彩。

和 "*hikma*" 产生重叠的是 "*nasiha*"，后者是一种劝诫文学，其内容至少是给国王们提供建议。散文作家（belletrist）伊本·穆卡法（公元八世纪）在加工和修改许多印度寓言故事的基础上，完成了他的阿拉伯语版本故事集。这本故事集名叫《卡里莱和迪穆纳》（*Kalila wa Dimna*），他用动物寓言故事来引出先哲的政治讽谏。他的另一作品是《同伴之信》[*Risala al-sahaba*，Letter on the Companions（of the Caliph）]，这部作品是呈现给阿拔斯王朝哈里发曼苏尔的，它提出了治理国家的建议。伊本·赫勒敦认为，伊本·穆卡法在作品中所寻求解决的问题和《历史绪论》所处理的问题是相同的，但是《同伴之信》没有提出任何证明、证据。"他仅仅是以散文和辩论的冗词将那些问题一笔带过而已。"[2] 伊本·赫勒敦随后提到了《众王光之书》（*Kitab Siraj al-muluk*，The Book of the Light of the Kings），作者是阿布·巴克尔·图尔图什（Abu Bakr al-Turtushi，1059~约1130年），这本书属于相同流派的著作，也提出了《历史绪论》所探讨的问题，

---

1 / *Arabian Nights*，vol. 2，pp. 325-26.

2 / *Arabian Nights*. vol. 2，pp. 326-327.

但是它主要依靠的是摘引许多的古代先贤话语，并没有系统性，也缺少分析。[1]伊本·赫勒敦从劝诫文学中摘录了一段完整的例子，"作为我所找到的最好的政治处理方法"。这段内容来自一位九世纪将军的一封信，他名叫塔希尔·伊本·胡塞因，这封信是写给他将要上任省长一职的儿子的。信中提出了如何让自己在世俗和宗教事务中举止合宜的建议。[2]这封信的内容十分严肃又富于说教色彩，充满了陈词滥调，听起来像极了从莎士比亚笔下的波洛尼厄斯口中说出，不太对《历史绪论》的胃口。从宗教的角度来看，劝诫是有意义的。在圣训中，先知说："提供建议（*nasiha*）是宗教（*din*）。"当然了，伊本·赫勒敦对于历史的想法和他的政治才能让他怀有以宗教为基础和道德化的观点，但是这些观点更精细、深厚地交织在这些作者的写作目的和叙述中。

伊本·赫勒敦与哲学的距离

尽管伊本·赫勒敦在我们看来可能算是一位哲学家，但他自己可能并不这么觉得。在《历史绪论》序

1 / *Muq.*, vol. 1, pp. 82-83.

2 / *Muq.*, vol. 1, p. 83.

言里，他对自己深入又彻底的王室和王朝研究表现得十分自豪，随后写道："在神的帮助下，我们开始意识到这些事情，而非依靠亚里士多德或莫贝丹的指示或教导。"[1]后来他还宣称："人们应该知道，哲学家所持有的观点在所有的角度上都是错的。"[2]他在世的时候，从未有人称他为哲学家。在十四世纪的马格里布，哲学并不繁荣，因为马林王朝的诸位统治者和他们资助的宗教人员并不喜欢哲学，而且哲学的内容也不在学院机构的教学大纲中。非同寻常的是，阿比里给伊本·赫勒敦和其他门徒教授了理性学问（rational sciences），但是我们并不能确定这些学问究竟是指什么内容。伊本·赫勒敦的确跟随阿比里学习过的文本是《穆瓦塔》（Muwatta'），这部著作是马里克·伊本·阿纳斯（Malik ibn Anas）编纂的圣训和法学纲要著作。如果阿比里真的给伊本·赫勒敦教授了哲学的话，那么他的教学内容应该是以介绍伊本·鲁世德（阿维罗伊）的学说为主。按照伊本·哈提布的说法，伊本·赫勒敦后来缩略汇编了一些伊本·鲁世德的著作，那些缩略的著作中也包括十二世纪神学家法赫尔丁·拉齐（Fakhr al-Din al-Razi）的《神学原则

---

1 / *Muq.*, vol. 2, pp. 139–156.

2 / *Muq.*, vol. 1, p. 82.

纲要》（*Muhassal fi usul al-din*，Compendium on the Principles of Theology）[1]，但是这些内容都是伊本·赫勒敦年轻时候的经历，他对此并不觉得有什么值得自豪的，而且在自传性质的《旅程》一书中，他也没有提到这些经历。除此之外，当开始写作《历史绪论》的时候，他已经准备好了开始谴责删减别人著作的行为。[2] 所以我们可以推断，他对他早期的作品是有些后悔的。

在十二世纪，伊本·鲁世德（这是他的真正阿拉伯语名字，但是他在中世纪欧洲时以"阿维罗伊"的名字为人所知）是伊斯兰世界最著名也最有争议的哲学家。他出生在 1126 年的科尔多瓦，1198 年卒于马拉喀什。他创作了大量关于亚里士多德的著作评论。他拥护以理性来证实伊斯兰教。他对宗教持有的是精英主义的观点，他相信只有哲学家才掌握了伊斯兰教的含义，而普通大众则只是满足于故事、隐喻和简化的教义。

但是，伊本·鲁世德，这位阿拉伯中世纪的最后一位伟大哲学家，经受着来自神学家的攻击并竭力捍卫哲学。尽管他作品的翻译版本在中世纪欧洲的大学

---

1 / *Muq.*, vol. 3, p. 250.

2 / Rosenthal, "Introduction，"见 *Muq.*, vol. 1, p. xliv。

里被人们广泛阅读，但是对伊斯兰世界后来的思想家们来说伊本·鲁世德的影响力并不大。十一世纪时，宗教学者安萨里（al-Ghazali）写了一本《哲学家们的矛盾》（*The Incoherence of the Philosophers*），他反对哲学的观点在后来更有影响力。虽然伊本·鲁世德对《哲学家们的矛盾》做出了彻底的驳斥，但我们可以清楚地看到，伊本·赫勒敦更倾向安萨里，而非伊本·鲁世德。他曾经说过："如果想要捍卫自己，反对教条主义信仰领域中的哲学家们，那么就应该将目光投向安萨里的著作。"[1]

虽然知道伊本·鲁世德享有的声望，伊本·赫勒敦几乎没有提过他的名字，只是在对一些次要问题上反对伊本·鲁世德时才对他有所提及。例如，他批评道，伊本·鲁世德关于赤道的观点，后者认为赤道两边的可耕种区域是对称的，伊本·赫勒敦认为这种说法是无稽之谈，因为南半球大部分地方是水域。[2]伊本·鲁世德和希腊哲学家们相同，认为城市是最高的政治生活形式，在城市中居住时间最久的家族享有最高的声望。这和伊本·赫勒敦的思维方式明显相差得很远，他明确地拒绝了这种看法："我很想要知道，如果一个

---

1 / *Muq.*, vol. 3, pp. 290-291.

2 / *Muq.*, vol. 3, p. 54.

人不属于一个有权势的家族，为什么在城里住得久就能帮他（得到声誉）呢？"伊本·鲁世德生活的时间和地点（安达卢西亚）让他几乎没有机会对"阿萨比亚"有什么体悟。[1] 他的政治哲学思想就如同之前一样，是由城墙定义的，而伊本·赫勒敦的理论是由沙漠和山区生活所构成的。

在《历史绪论》第六章中，有一部分内容名为"对哲学家的驳斥"，伊本·赫勒敦在这部分内容中写道，哲学家们"紧盯着《疗愈之书》（*Kitab al-Shifa'*，伊本·西纳著）、《指导与评论之书》（*Al-isharat wa al-tanbihat*，伊本·西纳著）、《解救之书》（*Al-Najah*，伊本·西纳著）、伊本·鲁世德缩减版本的《工具伦》（*Organon*）和亚里士多德的著作，他们把书页都要翻烂了。他们坚定地捍卫他们的立场，希望他们的想法能够帮他们找到幸福。让他们没有意识到的是，这种方法只会给他们追求幸福的道路添加障碍"。[2]

然而，伊本·赫勒敦没有说出的是，他可能从伊本·鲁世德的《理想国阐述》（*Exposition of the Republic*）中受益良多。因为得不到亚里士多德的《政

1 / *Muq.*, vol. 1, pp. 108-109.
2 / *Muq.*, vol. 1, pp. 275-276.

治学》，伊本·鲁世德根据柏拉图《理想国》的阿拉伯语缩略版本写了一篇延伸评论。在这篇评论中，他强调教育人民是统治者的职责，他也提出沙里亚法之所以比其他形式的法律更高级，不仅仅是因为沙里亚是由神意所启发，还因为它可以让人们得到幸福。另外，奢侈会有损道德的观念也可以在柏拉图的《理想国》和伊本·鲁世德翻译的版本中找到。

在伊本·鲁世德去世后，他的作品在阿拉伯地区并没有广为流传，伊本·赫勒敦是少数接触到那些著作的知识分子之一。但是伊本·赫勒敦从伊本·鲁世德那里得来的，或者至少是说两人的共同之处，并不是哲学上的思想，而是一种心态——悲观主义。伊本·鲁世德相信一个城市的良善政府在长远来看是注定会被受权力和金钱诱惑的重要人士所害，并逐步沦为暴君统治。完美的伊斯兰化政权并不会久于先知和前四位正统哈里发在世的时间。那一场大分裂（*fitna*）——阿里和穆阿维叶（Mu'awiya）在 656 年的争斗——就是转折点。[1] 伊本·赫勒敦认为哈里发王朝自倭马亚王朝（Umayyad dynasty）哈里发的创始人穆阿维叶开始；穆阿维叶是个

1 / *Muq.*, vol. 3, p. 254.

胖子，是最早坐在王位上的哈里发。[1]然而伊本·赫勒敦在部分内容上十分赞赏穆阿维叶，可能是因为这位哈里发依靠"阿萨比亚"执掌起权力，而且他还认为穆阿维叶也应该和前四位正统哈里发有相同的地位。但是在之后的倭马亚王朝中，这个哈里发国家沦为了暴政，对财富和享乐的追求让国家沦丧。在随后的阿拔斯王朝中，良善政府得以复兴。"那些人（早期的阿拔斯人）没有和丰裕舒适、奢侈的华丽服装、珠宝或珍馐美味产生什么瓜葛。他们仍然保持着俭朴的沙漠生活态度，以及伊斯兰教的简单状态。"[2]但是后来，同样的衰败过程出现了。按照伊本·赫勒敦的说法，尽管早期的倭马亚和阿拔斯哈里发们都带来了公平和安定，但后来的奢侈和懒惰让他们衰败，哈里发也只是名义上的哈里发而已，因为他们的统治已经徒有世系，而无道统。

历史的循环理论和背后的悲观主义

知识分子持有悲观主义是当时的时代特征。我

---

1 / Majid Fakhry, *Averroes (Ibn Rushd): His Life, Works and Influence (Oxford, 2001), pp. 112–114*; Patricia Crone, *Medieval Islamic Political Thought*, p. 191.

2 / *Muq.*, vol. 2, p. 53.

们已经在前文中看到了伊本·哈提布对历史的悲观看法，之后我们也会看到埃及历史学家马克利兹（al-Maqrizi）对相似的历史观点的阐述。《古兰经》中已经提到所有人间的政权都将衰亡："每个民族都有其大限之日，当它到来时，他们既不能推迟，也不能提前。"（《古兰经》7：34）

对于王朝命运的悲观观点也许也和阿拉伯语政治词汇的暗示有关。在阿拉伯语中，"Dawla"的意思是"王朝、朝代"。就像伯纳德·刘易斯（Bernard Lewis）曾提到的："词根 *d–w–l* 的基本意思在其他的闪族语言里出现，是'转'或者'替代'的意思——例如《古兰经》中说：这些（情形不定）日子里，我让快乐在人们中流转（*nudawiluha*）。"（《古兰经》3：140）在这里，"转"也有统治者或者政权交替的意思，当阿拔斯哈里发代替了倭马亚哈里发，这里就用了 *"dawla"* 一词，因此 *"dawla"* 也有了朝代的引申意思。但是这个词貌似也暗示了朝代有其寿命，终将会被另一个王朝取代。刘易斯提出："源自希腊或者波斯文献中的政治循环理论，可能也导致了 *'dawla'* 这个词被这样使用。"[1]

---

1 / *Muq.*, vol. 1, p. 36.

伊本·赫勒敦讨论了九世纪时天文学家、博学多才的金迪（al-Kindi）对阿拔斯王朝注定灭亡的计算。（依照金迪的叙述，他预测到了阿拔斯王朝在十三世纪时的灭亡和巴格达的毁灭。）虽然伊本·赫勒敦提到了"al-Jafr"论文[1]，但他本人是没有亲眼见过这些论文的，他实际上想到的可能是金迪的著作《阿拉伯王朝及其寿命之信》（Risala fi mulk al-'Arab），在这篇论文中，他预测了哈里发国家的灭亡，这篇论文也是第一个用"dawla"指代"朝代"的文章。有一本十世纪时的百科全书，名为《纯洁之友的信函》（Rasa'il Ikhwan al-Safa'），这本书的作者们认为"dawla"以每二百四十年为一个周期，从一个王朝传到另一个王朝，或者一个民族传到另一个民族。[2]

历史循环理论的特征具有悲观主义的倾向。在伊本·赫勒敦身上，这种悲观主义可能来自他经受过的一个又一个不同的王朝想要统一马格里布而均告失败，也来自他的兄弟和受他尊敬的好友伊本·哈提布的被

---

1 / 源自先知穆罕默德。秘传至什叶派各伊玛目保管和学习的文集，里面有各种知识。——译者注

2 / Bernard Lewis, "Islamic Concepts of Revolution," 见 Lewis, *Islam in History*; *Ideas, People, and Events in the Middle East*（Chicago and La Salle, IL, 1993）, pp. 311-312。

杀，可能还有他对黑死病的记忆。另外，他认为阿拉伯人的光辉时代已经结束，柏柏尔人和突厥人正在替代阿拉伯人的地位。在他的周围，有废墟和遭人遗弃的村庄。在十四世纪的阿拉伯世界，怎么会有人觉得世界正在越变越好呢？

近些年进行伊斯兰研究的历史学家帕翠莎·柯容将注意力放在伊本·赫勒敦的历史循环理论和儒家思想之间的对比上。在伊本·赫勒敦和古代中国思想家的眼中，他们都认为定居王朝的灭亡是部落征服者带来的不可避免的后果。但是中国思想家的历史进程观点和伊本·赫勒敦的观点不同，其情绪甚至更为忧郁低落，他们认为："部落征服属于循环的最低端，中国人对于部落的衰落没有概念和认识。中国人认为，部落作为野蛮人不存在美德，所以也没有值得被腐化的东西。野蛮人不能管理中国是理所当然、不言而喻的……从部落生活过渡到定居生活毫无疑问是更好的转变，可以带来更好、更强大也更长久的政府。"相比较之下，伊本·赫勒敦是站在游牧部落的角度，将部落征服看作循环过程中的高点，认为定居的文明缺少男子气概。[1]

---

1 / Patricia Crone，*Slaves on Horses：The Evolution of the Islamic Polity*（Cambridge，1980），pp. 89–91.

波利比乌斯（Polybius，约公元前203~约公元前120）是一位希腊编年史家，他记载了希腊的衰落和罗马的崛起掌权，他简单地描述了历史结果的循环，在他的理论中，君主之后是贵族，然后是民主，随后君主再次掌权，以此循环往复。更概括而论，思考历史的那些希腊和罗马人，比如赫西奥德（Hesiod）、萨卢斯特（Sallust）和塔西佗，他们都受到了自然界隐喻的启示，假定国家和文明的衰落是不可避免的。黄金时代将变成白银时代，然后是青铜时代，最终到铁器时代。维柯特别专注于如此解读历史和其他的古典作家的思想。

《新科学》（La scienza nuova）是那不勒斯人维柯的作品。他在1725年和1744年出版了该作品，一共三卷。和伊本·赫勒敦相似，维柯也被人描述为超越了其生活年代的人，按照贝内德托·克罗齐（Benedetto Groce）的说法，"不偏不倚，正好是一个十九世纪的胚芽"。维柯相信发现历史发展进程背后的法则是一件有可能做到的事。和伊本·赫勒敦一样，维柯也利用自己的法学素养为历史理论服务，他的历史研究也有宗教性的驱动力。和伊本·赫勒敦一样的还在于，维柯也认为历史学地位高贵，因为他的"新科学"实际上是历史，他的科学是用来解决现实世界问题的，因为历史是由人构成的，因此历史可以被人类完美地掌握和了解。在一切问题的背后存在着一个真理，也就是由于人类社会的世界是由人所组建起来的，"它的原则因而就可以在我们自己思维的改变中找到"。社会就像个人一样，出生、成熟、衰老、死亡。但是当有一个社会死去，就有一个新的社会出现。"Ricorsi"（循环）不可避免地带来"corsi"（顺序发生）。在他的思想中有三个名词：迷信的、英雄神话的和人类——与之对应的是神学、贵族和民主。维柯认为有七种文明存在：希伯来、迦勒底（Chaldaeans）、斯基泰（Scythians）、腓尼基、埃及、希腊和罗马。对于历史，他有一种十分阴暗的观点，历史是由凶残、野心和贪婪驱动的。从野蛮状态中得到进步的民族发动征服，但是随后当他们定居下来，生活安定，就会衰弱，成为新一代野蛮人的牺牲品。帝国的衰退和奢侈有重大关系。在维柯早期的一篇名为《关于罗马人的豪华盛宴》（On the Sumptuous Feasts of the Romans）的论文中，他提出，罗马在征服亚洲时，被亚洲的奢侈征服了，同样地，在维柯生活的年代中，西班牙帝国被它从美洲得到的财富所腐化。但是维柯的洞察力却几乎完全被与他同时期的人们所忽略了。[1]

历史的循环理论体现在预言上，因为历史既是关

1 / Peter Burke, *Vico*（Oxford, 1985）.

于过去的，也是关于未来的。在各种关于历史循环的理论中，最著名的理论之一是奥斯瓦尔德·斯宾格勒（Oswald Spengler）在他的著作《西方的没落》（*Der Untergang des Abendlands*）中提出的。[1] 这部两卷本的著作诞生于德国和奥地利在一战中战败的大灾难后。在书中，作者给浮士德式的欧洲做出了厄运重重的预测。作为自学成才的学者，他十分自信地预测欧洲人物质主义的胜利将会反过来催生暴力，但是伴随的暴力会让欧洲重现青春。他以四季为隐喻，因为所有的文明进程都是从春天到冬天。他也以人的出生、成熟、死亡为隐喻。他认识的八种文明都服从于上升和衰落的主题。就像伊本·赫勒敦一样，斯宾格勒对城市文明抱有某种敌意，而且将"世界城市"的现象和寄生漂泊的人口作为文明的最后一个阶段。斯宾格勒的思想对历史学家汤因比产生了极重要的影响。汤因比自己表示他也受到过伊本·赫勒敦的影响，我们将在本书后文中讨论这一话题。

伊本·赫勒敦提出的另一个模式，即三代人时间的衰亡可以和晚近托马斯·曼的小说《布登勃洛克家

---

1 / Oswald Spengler, *Der Untergang des Abendlands*, 2 vols. (Munich, 1922); Spengler, *The Decline of the West* (London, 1932).

族：一个家族的衰落》进行不具关联性的比较。这本小说在 1901 年以德语出版，讲述的是十九世纪德国北部的一个家族四代人的故事。健康又快活的主人公约翰管理着一份繁荣并广受尊敬的家族产业，但是随着世代更替，产业和家族都衰落下去。最终，一个病恹恹的知识分子，死于伤寒。衰退、疾病和死亡把一度风光无限的布登勃洛克家族击垮了。托马斯·曼的小说受到了他阅读的哲学家叔本华的《作为意志和表象的世界》（*The World as Will and Representation*，1918）的强烈影响。罗素（Bertrand Russell）是这样描述叔本华这部作品中的悲观主义的："意志没有一定的终结，如果意志是以实现，就会带来满足感。尽管死亡最终会到来，但我们还是会去追求我们无用的目的，这就像是我们吹起一个尽可能大的肥皂泡，尽管它如此完美，但我们知道它终究会破。世上没有一种叫幸福的东西，因为愿望的失落会导致心痛，而达成愿望带来的仅仅是满足。"[1] 叔本华的判断是，人们寻求政治机构或社会机构的改革根本就是徒劳，因为这些机构的失败仅仅反映了人类本质中糟糕透顶的失败。邪恶追随人类，人类也是罪恶的来源。（顺便提到的是，托马

---

1 / Bertrand Russell, C. F. Atkinson 翻 译, *A History of Philosophy*（London, 1946）, p. 724。

斯·曼当时正要第一次将斯宾格勒和叔本华的作品做对比阅读。）

《布登勃洛克家族》追溯了一个家族王朝的兴起和衰落。埃及的诺贝尔奖获得者小说家马哈福兹的小说《平民史诗》（*Malhamat al-harafish*，1977 年出版，于 1993 年英译为"*The Harafish*"）则提供了有些相似的叙述，他写的是开罗贫民区中纳吉一家的兴起和衰落。阿拉伯语书名中"*Malhamat*"的字面意思是"屠宰"，但是这个词也可以指代一种预知启示录性质的文学流派。书中的"*harafish*"是住在小巷子中的一个宗族，阿舒尔·纳吉是一个强壮、精力充沛、十分严谨的人，他是宗族的头人，在人们心里很有威信。他的儿子和孙子，虽然不像他那么优秀，但也成功地领导着他们的宗族，但是后来的后代们则越来越差："他不再管族长的职责，又傲慢又懒惰，沉浸在放纵和享乐中。他的肥肚子向前凸，屁股坠在后面，食量巨大，在餐厅的熟悉位子上睡着。"[1] 马哈福兹的这一部精彩小说（这一部是他最好的作品之一）的情节发展就像历史循环的起落一样。我想马哈福兹一定是读过伊本·赫勒敦的著作吧。

---

1 / Naguib Mahfouz, Catharine Cobham 翻译, *The Harafish* (New York, 1993), p. 119。

所有的文明都注定有衰亡之日。在 1919 年时，法国诗人、散文作家保罗·瓦勒里（Paul Valéry）对未来持有十分悲观的看法：

> 我们一直听人们说起已经消逝的世界，有的帝国踪迹已经不可考证。有的人带着许多人和机器，探索已经难以考证的久远年代，想要了解那时人们的宗教和法律，了解他们的学术和科学，还有对各种学问的运用，以及语法、语言、文学经典、浪漫主义者、符号学家，考据他们的批评家和批评家的批评家……我们知道眼前的世界是由灰烬组成，灰烬也意味着些什么。从模糊的历史中，我们可以了解载着财富和知识大船的幻影；我们所了解的事情数之不尽。但他们曾经面临的灾难，归根结底，与我们何干呢？[1]

伊本·赫勒敦对社会和政治有着相似的阴郁看法，因此从未阐述过改革计划。他甚至都不愿意费时间来讨论完美城市（完美国家，*al-madina al-fadila*）的乌托邦式计划，这个计划是哲学家法拉比（al-Farabi，

---

1 / Paul Valéry，"The Crisis of the Mind," in Valéry，*History and Politics*（London，1963），p. 23.

约 872~950）提出的。（要顺便提一下，法拉比和伊本·鲁世德的政治哲学著作的影响力在伊斯兰世界令人吃惊地小，伊斯兰世界也几乎没有对他们的理念提出过实际的政治运作方法。）伊本·赫勒敦下结论说，正规的逻辑学习在一些地方是有用的，但是哲学家们在有信仰的国度所推行的哲学太过火了。智能不应该用来决断和神有关的事情。理性就像一杆秤，用它来称金子很好，但是对称一座山来说则是毫无用处的。因为人类的心智有极限，而宇宙是无极限的，所以人心无法理解宇宙。人们不应该用理性来推测神的独一性和看不见的世界，也不应该推测预兆的本质、神的属性或是其他类似的神圣、困难的事物。[1]

伊本·赫勒敦 vs 亚里士多德

中世纪伊斯兰世界的主流哲学是由亚里士多德学说的各种新柏拉图式思想构成的。伊本·赫勒敦对新柏拉图主义哲学家的反对态度和他对过度推行逻辑者的反对态度相似，因为他认为哲学家们是在试图推测超过他们经验知识的事物。但是他也表示哲学家们的

---

1 / *Muq.*, vol. 3, p. 38.

思想有损宗教，因而也有损于社会。正如我们之后会看到的，这样的看法也是他谴责炼金术、占卜和寻宝的思想基础。但是，虽然投机的哲学是"险恶的"，即便当逻辑挑战了神学真理，让一些紧张形势出现，逻辑还是得到了伊本·赫勒敦单独的讨论，并被他谨慎地赞成。他貌似十分精于逻辑，而且对逻辑进行了令人印象深刻的系统性阐述，实际上好像吸收了亚里士多德的《工具论》并在其基础上做了一些改动。[1]

超物质（metaphysics，形而上学）也被伊本·赫勒敦单独讨论，这个话题经常被挤在农业、巫术和护身符学问的中间。[2] 尽管形而上学论者觉得他们有很多要说，但伊本·赫勒敦认为他可以轻易驳倒形而上学。因为在他对哲学的讨论中，他援引安萨里来为自己提供支持。投机的神学是可以被认作正当的，因为神学的基础是神启和宗教真理，但是投机的哲学则缺少任何有力的基础。

阿拉伯语单词"*faylasuf*"（哲学）源自希腊语，伊本·赫勒敦将亚里士多德看作哲学家中最重要的代表人物。[3] 但是，正如我们已经注意到的他对《秘密

---

1 / *Muq.*, vol. 3, pp. 137–147.

2 / *Muq.*, vol. 3, pp. 152–155.

3 / *Muq.*, vol. 3, p. 249.

的秘密之书》的提及，伊本·赫勒敦对亚里士多德的天才之作并不十分了解。他不但相信《秘密的秘密之书》是亚里士多德所作，他还相信新柏拉图主义的《神学》（*Theologia*）也出自亚里士多德。这本书实际上是三世纪时普罗提诺（Plotunus）所写的《九章集》（*Enneads*）中的一部分摘要内容。普罗提诺研究心理学、形而上学、逻辑学和认识论。我们还应该知道的是，中世纪的阿拉伯学者常常引用亚里士多德著作的片段，或是引用被认为是出自亚里士多德的内容，以此来给自己的说法提供更多的学术公信力，这种做法在当时是十分正常的。即便伊本·赫勒敦当时真的有办法研读亚里士多德的作品，他是否能在其中找到足够令自己感兴趣的内容也是值得怀疑的，因为亚里士多德作品的一大鲜明特色就是对历史缺少兴趣。[1]

哲学对伊斯兰文化来说是舶来之物。它可以和占星学与炼金术一起归类为 "'*ulum al-awa'il*" ——古老的科学，因此也会被看作可疑的事物。当对某一问题的研究有助于让头脑更敏锐，那么这一问题就仍具有危险。"学生应该尽可能多地知道它的坏处。任何学习这门知识的人都（只）应该已经饱学了宗教法、《古兰

---

1 / Robinson，*Islamic Historiography*，p. 85 及注释。

经》的解释和法学。"[1]对逻辑的使用可以而且应该被运用在神学中，但是像这样就足够了："避免古代的书和方法，就好像我们完全不知道它们一样，即便这些书和方法就像我们陈述的那样，充满了有用的结果和有用的逻辑。"[2]

尽管哲学和古希腊人有着紧密的联系，伊本·赫勒敦并不相信哲学传统是从他们那里发源的。他和大多数阿拉伯和波斯学者一样，相信希腊人学习了许多波斯琐罗亚斯德哲学，以及各种其他的知识分支："在（古代）波斯人那里，哲学的学问扮演了重要的角色，因为波斯人的各个朝代都很强大，而且波斯人的统治没有中断。哲学科学据说是从希腊人传到波斯人那里的，（在那个时候）亚历山大杀死了大流士并夺取了阿契美尼德帝国。在那时，他占有了波斯人的书籍和学问。"[3]当阿拉伯人征服了波斯，他们发现了许多关于波斯人学问的书籍和文章，但是依照他的说法，哈里发奥马尔命令毁掉这些书，因为阿拉伯人已经从神那里

---

1 / *Muq.*, vol. 3, p. 257.

2 / *Muq.*, vol. 3, p. 143.

3 / *Muq.*, vol. 3, pp. 113–114.

得到了更好的指导。[1]《秘密的秘密之书》将亚里士多德描述为从波斯和印度得到了智慧的人。按照伊本·赫勒敦的说法，之后希腊版本的波斯学问流传了下来，这是因为哈里发玛蒙特别乐于资助对希腊人著作的翻译。"我们没能得到的知识要多于我们得到了的知识。"[2]

在开始讨论神学之前，还应该看到的是，在宽松的现代观念中，伊本·赫勒敦显而易见是一位哲学家，就像《钱伯斯词典》（*The Chambers Dictionary*）所说的，他是智慧所眷顾之人。他深入地思索重大问题，还试图逻辑性地解决问题。但是这在十四世纪的马格里布并不足以让他成为一位哲学家。即便如此，是他进行抽象推理的能力和概括社会现象和历史现象的能力让他在中世纪的历史学家中几乎独一无二。

神学及其所限

我们现在开始讨论神学。在伊本·赫勒敦的定义

---

1 / *Muq.*, vol. 3, pp. 113-114；对照 Dmitri Gutas, *Greek Thought, Arabic Culture: The Graeco-Arabic Translation Movement in Baghdad and Early 'Abbasid Society*（2nd-4th/8th-10th Centuries）（London, 1988），pp. 36-41。

2 / *Muq.*, vol. 1, p. 78.

中，神学（*kalam*）是"包括辩论逻辑证明在内，用来捍卫信仰的文章和驳斥那些脱离早期伊斯兰和伊斯兰正统教义的创新者"的一门学问。[1]他将宗教学者阿布·哈米德·穆罕默德·安萨里（Abu Hamid Muhammad al-Ghazali，1058~1111）描述为"现代第一人"。伊本·赫勒敦本人属于阿沙里学派（Ash'arite），他也把安萨里描述为阿沙里学派之人。这个学派门下的学者们都追随十世纪神学家阿布·哈桑·阿沙里（Abu al-Hasan al-Ashari），他们以理性论证来支持伊斯兰教的正统。[2]安萨里很喜爱亚里士多德哲学的三段论法（Aristotelian syllogism），他引导人们更轻易地接受对逻辑的使用，他也用逻辑来驳斥哲学家们的论点，但是"要像老练的捕蛇人一样，必须把毒液提取出来用在有用的地方"，他也十分小心谨慎地运用逻辑。安萨里也是苏菲派的捍卫者，他向人们证明神秘主义如何能与正统伊斯兰教相调和。但是尽管安萨里用理性来确定一定的神学立场，他们认为并非所有的信仰文章都可以用理性来支持。除此之外，安萨里认为神学研究是充满危险的，并不适合所有人。

按照阿沙里学派的教义，造物主的全能力量意味

---

1 / *Muq.*, vol. 3, p. 14.

2 / *Muq.*, vol. 3, p. 143.

着"一切的善恶都是神的意愿。他通过给人类以行善恶的能力来创造人的行为"。这也就是说，神不仅仅决定了人的行为，也决定了人们想要做什么的想法。人类的行为是"造物主的创造"。正如我们在第二章中看到的，安萨里坚持认为在因果之间不存在联系，除非神意要如此。因此，我们举这样一个例子，安萨里认为把棉花和火放在一起，棉花着火并不是因为它在火上，而是说，是神意让棉花着火，因为在神的宇宙中，唯一的法则是神意。我们所称的因果关系只不过是神的习惯而已。[1] 阿布·哈桑·阿沙里和认同他观点的安萨里都是偶因论者（occasionalists），他们认为事件之所以长时间持续存在，是因为神的意愿长时间地持续存在。

伊本·赫勒敦好像同意安萨里所强调的造物主的全能力量，但是在这件事上，他貌似又不是始终态度如一，他有时候渴望对起因的本质有完完全全的了解："止于探究原因者是沮丧的。此人当然（据其说）是一名信徒，如果他在推测的汪洋大海中探索，并研究

---

1 / Oliver Leaman，*An Introduction to Classical Islamic Philosophy*（Cambridge，1985），p. 94；Massimo Campanini，"Al-Ghazzali，"见 *History of Islamic Philosophy*，pt. 1（London，1996），pp. 262-63。

（原因），（求索）影响人们行为的每件事之原因，我可以保证他将无功而返。因此立法者（穆罕默德）已经禁止我们研究原因了。我们被建议去认知造物主的绝对独一性。"[1]

在安萨里之后，波斯的神学家法基尔丁·拉齐（Fakhr al-Din al-Razi，1149~1209）是同一苏菲派和阿沙里派的领军人物。拉齐撰写了大量的论文，尤其是有关神秘科学（occult sciences）的。伊本·赫勒敦曾提到拉齐的作品《隐藏的秘密》（*Al-Sirr al-maktum*），但是并没有进一步解释这部作品。就像我们已经看到的，年轻的伊本·赫勒敦缩减了拉齐的著作《神学原则纲要》（这部著作本身也是对先前学者、哲学家和神学家观点的摘要概括），而且后来在《历史绪论》中大量使用了《神学原则纲要》中的内容，他在书中把拉齐称为"伊本·哈提布"或"伊玛目哈提布"，但是绝不要把此人和伊本·赫勒敦的朋友——同时期的安达卢西亚维齐尔兼学者伊本·哈提布相混淆。伊本·赫勒敦特别赞赏拉齐有关推测性神学（speculative theology）的论文，即《法学原则纲要》（*Kitab al-Mahsul*）。[2] 和安萨里一样，拉齐也以逻辑

---

1 / *Muq.*, vol. 3, pp. 36–37.
2 / *Muq.*, vol. 3, p. 29.

辩证来反驳哲学家们的观点。"那些想要驳斥哲学家的思想的人必须利用安萨里和伊玛目哈提布的著作。"[1]

伊本·赫勒敦认为人类的灵魂是由人们的行为塑造的，是通过各种技术和各种行为的养成而塑造的。国王的灵魂、商店老板的灵魂、木匠的灵魂是通过他们的习惯行为塑造而成的。礼拜是或者应该是一种习惯的行为，有规律的礼拜和祈祷可以让人的灵魂遵从于神，对神谦恭。人的行为决定他或她是怎样一个人（虽然我们应该注意到，他在这里和其他地方很少或者没有关注女性。）礼拜和善行的确能净化灵魂。[2]

对于推测性的神学，伊本·赫勒敦并不完全抱持敌意，但他认为这项学问只在反驳异端和不可接受的标新立异时有用，而这些问题并不是十四世纪马格里布的麻烦，因为"异端和标新立异者已经被摧毁了"。[3]

马里克教法学派的卓越

在北非地区的清真寺和学院中，仅次于《古兰经》研习的重要科目是马里克教法学派的法学（Maliki

1 / *Muq.*, vol. 3, p. 54.

2 / *Muq.*, vol. 3, pp. 41–42.

3 / *Muq.*, vol. 3, p. 54.

jurisprudence）。菲兹是教授马里克"madhhab"的中心城市。"madhhab"的字面意思是"跟随的方法""教义"，它是一个法律（fiqh, islamic jurisprudence）学派。四大教法学派在一些信仰和践行观点上不同，四大学派在逊尼派伊斯兰教中共同存在。在伊斯兰世界的东部，多数阿拉伯人都倾向沙斐仪派（Shafi'ism），但是也有许多人倾向更严格、更遵照字面意思的罕百里派（Hanbalism）。包括埃及和叙利亚的突厥－切尔克斯（Turco-Circassian）军事精英在内的突厥人则大多尊崇哈奈菲派（Hanafism）。在马格里布和安达卢西亚，马里克派是占有主导地位的教法学派，在埃及等地也有很重要的马里克派地区。马里克派之所以得名，是因为该教法学派的奠基者马里克·伊本·阿纳斯（Malik ibn Anas，卒于796年）。作为一名在任的法官，马里克总结和系统化了八世纪时麦地那的法官们的观点和判例，伊斯兰教圣城麦地那在当时是宗教学者的大本营。他认为那里的法官最忠实地保留了先知的行为和观点，因为麦地纳在很多年中都是先知和先知同伴们的大本营。他的《穆瓦塔》（Muwatta'）中，有1700个"哈迪斯"（hadiths，圣训，先知和先知同伴们的言行）。伊本·赫勒敦的《旅程》中，包括了他1389年在萨希米什亚学院（Sarghitmishiyya Madrasa）的就职演说，内容主要是关于《穆瓦塔》。在这次（有些无聊的）演说中，伊本·赫勒敦小心地树立了他通过追溯从马里克开始的诸位教师的教师链来教授《穆塔瓦》的权威。他在《历史绪论》中说，马里克学派"是麦地那人的美德和传统观点，他们总是追随上一代麦地纳人的行为，尊重他们的所为和不为"。[1]马里克对于神学上的推测投机是持有敌意的，在这一点上，伊本·赫勒敦也有追随马里克的倾向。在中世纪的北非和安达卢西亚，马里克是被人尊为圣贤的。

马里克学派在教义和行为上倾向保守，但是在马里克去世后的几百年中，他们越来越多地允许"*istislah*"（尊重公众利益）调整他们对沙里亚法的解说。公众利益包括保护生命，保护心智、宗教、私有财产和子孙。公众利益有时候可能要以"*ijma'a*"（意见共识，但尤其指早期伊斯兰法学专家们达成的共识）来决定。对于法律，马里克派持有道德化的观点，他们强调意图善良与否对于判定行为善恶的重要性。他们也特别看重"*taqlid*"（以权威为基础的信仰），另外"*furu'*"（字面意思是"分支"，指应用法学或者应用伦理）也是重要的。但是马里克派中的"应用法学"也有特别条令的意味。因为马里克派的追随者也是阿沙里派，他们相信和推崇以理性论证来捍卫逊尼派伊斯

---

1 / *Muq.*, vol. 3, pp. 6-7.

兰教的正统性。

伊本·赫勒敦是北非马里克教法学派的一名法学专家。在1378年至1382年，他在突尼斯城教授马里克派律法，之后好几次在埃及担任马里克派主法官的职位。在埃及，他也教授马里克派的律法和圣训。在《历史绪论》第一卷的序言中，伊本·赫勒敦宣称他使用的方法论得益于法学推理原则，因为"法律关注的是和文明有关的东西"。[1] 按照伊本·赫勒敦的说法，"人们应该知道，法学原则是宗教法律中最伟大、最重要、最有用处的学科之一"。[2] 基本的法学原则来自《古兰经》、圣训、共识（*ijma'*）和模拟推论（*qiyas*）。伊本·赫勒敦利用了他所具备的信息传送者相对可靠的知识和个人的谨慎推断及模拟推论来判断他所听到的历史事件的真伪（虽然他倾向于反对长的传播链条）。因为对法学原则加以重新运用，将其作为神启以来的推论法则，并建立起法律的来源，这样可以提供一个用于拒绝对历史事件做虚假陈述的方法论，所以，他的历史原则是以伊斯兰法学的原则为模型的。

伊本·赫勒敦在马里克教法学派中接受教育，他

---

1 / *Muq.*, vol. 1, pp. 79-80.

2 / *Muq.*, vol. 3, p. 23.

专注于钻研《穆瓦塔》。[1] 但是，不止于此的是，他认可马里克派的原因还在于他认为这个教法学派最接近阿拉伯沙漠居民的简单生活，而其他的教法学派在伊拉克和叙利亚的城市中已经得到了发展；正如我们已经注意到的，他对简单的沙漠生活十分热爱，常常对城市的精致有厌恶。他秉持严苛版本的伊斯兰教。他认为基督徒和犹太教徒有三种选择：他们可以皈依伊斯兰教；可以接受穆斯林的统治，缴纳季兹雅税（*jizya*，一种非穆斯林缴纳的税）；或者被杀。他对圣战（*jihad*）感到很自豪，因为它表示伊斯兰教是普世的宗教，所有人都要服从于伊斯兰教。通奸行为是被憎恶的，因为这种行为导致宗谱混乱。对同性恋的惩罚是石刑。他所持有的更普遍的观点是，他拥护节约俭朴。他反对享用珍馐美味："食物是所有疾病的来源。"[2] 他也谴责打猎、音乐和华美的衣服，他觉得男人天生就对女人有完全的权威。

正如研究阿拉伯的伟大学者汉密尔顿·吉布（Hamilton Gibb）所观察到的，"伊本·赫勒敦不仅是一个穆斯林，而且是一个来自严格的马里克教法学派的穆斯林法官和神学家，《历史绪论》几乎在每一页中

---

1 / Ibn Khaldun, *Voyage*, pp. 46, 47, 48, 177–85.
2 / *Muq.*, vol. 2, p. 373.

都有证人出现。对他来说，宗教离生命中的重要事物很远……沙里亚法才是唯一的真正指引"。[1]吉布给《历史绪论》的政治学说所做的总结，我很难加以辩驳：

> 细心的读者将会发现他是如何一次又一次地向人解释这件事的，历史的发展方向一次又一次地重复，因为沙里亚法遭到了傲慢之罪、奢侈之罪、贪婪之罪的违反。甚至在经济生活中，只有在遵守沙里亚法的情况下，才能得来繁荣。因为人类无法遵守沙里亚法，所以人类注定要面临崛起又衰落的无尽循环，受制于"自然的"和自然界动物本能的特性所带来的不可避免的结果。在这一点上，伊本·赫勒敦可能是一个"悲观主义者"或者"宿命论者"，但他的悲观主义是道德性和宗教性的，而非社会性的。[2]

在理想的情形下，国家不仅应该提供良好的政府，还应该提供保障沙里亚法的环境，以走向救赎。但是

---

[1] / Hamilton Gibb, "The Islamic Background of Ibn Khaldun's Political Theory," 见 Gibb, *Studies on the Civilization of Islam*（Boston, 1962）, p. 171。

[2] / Gibb, "Islamic Background," pp. 173–174.

伊本·赫勒敦并不觉得完全恢复沙里亚法是可能的。尽管他有正视不是基于先知和神圣文本的政治之能力，但是他相信基于神启的法律能够更好地服务社会。（他对于法律的虔信和他对狂野的扎纳塔柏柏尔人的赞赏十分不搭配，这些扎纳塔柏柏尔人是拒绝服从法律的。）最后要说的是，虽然伊本·赫勒敦还提及了苏菲派并梦想能诠释各种宗教学问，但是这些内容将放在后面的章节中和末世论（eschatology）一起讨论。

第五章　**伊本·赫勒敦在埃及马穆鲁克王朝的停留**

当我接近岸边的时候，我感觉就像是一个东方新郎一样，将要掀起新娘的盖头，第一次看看新娘，是着迷、失望还是厌恶。我来到埃及不仅仅是作为一个旅客，来参观金字塔、神殿和贫民窟，当好奇心得到满足以后一走了之，转而去寻找别的新奇事物。我是要将自己全身心地投入到埃及的陌生人中的。

——爱德华·威廉·莱恩（Edward William Lane），《埃及见闻》（*Description of Egypt*）的早期草稿

当伊本·赫勒敦在萨拉玛部落的堡垒中退隐了四年之后，他在1378年放下了著书的笔，回到了突尼斯城，和哈夫斯王朝的阿布·阿巴斯重归于好（此人统治贝贾亚和君士坦丁）。这是他自1352年离开城市之后首次造访城市，在1352年他还是一个年轻人。突尼斯城的图书馆毫无疑问地帮助伊本·赫勒敦

填上了他的历史书中的空白。他貌似避开了政治，让
自己只在教学的范围之内。但他在突尼斯城的教学生
涯并不顺遂，因为当地人对他抱有敌意。敌意的原因
至今不明，虽然他表现得很谦虚，却引来了最重要的
马里克派学者和当时的重要法官伊本·阿拉法·阿瓦
哈尼（Ibn'Arafa al-Warghani，1316~1401）的强烈
敌意。伊本·阿拉法是柏柏尔人出身，曾经师从于伟
大的马里克学者阿沙里夫·特莱姆森尼（al-Sharif al-
Tilimsani）。他在格拉纳达的纳斯里王朝宫廷中担任伊
玛目和哈提卜，后来伊本·阿拉法成为突尼斯城的首
席法官和大清真寺的伊玛目。他的著作有很大贡献，
汇编了法律原则和习俗，并且记录了哈夫斯政权下马
里克派前所未有之多的法律专家和他们的宗教命令。[1]

与伊本·赫勒敦一样，俭朴的伊本·阿拉法也批
评当时的物质主义，和伊本·赫勒敦不同的是，他拥
有很多的门徒。虽然在《旅程》中，伊本·赫勒敦声
称伊本·阿拉法很嫉妒他，因为伊本·阿拉法的门徒
离开他并纷纷来听伊本·赫勒敦的课程，但是这一点
大概是靠不住的说法。关于他们之间的摩擦，伊本·
赫勒敦的记录是唯一的资料来源，因为伊本·阿拉法

---

1 / Saad Ghrab，*Ibn'Arafah et le Malikisme en Ifriqiya au VIII/XIVe
siècles*（Tunis，1996）.

完全没有提过这回事，甚至从来没有打算在他的政治著作中提到伊本·赫勒敦这个人。但是在 1382 年，按照伊本·阿拉法的说法，他带头进行了一场运动，导致了伊本·赫勒敦被迫离开突尼斯城。伊本·赫勒敦从哈夫斯王朝统治者那里获得准许，得以去朝圣。要求去参加朝圣以有尊严地离开纷争的环境是当时很多政治人物和学者采用的一种虔诚策略。在《历史绪论》中，他提到了对任何人来说，从官职中逃脱出来都是极困难的，也提及了统治者可能会阻挠他远行到其他的地方。[1] 在更早时，学者伊本·马祖克在政治中失势，不得不寻求许可去参加朝圣，但是后来他归隐到开罗。像伊本·马祖克一样，伊本·赫勒敦并没有马上去参加朝圣，而是去了马穆鲁克统治下的开罗。他的家人最初没有得到跟他同行的允许，他们大概是被扣押在了突尼斯城当作政治人质。

到达埃及

他在 1382 年 12 月到了埃及并去往开罗，在接下来的近二十五年中，大部分时间都在这里。他已经从

---

1 / *Muq.*，vol. 2，pp. 99-100.

一个知识停滞不前的地方来到了当时伊斯兰世界的文化中心。在《一千零一夜》里驼背人的循环故事中，犹太医生的父亲和叔叔曾赞叹过开罗的恢宏：

> "旅行者们说，这世上没有其他的城市比尼罗河边的开罗更漂亮。"当我听说这句话时，我就很想亲眼看看开罗，而且我爸爸说："没见过开罗的人，等于没见过这个世界。它的土是金子；它的河是奇迹；它的女人是天国美女（houris）；它的房子是宫阙；它的气候温和；它的气味胜过乳香，让乳香黯然失色。没有什么地方比这里更好，因为开罗就是全世界"……我爸爸接着说："当你见到开罗夜色下的花园中的斜影时，你会大开眼界，心生喜悦。"[1]

伊本·赫勒敦对开罗的印象也是差不多深刻。在《旅程》中，他写道：

> 没有见过开罗的人就不知道伊斯兰的宏伟。它是世界的超级大都市，是宇宙的花园，是各民

---

1 / *The Arabian Nights*，vol. 1，pp. 198-199.

族汇合之地，是各色人种的蚂蚁山，是伊斯兰的
门户，是王权之座，是一座有宫阙和游廊装点的
城市，装饰着苏菲派修士的道堂和学校，有月亮
和星星的精华。这座城市沿着尼罗河河岸延伸——这
条河是乐园之河——它的水是天堂，它的流水满足
口渴的人们，让人们丰余富足……没有见过开罗
的人是无法知晓伊斯兰的光辉和无比强大的。[1]

没有别的哪座城市曾唤起他如此的赞颂——突尼斯
城没有，菲兹没有，格拉纳达也没有。

在《历史绪论》中，他也写到了"很多马格里布
的穷人都想搬去埃及……因为他们听说埃及比别的任
何地方都更繁荣"。[2]开罗对于学者来说有特别的吸引力，
因为这里有大量的马德拉沙（学院）和罕卡（khanqa，
苏菲道堂），它们提供了许多学术资助的机会。这些
宗教机构是由瓦合甫（waqfs）资助的，"waqf"是指
不可分割的捐献，这些宗教机构通常会把地产的永久
营运权所产生的收入遗交给捐献者的家族和家族后代，
伊本·赫勒敦解释说在马穆鲁克苏丹国，瓦合甫到处
可见，这是因为埃米尔们担忧他们如果失势或者死去，

---

1 / Ibn Khaldun, *Voyage*, pp. 148–149.

2 / *Muq.*, vol. 2, p. 274.

苏丹会没收他们的财富,让他们子孙无依无靠。"突厥王朝统治下的突厥埃米尔们害怕他们的统治者因为他们曾是苏丹的奴隶或者被救济的对象,而对他们的子孙不利,因为人们总是害怕来自王室权威的欺骗和没收。因此他们建立了大量的学院、隐修场所和苏菲道堂,并赠予它们可以获得盈利的地产,并带有永久营运权。他们留意让他们的孩子参与到这些捐献中,无论是作为行政主管或是参与其中的角色。"[1] 因此,学问就繁盛起来,来自伊拉克、伊朗和马格里布的学者们希望来埃及寻求教职或行政职位。伊本·赫勒敦当然就是其中的一个。

马穆鲁克人是奴隶士兵,通常是十四世纪北非政权军队的组成部分,但是他们并不主导北非地区的政治和战争,因为他们多数人是钦察突厥人或者是切尔克斯人,自十三世纪就已经统治了埃及和叙利亚,苏丹就是从他们中间产生。伊本·赫勒敦在开罗时期,他对马穆鲁克制度十分有兴趣,因为他将之看作一个政权加强自身"阿萨比亚"的方式,即从遥远的部落地区不断重复地输入充满活力的战士。在《旅程》中,他谈论了埃及和叙利亚的阿尤布王朝的苏丹,他说萨

---

1 / *Muq.*, vol. 2, p. 435.

利赫·阿尤布希望通过购买奴隶来给他的王朝注入团
结的精神（'isaba）。在《旅程》中，伊本·赫勒敦把
马穆鲁克描述为真主为伊斯兰文明所赐的救赎之礼。
在阿拔斯王朝衰落和被蒙古人攻打之后，

> 以真主之名，一切赞颂都归真主，是真主给
> 正信带来了解救，让穆斯林群体在埃及得到恢复，
> 让穆斯林续上了最后一口气息，得以捍卫主道和
> 主的堡垒。他们是来自许多强大部落的突厥人，
> 真主把他们赐予穆斯林，这些护卫长官和虔诚的
> 卫士是作为奴隶从异教领土买到伊斯兰领土的。
> 他们的奴隶身份实际上是一种福分……来自神的
> 护佑。他们以正信者的决心拥抱伊斯兰教，保持
> 着游牧民的美德，洗涤了低劣的本性，不受享乐
> 诱惑的侵扰，没有沾染文明的作风，他们充满活
> 力的强健体魄没有受到过度享乐的削弱。统治者
> 们争相竞逐高价来争夺他们。他们买入马穆鲁克
> 的目的并不是让他们做奴隶，而是加强统治者的
> 热忱之心和团结，以及巩固他们的勇猛力量。[1]

---

1 / 'Ibar, vol. 5, p. 371; David Ayalon, "The Position of the
Yāsa in the Mamlūk Sultanate," Studia Islamica 36（1972）, p. 119.

在《马背上的奴隶》(*Slaves on Horses*) 中，帕翠莎·柯容评论道："这段文字精准地描述了马穆鲁克是制度性的部落征服者。"[1] 伊本·赫勒敦把马穆鲁克制度的及时到来看作神送给伊斯兰教来帮助伊斯兰教战胜敌人的礼物，这样的观点来自更早时候服侍统治者拜巴尔斯·曼苏里 (Baybars al-Mansuri) 的马穆鲁克编年史家，这样的看法完全符合伊本·赫勒敦的部落团结理念。

伊本·赫勒敦的名气早在他到达埃及以前就已经传播到了这里，有一部分原因是他的朋友伊本·哈提布曾经把自己的格拉纳达历史著作的抄本送到埃及，在这本书里他称赞过伊本·赫勒敦。[2] 在到达埃及不久后，伊本·赫勒敦就如愿吸引到了切尔克斯马穆鲁克苏丹巴库克 (Barquq) 手下的阿拉尔丁·阿图布哈·祝拜尼·雅布哈维 ('Ala al-Din Altunbugha al-Jubani al-Yalbughawi) 的赏识。作为"众人长"(*emir majlis*)，阿图布哈是埃及最有权势的埃米尔之一。按照编年史家伊本·塔赫里比迪 (Ibn Taghribirdi) 的

---

1 / Crone，*Slaves on Horses*，p. 90.

2 / Rosenthal，"Introduction," in *Muq.*，vol. 1，pp. xliv-xlv.

记载，阿图布哈是一位受过良好教育的知识分子。[1]在好几年中，他都是伊本·赫勒敦最为热情的赞助人。也是经由他的推荐，伊本·赫勒敦得以见到巴库克，那时候巴库克已经在 1382 年篡夺了王位，随后任命伊本·赫勒敦担任卡姆西亚马德拉沙（Qamhiyya Madrasa）的教授。伊本·赫勒敦在这个学校的就职演讲是一件非同寻常的事情，因为他已经名声在外，不仅阿图布哈参加了这场演讲，侍笔者优努斯（Yunus al-Dawadar）、四位大法官和各式各样的显赫要人也纷纷到场。

在埃及，有四位大法官［或称为大哈迪（chief qadis）］。多数的埃及穆斯林都遵从沙斐仪教法学派，在打官司的时候也是找沙斐仪派的法官，沙斐仪派的大法官是埃及的最高级法官。但是，就像我之前提到的，马穆鲁克精英大多数遵从哈乃斐教法学派，同时有少数阿拉伯人遵从严格的罕百里派。在埃及遵从马里克派的人大多数是来自北非和安达卢西亚的移民。（马里克派的大法官在马拉喀什、突尼斯城和格拉纳达是最高法官。）伊本·赫勒敦在 1384~1385 年担任马里克派的大法官。毫无疑问的是，他之前并未在更小

1 / Abu al-Muhasin Ibn Taghribirdi, *Al-Nujum al-zahira fi muluk Misr waal-Qahira*（Berkeley，1915–60），vol. 5, p. 603.

的法庭担任过普通法官，而是直接成了大法官，这导致了一些埃及人的不满。[1] 伊本·赫勒敦曾试着推辞这一职位，因为他没有多少与法律相关的经验。尽管他在未来会再担任四次大法官的职位，但在任时间都是短暂的，因为他的俭朴和清廉给他带来的责难要多过赞扬。他也在著名的埃兹哈尔清真寺任教，主要教授圣训和马里克教法学派的法学，尤其是马里克的《穆瓦塔》。他的课程专注于圣训传播链条可靠性的相关问题。[2] 在 1387 年，巴库克让他担任新建的扎西里亚罕卡（Zahiriyya Khanqa）的主管者，这个机构是一个苏菲派组织，得名于巴库克的王位头衔"al-Zahir"（显要者）。伊本·赫勒敦从 1387 年的朝圣途中归来后，巴库克任命他为拜尔西亚罕卡（Baybarsiyya Khanqa）的谢赫。这个罕卡是开罗最大的苏菲派机构，能在这里任职是十分令人羡慕的。因为这座罕卡的建立者拜巴尔斯·贾汗吉尔（Baybars al-Jashankir，1309~1310 年在位）曾经立下规定，这座罕卡的谢赫

---

1 / 关于伊本·赫勒敦作为马里克教法学派的大法官以及他和其他同行们的关系，详见 Morimoto Kosei, "What Ibn Khaldun Saw: The Judiciary of Mamluk Egypt," *Mamluk Studies Review* 6（2002），pp. 109-131。

2 / Ibn Khaldun, *Voyage*, pp. 177-185.

必须从自己内部的苏菲派信徒中选择，而不能从外面任命，因此伊本·赫勒敦先是成为这个罕卡的一名苏菲派信徒，然后在一天后被任命为谢赫。[1]

巴库克喜欢和学者结交，而且在伊本·塔赫里比迪的记载中，当有学者被传唤到他面前，他会站起身来和学者打招呼。[2]除了任教和有时担任马里克派的大法官以外，伊本·赫勒敦也担任苏丹的北非和安达卢西亚事务的顾问，并起草一些写给那里的统治者的信件。另外有一件事十分奇怪，甚至令人震惊。在《旅程》中，当他讨论到和格拉纳达的通信时，伊本·赫勒敦提到了指使别人勒死伊本·哈提布的伊本·扎姆拉克（Ibn Zamrak），此人还接替死者成为格拉纳达的维齐尔。在书中，伊本·赫勒敦居然将他称为"朋友"。[3]

可能是应巴库克的要求，在 1384 年时，阿布·哈桑·穆斯塔希尔（Abu'l-Hasan al-Mustansir）允许伊本·赫勒敦的家人去埃及。但是伊本·赫勒敦的人生仍然充满各种不顺，他的妻子和五个女儿在亚历山大

1 / Leonor Fernandes, *The Evolution of a Sufi Institution in Mamluk Egypt*: *The Khanqah*（Berlin, 1988）, p. 48.

2 / Ibn Taghribirdi, *Nujum*, vol. 5, p. 422.

3 / Ibn Khaldun, *Voyage*, p. 160; cf. pp. 162, 164.

城的岸边遇难，藏书也丢失了。（他的两个儿子后来来到了埃及。）在习俗上说，中世纪阿拉伯人的"自传"是不公开家庭私事的，我们之所以能知道他的妻子和五个女儿遇难，是因为他简短地记录了他们的丧生。

切尔克斯马穆鲁克的震荡

巴库克是一位热情洋溢的赞助者，但是他的苏丹王位却从一开始就充满了危险，他在王位上的时间取决于其他手握重权的埃米尔（Emirs）对他是否满意。纵观整个十四世纪，埃及和叙利亚都是由钦察马穆鲁克苏丹凯鲁万（Qalawun）的后代统治的（尽管在一些情形下他们的统治仅仅是名义上的）。1382年被巴库克推翻的年幼的苏丹哈吉二世（Hajji II）是统治者中最后一位凯鲁万的后代，即便只是名义上的统治也算在内。再来看巴库克，除了街头打架的本领和会使一些计谋外，他对苏丹大位的索求貌似没有什么站得住脚的根据。切尔克斯马穆鲁克和突厥马穆鲁克之间，一直存在龃龉。在巴库克统治的前几年中，他就已经遇到了一些小规模的叛乱了。后来在1389年，一场由埃米尔雅布哈·纳斯里（Yalbugha al-Nasiri）领导的叛乱爆发了，叛乱的参与者还有埃米尔敏塔什（Mintash）和玛拉提亚（Malatya，位于安纳托利亚边境）的省长。这支联合力量打着忠于凯鲁万王室的旗号，并谴责巴库克过于偏爱切尔克斯出身的马穆鲁克。

按照《历史绪论》的说法："在没有'阿萨比亚'的地方很容易建立起一个王朝。那里的政府将很稳定，因为很少会面临暴动和叛乱，这种地方的王朝也不需要有许多的'阿萨比亚'。当前在埃及和叙利亚的情形就是这样。他们现在没有部落和'阿萨比亚'；实际上，人们从来就不曾怀疑叙利亚是一个蕴藏'阿萨比亚'的地方，就像我们（刚刚）陈述的。皇家权威在埃及最为平和并基础稳固，因为埃及很少有……部落性质的群体。"[1]令人惊讶的是，伊本·赫勒敦似乎从来没有打算要推翻上述的段落，因为他所写的埃及和叙利亚不被部落和"阿萨比亚"所侵扰的内容简直就是胡说，他掩盖了1389年爆发的内战中阿拉伯、土库曼和库尔德部落所扮演的领导角色。[2]

反叛的埃米尔雅布哈和敏塔什得到了其他重要埃米尔们和法德勒部族（Banu Fadl）的支持，法德勒部族是叙利亚力量最大的贝都因部落。在开罗，叛军也得到了来自"祖阿尔"（zu'ar，乞丐和罪犯组成的

1 / *Muq.*, vol. 1, p. 334.

2 / Robert Irwin, "Tribal Feuding and Mamlūk Factions in Medieval Syria," 出自 *Texts, Documents and Artefacts: Islamic Studies in Honour of D. S. Richards*（Leiden, 2003）, pp. 251-264.

黑社会组织）的重要支持。巴库克被轻而易举地推翻并被囚禁在克拉克（Kerak），该地位于今天的约旦南部。还是个孩子的哈吉二世被这些重要埃米尔组成的联合力量重新推上大位。敏塔什和他的盟友们随即传召了哈里发（一个马穆鲁克埃及的傀儡，只是概念上的精神权威）、四位大法官和伊本·赫勒敦（因为他是拜巴尔西亚罕卡的主管人）。他们被要求签署一份不承认巴库克统治合法性的教法令。只有马里克派的大法官沙姆斯丁·穆罕默德·拉克拉齐（Shams al-Din Muhammad al-Rakraki，伊本·赫勒敦的主要敌人之一）拒绝了这个要求，随后他遭到了野蛮毒打。尽管伊本·赫勒敦享受过巴库克的热情赞助，但他仍然在教法令上签了字。这件事当然没有在《旅程》中提及。

但是巴库克很快就从监狱中逃了出去，他带着一支由贝都因人组成的军队从克拉克地区向埃及进发。1390 年，敏塔什逃去了叙利亚，哈吉二世再次被罢黜。在巴库克胜利回到开罗以后，在叙利亚仍然有激烈的战事。

敏塔什仍然得到一些重要埃米尔和法德勒部族的支持。法德勒部族的族长努阿伊尔（Nuayr）是马穆鲁克政治和战争事务中的一个重要角色，是他撼动着巴库克的统治。从另一方面说，土库曼部落和巴勒斯坦、黎巴嫩的半游牧部落则大多支持巴库克。在上埃及，贝都因也支持敏塔什，也正因如此巴库克引来了阿拉伯化的哈瓦拉（Hawara）柏柏尔部落，从1390年代一直到十六世纪初马穆鲁克苏丹王朝灭亡，哈瓦拉部落貌似一直都是上埃及地区最占优势的力量。巴库克和敏塔什激烈交战了两年时间后，敏塔什在叙利亚被杀，但是即便如此，战争仍然延续了两年之久，直到巴库克最终战胜了其他的反叛埃米尔们。[1]

　　伊本·赫勒敦的历史书写所关注的是马穆鲁克精英们的作为。他不仅忽视了部落人口在埃及和叙利亚的政治和战争中的角色，也很少甚至没有着墨于其他降临在马穆鲁克王朝头上的灾难。《历史绪论》《警示之书》和《旅程》都没有提到1388年和1389年的传染病或者1394至1396年、1403至1404年的埃及饥荒。1403年的饥荒是与传染病一同到来的。按照伊本·赫勒敦的学生马克利兹（al-Maqrizi）的记载。"形势十分危急；状况越来越危险，灾难扩散至各地，不幸是普遍现象，有超过一半的埃及人口死于饥饿或寒

---

1 / 关于这些争斗之情形，详见 P. M. Holt, *The Age of the Crusades*: *The Near East from the Eleventh Century to 1517*（Harlow, Essex, 1986）, pp. 127-29; Jean-Claude Garcin, "The Regime of the Circassian Mamluks," Carl Petry 编辑, *The Cambridge History of Egypt*: *Volume One*, *Islamic Egypt*, *640-1517*（Cambridge, 1998）, p. 291; Irwin, "Tribal Feuding."

冷"。[1] 社会底层人的遭遇并没有吸引伊本·赫勒敦的注意。《历史绪论》中对马穆鲁克苏丹王朝的乐天派呈现也许是故意用来取悦苏丹和埃米尔，以寻求更多的赞助。相对于失败者，伊本·赫勒敦总是对胜利者更感兴趣，他曾说："被征服者总想要模仿胜利者的非凡之处，胜利者的穿着打扮、消遣，和各种其他的情形和习俗，被征服者都一一效仿，臣民喜欢把自己的统治者当作追随的榜样。"[2]

考虑到伊本·赫勒敦对待不利于巴库克的宗教命令时所采取的恭顺态度，我们并不会感到惊讶的是，当苏丹重新回到开罗后，他被除去了拜巴尔西亚罕卡的主管人一职（虽然在回忆录中，他将此事归咎于反对他的马穆鲁克埃米尔们的诡计）。当编年史家伊本·塔赫里比迪后来在总结巴库克的统治时，强调了苏丹对宗教虔诚的人和学者们的尊敬，还说道："的确，在第二次上台后，他开始对法官们更为严厉……因为他们曾经同意发起要置他于死地的战争，但是尽管对此事怀有巨大愤怒，他还是没有停止对他们的尊重。"[3]

---

1 / Al-Maqrizi, *Mamluk Economics*, pp. 4, 51; Michael W. Dols, *The Black Death*, p. 232.

2 / *Muq.*, vol. 1, pp. 299-300.

3 / Ibn Taghribirdi, *Nujum*, vol. 5, p. 598.

在埃及校正《历史绪论》

遭到解职的伊本·赫勒敦给阿图布哈写了一封讨好奉承的信，希望能让阿图布哈替他从中调解。阿图布哈曾经被巴库克短暂地关押过，后来恢复了自己的地位并被派到叙利亚作省长，他在 1390 年死于和敏塔什努力的战斗中。因此伊本·赫勒敦直到 1399 年被重新任命为马里克教法学派的大法官为止都没有担任过任何职位。他在这期间似乎仍旧教学并继续学术研究，并给《历史绪论》和《警示之书》的内容做一些增补。虽然《历史绪论》的核心部分是在萨拉玛堡垒完成的，但也有一大部分内容是在埃及添加的。在后来修订的《历史绪论》的开篇中，他记录了自己是如何到达埃及的，也填补他对波斯和突厥王朝了解上的空白。[1] 在埃及的时候，他将《警示之书》变成了一部概括性的历史著作，还更新了柏柏尔部落自 1390 年起的历史。《历史绪论》的一些后续修订可能是因为他的学生们对圣训和法学的兴趣而加入的。他也加入了大量的神秘学和超自然事物的内容（详见本书第七章）。《历史绪

---

1 / *Muq.*, vol. 1, p. 12.

论》最终埃及版本的篇幅比之前呈送给突尼斯城统治
者的版本长一倍，《警示之书》所增加的篇幅也许更
多。晚至伊本·赫勒敦去世前一年的 1404 年，《历史
绪论》依然在修订。

正如我们已经注意到的，伊本·赫勒敦对早期巴
赫里马穆鲁克（Bahri Mamluk）时代的记载来自先前
的编年史作品，但并没有对此表现出很多兴趣。尽管
如此，在他来到埃及的前后几十年中，他有时会利用
苏丹和重要埃米尔们提供的信息。阿图布哈·祝巴尼
是关于马穆鲁克战争的重要口述来源。所以那部分内
容可以算作内部历史，虽然他也借用和精简了埃及编
年史家伊本·福拉特（Ibn al-Furat）完成的《王朝和
列王史》（*Ta'rikh al-duwal wa al-muluk*）中的内容。[1]
伊本·赫勒敦对埃及历史的记录并不是以编年史的形
式呈现的，这些内容缺少日期，更接近《警示之书》
的大致特色。他更感兴趣的是对军队进行的政治运作，
而不是当时埃及和叙利亚历史学家在编年史中记载的

---

1 / Walter J. Fischel, *Ibn Khaldun in Egypt: His Public Functions and His Historical Research* (Berkeley and Los Angeles, 1967), pp. 71-108; Sami G. Massoud, *The Chronicles and Annalistic Sources of the Early Mamluk Circassian period* (Leiden, 2007), pp. 14-22, 90-95, 193.

军事和宗教上的任命安排。他从埃及给马林王朝的苏丹阿布·法里斯送去了《警示之书》的早期抄本。难道他当时就在盘算有朝一日要回到菲兹吗？

在埃及和马格里布担任的公职

在《历史绪论》的第三章里，伊本·赫勒敦试图呈现一个各个伊斯兰王朝下的政府公职总览。但是他遇到了巨大困难，因为不仅在不同政权中一个具体的职位会有不同的地位和职权，而且一个职位所拥有的权力也随时间变化而增减。比如说，在北非，大维齐尔是一个非常有权势的职位，可以有效地辅佐君主，通常还是军队的最高指挥官；但是在埃及，同样的维齐尔职位只是十二世纪末和十三世纪初的阿尤布王朝苏丹的主要顾问（不具备任何军事上的角色），他们在接下来的马穆鲁克王朝中几乎失去了所有的权力。伊本·赫勒敦已经注意到了马穆鲁克王朝的高阶埃米尔们是如何蔑视维齐尔头衔的。自马穆鲁克王朝之初，维齐尔的权力主要集中在财政事务方面，有一个马穆鲁克官职名为"*na'ib*"（副手），由他们来执行苏丹副手的职务。后来，许多维齐尔的财政职责也被一个马穆鲁克埃米尔职位"*ustadhdar*"，或称"宫廷总管"所取代，此后维齐尔只有十分严格受限的税务方面的职权了。

举另一个例子，在突尼斯城，我们之前提到过的，曾执掌过"哈吉卜"的职位，伊本·塔福提欣享受到了前所未有的权势，甚至比他假意侍奉的苏丹更有权力，但是当这位强势的官员去世后，这个职位的重要性就下降了。在马穆鲁克埃及，哈吉卜最初只是一个小小的宫廷官员，但是慢慢地，这个职位得到了司法和军事上的职权，伊本·赫勒敦曾记录该职位只是低于"na'ib"。[1]（在这里提一句，在《历史绪论》中，伊本·赫勒敦声称马林王朝没有启用哈吉卜的职位，但是他在《警示之书》中谈论马林王朝时则推翻了这样的说法。）在突尼斯城，"马扎里姆"（mazalim，监察使）负责调查宫廷官员的案件，但是在埃及，虽然担任哈吉卜之职的马穆鲁克埃米尔貌似会执行调查马扎里姆案件的任务，但是埃及完全没有一个职权和马扎里姆相当的职位。[2]除此之外，之前提到过的"苏丹之印保管者"或"机要文书"是非常有权势的角色，通常在官阶排序中位列第三。在埃及，这个职务则没有那么重要，而且就像伊本·赫勒敦所说的，机要文书

---

1 / *Muq.*, vol. 2, p. 14.

2 / Robert Irwin, "The Privatisation of 'Justice' under the Circassian Mamlūks," *Mamluk Studies Review* 6 (2002), pp. 63-70.

要受马穆鲁克官员"*dawadar*"（侍笔者）的指导。[1]

埃及的马穆鲁克苏丹们还有一个傀儡哈里发，这个角色是巴格达的阿拔斯王朝哈里发（卒于1258年）的同族男性，他在庆典性的场合中会被马穆鲁克统治者们利用。这个傀儡假装是整个逊尼派穆斯林社群的精神领袖。但是在北非，马林王朝和哈夫斯王朝的统治者也都自称为哈里发（就像它们之前的法蒂玛王朝和穆瓦希德王朝一样）。在十三世纪时，哈夫斯王朝统治者所宣称的哈里发身份在北非地区得到了广泛承认。哈夫斯王朝的统治者宣称他们是穆瓦希德王朝的继承者，实际上在《警示之书》中，伊本·赫勒敦也将他们叫作"穆瓦希德"。哈夫斯王朝的统治者是谢赫出身，后来将自己提升为埃米尔，最后使用了哈里发的头衔"'*Amir al-Mu'minin*"（穆斯林百姓的领导者），这就和他们之前的穆瓦希德王朝一样。这就是一个宏伟目标的标志，意味着想要统一马格里布。然后，阿布·伊南去世后被推上王位的小孩萨利赫，放弃了穆斯林百姓的领导者的头衔。但是伊本·赫勒敦认为此处的头衔不同并不意味着什么。[2]

伊本·赫勒敦相信哈里发的真正地位取决于他是

---

1 / *Muq.*, vol. 2, pp. 14, 28.

2 / Khaneboubi, *Les Institutions gouvermentales*, pp. 42-43.

否先知穆罕默德的接任者，他起到的作用应该是加强沙里亚法，因为只有遵从宗教法律才能给后世带来幸福。但是哈里发头衔的扩散意味着这个头衔已经失去了它原有的重大意义。穆斯林对于什么样的人可以成为哈里发已经不再有共识，即便很多人相信哈里发应该出身自古莱什家族，这个家族是先知部落的家族，但是伊本·赫勒敦并不接受这一点，因为古莱什家族已经不再有足够的声望吸引广泛群体的效忠了。不管怎么说，真正哈里发（*Rashidun*）的时代已经在公元661年随着先知的堂弟、第四位领导穆斯林社群的哈里发阿里的离世而结束了。阿里之后的所谓"哈里发们"只不过是国王（*muluk*）而已。任何人希望靠自己的美德来宣称自己拥有哈里发头衔，并获取足够的"阿萨比亚"，都是不可能的了。[1]

除了讲学和写作，伊本·赫勒敦还有一项副业：替别人看管钱财。1396 年，一位重要的埃米尔贾迈勒丁·马赫穆德·伊本·阿里·乌斯塔达（Jamal al-Din Mahmud Ibn'Ali al-Ustadhdar）失势，巴库克手下的长官们搜查了这位埃米尔保存财富的宫殿。结果是贾迈勒丁已经将财富分别交给了不同的地位显赫者保管，

---

1 / *Muq.*, vol. 1, pp. 385-402, 414-28, 448-51.

其中就包括在伊本·赫勒敦那里寄存了两万第纳尔（dinar）。[1] 伊本·赫勒敦在《历史绪论》中记载了这件事，并将它当作在马穆鲁克政权之下能够聚集财富的实例。巴库克逮捕了他的内政大臣埃米尔马赫穆德，没收了他的财产。我所知道的没收金额是一百六十万第纳尔。[2] 但是伊本·赫勒敦对自己参与这件事则守口如瓶。（顺便说一句，虽然说有钱人把钱交给信任的法官保管在当时是普遍的习俗，但是伊本·赫勒敦在1396年时并不是法官。）

在叙利亚的帖木儿

巴库克于1399年去世。他已经明确表示希望自己被埋在迭里威什（dervishes，苏菲派隐修者）的脚下。[3] 他所指定的继任者是他的儿子纳斯尔·法拉吉（al-Nasir Faraj），法拉吉当时年仅十岁，被置于两位相互敌对的埃米尔的看护之下。察合台突厥人的领导

---

1 / Ibn al-Furat, *Ta'rikh al-duwal wa'l-muluk*（Beirut, 1936–42）, vol. 9, pp.435–36；al-Maqrizi, *Kitab al-suluk*（Cairo, 1956–73）, vol. 1, p. 326.

2 / *Muq.*, vol. 1, p. 368.

3 / Ibn Taghribirdi, *Nujum*, vol. 5, p. 594.

者帖木儿此时嗅到了机会，开始出兵攻打叙利亚。在十四世纪的最后几十年里，帖木儿已经建立起了一个囊括中亚大部分地区、伊朗和伊拉克地区的帝国。虽然帖木儿本人不是蒙古人，但是他和他手下的突厥蒙古（Turco-Mongol）追随者们遵守了成吉思汗及其后代的传统。帖木儿在之前的1394年就曾威胁过叙利亚，但是巴库克所召集的守军让帖木儿打消了继续进攻的念头。但这一次，帖木儿轻而易举地就占领了阿勒颇和叙利亚北部的其他城市，并且向着大马士革继续进发。在1400年末，法拉吉只是名义上统领着埃及军队，却不得不出击迎敌。尽管伊本·赫勒敦并不担任公职，但他也是被苏丹要求一同出征的国中要人之一。埃及军队在大马士革的城墙外安营扎寨，两军在此简短僵持后不久，有一些法拉吉的埃米尔和马穆鲁克精英就突然逃回了开罗，法拉吉也觉得应该跟随他们逃跑。

但是伊本·赫勒敦留在了大马士革，可以确定他这么做是因为他希望见到帖木儿。说不定帖木儿就是近来预言中传说的"主宰世纪之人"呢？虽然蒙古人是部落征服者，而且他们功业的很大一部分要归功于他们具有强大的"阿萨比亚"，但是在《历史绪论》和《警示之书》中，伊本·赫勒敦对蒙古人只表现出了很有限的兴趣。马穆鲁克大臣乌玛里（al-'Umari）的百科全书作品是伊本·赫勒敦引用蒙古人和据称是蒙古法律的《大扎撒》（yasa）的主要资料来源。但是在

《旅程》中，伊本·赫勒敦将要详细生动地记录有关帖木儿的事情。

伊本·赫勒敦估计在大马士革城外驻扎的帖木儿军队有一百万人。大马士革城中余下的马穆鲁克军队是无法守住这座城市的（尽管防御堡垒又坚守了一个月）。伊本·赫勒敦和市民代表团一同出城去协商城市投降事宜。帖木儿热情欢迎了这位著名的学者。[1]他们的见面堪比亚里士多德和亚历山大，或歌德和拿破仑的会面。有一位阿拉伯历史学家名叫伊本·阿拉比沙（Ibn'Arabshah），他创作了一本谴责帖木儿的传记，按照他的说法，当伊本·赫勒敦被带到了像怪物一般的帖木儿面前时，他对帖木儿做出了如下陈述：

> 啊！霸王和指挥者啊！赞颂真主！我实在有幸，曾见过人类中的许多国王，我将他们记载在编年史中，让他们得以被人们记住。我见过阿拉

---

1 / 关于帖木儿对大马士革的围困和伊本·赫勒敦和他的会面，见 Walter J. Fischel, *Ibn Khaldūn and Tamerlane*: *Their Historic Meeting in Damascus*, *1401 A. D.* (*803 A. H.*): *A Study Based on Arabic Manuscripts of Ibn Khaldūn's" Autobiography*, *"with a Translation into English*, *and a Commentary* (Berkeley and Los Angeles, 1952); Hilda Hookham, *Tamburlaine the Conqueror* (London, 1962), pp. 229–240。

伯人的许多国王；我也得到苏丹的赞许；我已经游历了东方和西方，以及埃米尔们和省长们所治理的地方，感谢真主！全靠真主之意，我的生命可以延续到今日，让我能见到面前的这个人，真真正正的国王，真正明白如何统治国家。但是如果国王们的食物足以避免衰败，那么我们的埃米尔则足以避免此事，也足够得到光辉和荣耀了。[1]

帖木儿一定感到十分满意。按照后来的埃及编年史家和传记作者的说法，帖木儿还曾惊异于伊本·赫勒敦的英俊相貌。[2]

考虑到伊本·赫勒敦对游牧民和他们的社会凝聚力的兴趣，他和可能的世界征服者的见面，可以和一个科学家得到了新的实验小白鼠相提并论。帖木儿是察合台突厥人精力充沛的领导人，伊本·赫勒敦认为他以最好的方式保存了蒙古人的旧有方式和行动力。他们还没有被奢侈和矫揉造作所沾染，他们仍然保有

---

1 / Ahmed Ibn Arabshah, *Tamerlane or Timur the Great Amir* (London, 1936), pp. 144-145.

2 / Ibn Taghribirdi, *Al-Manhal al-safi wa al-mustawfi ba'd al wafi* (Cairo, 1994), vol. 7, p. 208.

"贝都因"的生活模式。[1]帖木儿入侵了定居人民的地区，推翻了当地政权，在这一过程中，他可能建立起了新的王朝，反过来成为定居化和衰落过程的牺牲品，王朝在三代或四代人的时间里被毁灭。

再看帖木儿的态度。他喜爱历史学家（虽然历史学家也许并不那么喜爱他）。在帖木儿的营帐中，伊本·赫勒敦停留了三十五天。帖木儿很好奇地想要知道伊本·赫勒敦对哈里发的看法。到底谁才是合理的人选？尼布甲尼撒（Nebuchadnezzar）的后代们在哪里？帖木儿最感兴趣的是北非的地理。（也许他希望征服那里。）他也非常想购买伊本·赫勒敦的那头出奇优秀的骡子。在那样的情形下，伊本·赫勒敦也不知道除了将这头骡子当作礼物给帖木儿，还有什么别的选择。

总而言之，伊本·赫勒敦真的相信帖木儿是命中注定将要统治世界吗？伊本·赫勒敦当时能够告诉帖木儿有关马格里布正在流传着的预言。当时的预言预见了一位游牧民的世界征服者将要出现。伊本·赫勒敦告诉帖木儿他是怎样在 1360 年的菲兹遇见君士坦丁的哈提卜伊本·巴迪斯（Ibn Badis）的，伊本·巴迪

---

1 / Ibn Khaldun, 'Ibar, bk. 5, pp. 230–231; Ibn Khaldun, Voyage, p. 225.

斯也是一位伟大的占星专家，他预测到了土星和金星将在 1364 年、1365 年时在双子座、天秤座和水瓶座的区域相会。他说："这代表着有一个强大的人将从东北地区的沙漠民族中崛起，那些人是住帐篷的人，他们将战胜许多王国，推翻很多政权，征服并成为大部分有人居住的地方的主人。"当伊本·赫勒敦问他这个人将在什么时候出现时，伊本·巴迪斯回答他说此人将在希吉拉历（hijri calendar，伊斯兰历）的 784 年出现（公元 1382~1383 年）。1382 年，帖木儿将要征服呼罗珊（Khorasan）。曾经教授伊本·赫勒敦理性学问的学者阿比里也曾做出相似的预测。伊本·赫勒敦听说马格里布的苏菲派信徒们也在等待着这样一个重大事件，虽然他们所期待的大征服领导者是法蒂玛的后代。（假定伊本·赫勒敦并没有把这个不同版本告诉帖木儿。[1]）这也许是波斯史料中经常把帖木儿特指为 *sahib al-qiran*，意思是"星球交会时的幸运主宰者"的原因。[2] 看起来，伊本·赫勒敦实际并不相信帖木儿的崛起是土星和金星交会所预言的，但是他的确曾试着利用那

---

1 / Ibn Khaldun，Voyage，pp. 232-233；Fischel，*Ibn Khaldūn and Tamerlane*，p.35-36； 对 比 *Muq.*，vol. 2，pp. 226-27，al-Bajarbaqi 所创作的高深莫测的诗歌貌似也预测了帖木儿的到来。

2 / Fischel，*Ibn Khaldūn and Tamerlane*，p. 50 注释。

些预言来暗示帖木儿，让他觉得自己就是命运注定之
人，以此来让他开心。

这位伊本·赫勒敦的接待者给他留下了深刻的印
象："这位帖木儿国王是众国王中最伟大、最有力量的
国王之一。有人给他贡献知识，有人给他带来异端邪
说，这是因为那些人注意到他喜爱（阿里哈里发）家
族的人；还有人给他贡献魔术和神秘学，但这些东西
归根结底都是没有实际内容的；很简单，他是一位拥
有很高智慧的人，而且他非常敏锐，十分热衷于讨论
和辩论他知道和不知道的事情。"[1]

按照伊本·阿拉比沙的说法，伊本·赫勒敦不厌
其烦地对帖木儿献媚，而且还保证说他是命中注定要
统治埃及："除了你以外，埃及拒绝被任何其他的统治
者所统治，也不承认除了你的帝国以外的其他帝国。"
伊本·赫勒敦也对自己的学识大大夸耀了一番：

> 除了我的书以外，就没有别的事情能折损我
> 的腰背了，为了撰写书籍，我花上了我最好的心
> 力、学识和一天中最好的时辰，还包括那些无眠
> 的夜晚。在我的作品中，我将世界自初始时的历

---

1 / Ibn Khaldun, Voyage, p. 246; Fischel, *Ibn Khaldūn and Tamerlane*, p. 47.

史按年记录，记载了东方和西方的君主，但是我将您放在君主的核心，就像是一串项链上位于正中的那颗珍珠，您拥有最好的财富，以善行编织了时代的锦袍，您的帝国是新月，挂在时代的前方。但是这些书都放在开罗，如果我重新得到那些书，那么我将永远都追随您，鞍前马后地效劳。[1]

但是伊本·阿拉比沙这种华丽的辞藻看起来更像是他自己的文学风格，而不像是伊本·赫勒敦的风格。最有可能的情形是伊本·阿拉比沙当时也在场，见到了会面的情形。他当时才十一岁，后来被帖木儿作为俘虏带回了撒马尔罕，直到1421年才回到马穆鲁克王朝的叙利亚。虽然伊本·阿拉比沙对伊本·赫勒敦谄媚又不真实的描绘实在是不好看，但是在另一份由伊本·阿拉比沙编纂的君王讽谏类作品中，其中有伊本·赫勒敦和帖木儿会面的简短记载，伊本·赫勒敦在那里被称作"历史学家之柱"。[2]

最后，伊本·赫勒敦得到了离开大马士革，前去埃及的许可，因为他谎称他会带着他的家眷和藏书回

---

1 / Ibn'Arabshah, *Tamerlane*, pp. 296–298.

2 / Ibn'Arabshah, *Fakihat al-khulafa'wa mufakahat al-zurafa'* (Cairo, 2001), p. 357.

来。大马士革市民和帖木儿的谈判进行得很不顺利，他们提出向帖木儿交纳巨资以换取城市不被攻打，但是帖木儿仍然不满意。当一个大马士革人组成的代表团说了一些过度奉承的好话时，他们得到的回应却是："你只是在说谎罢了，因为我是真主所指定来惩罚你的鞭子，除了我以外，没有人知道怎么解救你的邪恶。你是如此恶劣，但是我比你还更恶劣，所以你还是闭嘴别说话吧！"[1] 大马士革还是遭到了洗劫，按照伊本·塔赫里比迪的记载，"他们（大马士革人）被鞭打脚掌，被夹板压碎，被火烤焦，倒挂起来；他们的鼻孔被沾满了尘土的抹布塞住，因此每次吸气都离死亡近了一步。"[2] 当时伊本·赫勒敦正走在回埃及的路上。他也受了些苦，因为他在采法特地区（region of Safed）被盗贼洗劫，身上的所有财物都被抢走了。

伊本·赫勒敦的"自传"

在埃及期间，伊本·赫勒敦写了《伊本·赫勒敦

1 / Walter J. Fischel, "A New Latin Source on Tamerlane's Conquest of Damascus（1400/1401）: B. de Mignanelli's 'Vita Tamerlani'（1416），" *Oriens 9*（1956），pp. 226–27.

2 / Ibn Taghribirdi, *Nujum*, vol. 6, p. 66.

东西旅游自传》，正是在这本书里，他记载了他和帖木儿的会面。实际上，他最初很可能是打算将《旅程》当作《警示之书》的补充作品，只是在他见到了帖木儿之后，他才决定将它作为单独的作品处理，其中也包括他面见帖木儿的详细记录。虽然《旅程》被描述为一本"自传"，但是其中描述自身事实的内容却很少。伊本·赫勒敦喜欢远足吗？他的头发是红色的吗？他是否怕老婆？他曾去打过猎吗？他常常自言自语吗？他是否常常花很多时间和朋友们在一起呢？他有宠物吗？他是不是有不止一个的妻子呢？对于这样的问题，我们一无所知，尽管他是在人生晚年撰写了这部以自传相称的作品。在个人信息的层面，《旅程》一书没有提供什么内容。但是，更概括地说，有大量中世纪穆斯林的"自传"作品保留了下来，它们都不是以坦白为目的。正如迈克尔·库珀（Michael Cooper）所说："大多数古典阿拉伯、波斯和突厥文学中的所谓自传作品都和现代意义上的自传有很大差别……自传……很少关注主角是如何成为如今的这个人的。"[1]

---

1 / Michael Cooperson，"Biographical Literature，"出自 *The New Cambridge History of Islam*, vol. 4, *Islamic Cultures and Societies to the End of the Eighteenth Century*（Cambridge，2010），pp. 470-472。

伊本·赫勒敦的"自传"很像是和公共事件编年史编排在一起的个人简历（"Fahrasa"）。[1] 在《旅程》的开始部分，伊本·赫勒敦不厌其烦地罗列其老师们的名字，以此来建立起自己作为宗教科学学者的公信力。库珀再次提及："为了能对现代以前的自传书写有更好的了解，我们应该先要了解这些作品最初的写作目的，它们通常是将个人放在权威的宗谱和同步关系的网络中。"[2] 在伊本·赫勒敦所属的文化中，知识从老师那里口头传授给学生的传播要先于阅读书本。因此在《旅程》的前半部分先罗列出又长又广泛的老师名单是很重要的。

伊本·赫勒敦对呈现自我很明显缺乏兴趣，也少有关键性的信息。他没提到过妻子的名字（还是有好几位妻子？），也没提过孩子的名字。他也没有说过肆虐于突尼斯城的黑死病。他避免了提及自己的早期著作。我们知道伊本·赫勒敦曾经写过《斗篷诗》（al-Burda，一部著名的赞美先知的长诗）的评论，他也写过拉齐、伊本·鲁世德作品的缩略版著作（talkhis），

---

1 / 是中世纪时指代教育简历的术语。以伊本·马祖克为例，他曾写过一份文件，内容是他与伊斯兰世界东部的宗教学者一同开展的研究。

2 / Cooperson，"*Biographical Literature*，" p. 460.

以及关于法学、数学、逻辑学的论文，还有许多首诗歌，但这些信息都是从伊本·哈提布那里得来的。[1]《旅程》并未提及马克利兹或伊本·赫勒敦在埃及期间的任何朋友或学生。

　　按照中世纪阿拉伯文学中的"自传"来说，《旅程》的篇幅很长。在这部作品中，除了要建立起自己的学术信誉之外，伊本·赫勒敦可能也想要利用生活中发生的事件来描绘历史是如何运行的。如果是这样的话，从历史中学到什么教训的意义就很不明显了，这本书中很多内容都是关于马穆鲁克内斗的叙述。除了关注公共事件，还有《警示之书》内容的浓缩。他写这样一部半回忆录式的作品也可能部分因为要弄明白自己政治生涯中经历过的起起伏伏和转向。可能还有一部分原因是效法他的朋友伊本·哈提布，后者的著作《格拉纳达历史之完全资料》（*Al-Ihata fi akhbar Gharnata*）中包括了篇幅很长的自传内容。《旅程》一书充斥着比伊本·哈提布的书信和诗歌更浓厚的文学色彩。在当时，诗歌是政治行为的一种手段，因为诗歌常常有宣布政治忠诚，招徕政治赞助和给外交使节

---

1 / Walter J. Fischel, "Ibn Khaldun's 'Autobiography' in the Light of External Arabic Sources," 见 *Studi orientalistici in onore di Giorgio Levi Della Vida*（Rome, 1936）, vol. 1, pp. 289-290。

提供一些修辞和华丽辞藻的作用。伊本·赫勒敦著作中的大部分诗歌都属于宫廷诗歌的范畴。[1]

1401年，帖木儿从叙利亚撤离，不久后死于前往征服中国的途中。苏丹法拉吉的声望在这时已经完全损毁了，因为他防御大马士革失败，而且他此后还给帖木儿送过一份特别夸张的礼物，其价值之多，已经可以被视为缴纳贡品了。实际上，法拉吉只是切尔克斯和突厥埃米尔们手中的傀儡，那些埃米尔们相互争夺真正的权力，你方唱罢我登场地实施一次又一次地发动政变。他的第一段在位时期仅仅延续了六年，随后在1405年9月就遭到了暂时罢黜。伊本·赫勒敦在埃及剩余的年月并不是当地的好年岁。1402年发生了蝗灾，正如前文提到过的，饥荒和肺病于1403年至1404年到来。编年史家伊本·塔赫里比迪是这样记载的："在这一年中（1403），埃及有大面积的土地遭受了洪灾，这导致了严重的饥荒，后来紧接着爆发了传染病。这一年也是一系列事件的开始，埃及和各省都遭了殃，这不仅是因为灾害的侵袭，也因为政府中缺乏和睦，地方官员的调换十分频繁，而且还有其他方面的原因。"[2]

---

1 / Shatzmiller, *L'Historiographie Mérinide*, p. 52.

2 / Ibn Taghribirdi, *Nujum*, vol. 6, p. 108.

一个身在埃及的外人

作为一名对历史拥有独特看法的北非移民，伊本·赫勒敦在埃及市民精英那里并不受欢迎，他貌似只收有两个门徒，其中的一位是编年史家塔齐阿尔丁·阿赫玛德·伊本·阿里·马克利兹（Taqi al-Din Ahmad ibn'Ali al-Maqrizi，1364~1441），他不仅仅跟伊本·赫勒敦正式地学习定时学（miqat，用仪器来测定时间，主要是用于确定礼拜的时间），而且还参加伊本·赫勒敦关于历史的讲学。马克利兹从未见过任何一个像伊本·赫勒敦这样的人，他是这样描述《历史绪论》的："这是知识和学问的精华，是才智和观念带来的巨大乐趣。它通报历史事件的现实情形。它告诉我们任何存在的事情都有某种形式的代表，其运行的规律比巧妙串起来的珍珠更精妙，也比微风吹起的水花更细致。"[1]

---

1 / Fischel, *Ibn Khaldun in Egypt*, pp. 28–29; Abdesselam Cheddadi, Ibn Khaldûn: *L'homme et le théoricien de la civilisation*（Paris，2006），p. 179. 关于伊本·哈乐敦对马克利兹的影响，见 Anne F. Broadbridge, "Royal Authority, justice and Order in Society: The Influence of Ibn Khaldun on the Writings of al-Maqrizi and Ibn Taghribirdi," *Mamluk Studies Review 7*, pt. 2（2003），pp. 231–245。

马克利兹将会成为一位多产、好辩论的作者，他的知名著作中有一本阿尤布王朝和马穆鲁克王朝编年史巨著，名为《历朝诸王行为之书》（*Kitab al-suluk fi ma'rifat duwal al-muluk*）。在这本书里，他貌似吸收了他老师对历史重要性的重视态度，以及对历史发展方式的悲观看法。另一部著作是关于埃及地形学的，名为《关于住所和纪念物的劝言之书》（*Kitab al-Mawa'iz wa'l-i'tibar fi dhikr al-khitat wa'l-athar*），他阐说历史是最重要的一门学问，"因为它包含警告和劝言，能提醒人类终将离开今世去往来世"。但是在《劝言之书》中，他表现得比伊本·赫勒敦更加轻信，整部作品中充满了各种关于超自然力量的传说和奇闻逸事，以及对地下宝藏的推测。除此之外，他的上述两部著作都没有受到了《历史绪论》研究方法影响的迹象。

但是在马克利兹的《助人揭示灾难之书》（*Ighathat al-umma bi-kashf al-ghumma*）中，我们也许能看到一点《历史绪论》的影响。这是一篇关于饥荒和高物价的论文。伊本·赫勒敦让马克利兹开始对经济和社会驱动力感兴趣，但是他没能成功地掌握伊本·赫勒敦所使用的方法论，反而代之以比伊本·赫勒敦更具道德论色彩的经济驱动力产生作用的观点。这两位历史学家都强调囤积和坏政府所扮演的角色让饥荒恶化，但是马克利兹在这部作品和其他作品，比如关于铸币的论文"*Shudhur al-nuqud*"（本真之言）中，表达了最为混乱难辨的论点。按照他的说法，他所处时代发生的高价格和饥荒并非出于自然原因，而是因为人类的错误管理、腐败、买卖官位和给农民收取重税。他闷闷不乐地缅怀已经逝去的光辉时光。他对部落人口和"阿萨比亚"的作用没什么特殊的兴趣。因为铜制硬币不是《古兰经》和圣训带来的，马克利兹也专门写了一篇论文来讨论铜制硬币的经济缺点。他认为变坏的经济环境是坏政府带来的直接结果。

马克利兹和伊本·赫勒敦一样，都是巴库克支持赞助起来的。马克利兹没有成功地吸引到后来苏丹们的赞助，这也让他之后的著作表现出了对马穆鲁克政权的不满。[1] 他把马穆鲁克们描述为"比猴子更好色，比老鼠更贪婪，比狼更有害"。[2] 他对从 969 年至 1171 年统治埃及的法蒂玛王朝所表现出来的不合群的党派忠诚给他招致了许多同时代人的批评。

穆罕默德·伊本·阿玛尔（Muhammad ibn'Ammar，1367~1441）是开罗马立克教法学派的学者，他也被

1 / Ibn Taghribirdi, *Nujum*, vol. 6, p. 756.

2 / Al-Maqrizi, *Al-Mawa'iz wa-l-i'tibar bi-dhikr al-khitat wa'l-athar* (Bulaq, 1854), vol. 2, p. 214.

记载说曾经向伊本·赫勒敦学习法学和《历史绪论》。[1]
萨哈维（Al-Sakhawi，关于此人的介绍详见后文）引
述了伊本·阿玛尔关于伊本·赫勒敦奉行安萨里和拉
齐的传统方法的评论，他对学生的建议是避免使用后
来的精简版本。伊本·阿玛尔认为《历史绪论》是一
部伟大的文学作品和对各项学问的广泛研究。[2]

　　马克利兹和伊本·阿玛尔属于特例。其他学者对
伊本·赫勒敦持有的看法是更为批判性的。伊本·赫勒
敦到达埃及的时候，阿赫玛德·伊本·哈加尔·阿斯卡
拉尼（Ahmad Ibn Hajar al-Asqalani，1372~1449）是
一个跟随他学习的少年，后来得到了"*ijaza*"（由老师
颁发给学生的毕业证明，以认可学生学到了全部或部
分知识）。逐渐地，伊本·哈加尔被公认为开罗最出色
的学者。他是一名多产的作家，还曾几次担任沙斐仪
派大法官的职位。[3]他对伊本·赫勒敦的看法十分复杂。
他认为伊本·赫勒敦的演讲非常好，而且流利有趣。
但是伊本·哈加尔在他的传记性法官辞典里批评伊本·

---

1 / Muhammad Al-Sakhawi, *Al-Daw'al-lami'* (Cairo, 1934–36), vol. 8, p.233.

2 / Cheddadi, *Ibn Khaldûn*, pp. 137–138, 179.

3 / 关于伊本·哈加尔，见 Jonathan P. Berkey, *The Transmission of Knowledge in Medieval Cairo: A Social History of Islamic Education* (Princeton, 1992), passim。

赫勒敦是一个优秀的作家，就像是十世纪的优秀作者贾希兹（al-Jahiz）一样，能把谎话说得像真理。伊本·哈提布的格拉纳达历史证明了伊本·赫勒敦出色的文学素养，他精于散文和诗歌，而且伊本·哈加尔带有痛苦地指出，伊本·哈提布的作品中完全没有提到伊本·赫勒敦的学术研究（'*ilm*）。[1]（但是我们应该知道，伊本·哈提布的历史作品完成于1364年，这远早于伊本·赫勒敦开始撰写《历史绪论》和《警示之书》。）尽管伊本·哈加尔曾经就学于伊本·赫勒敦门下，但当他开始书写历史著作时，他采用的方法是完全传统的编年体。

伊本·哈加尔还批评赫勒敦对伊斯兰世界东部历史的忽略。而且在伊本·赫勒敦担任法官的时候，他常常暴怒，怒火让他的脖子都成了红色的。他为人十分蛮横不妥协，以至于人们经常称他为"刺头"。他拒绝穿着埃及法官的官方制服，而是继续穿他的摩洛哥斗篷服饰（burnouse）。他之所以这么做，是因为他就是喜欢在任何事情上都分别反着来。伊本·哈加尔对

---

1 / Ahmad Ibn Hajar, *Inba al-ghumr bi-abna'al-umr*（Cairo, 1971）, vol. 1, pp. 339-340; Ibn Hajar, *Raf al-'isr'an qudat Misr*（Cairo, 1957, 1961）, vol. 2, pp. 343-348; Fischel, *Ibn Khaldun in Egypt*, p. 29.

他的批评有一部分内容是来自伊本·赫勒敦的老对手，突尼斯城的大法官伊本·阿拉法的。伊本·阿拉法听说伊本·赫勒敦已经被任命为开罗的法官后，他曾嘲笑道：他的马里克教法知识连学者的基本等级都称不上。埃及的马里克派大法官拉克拉齐（al-Rakraki）有时候也有类似的说法，声称伊本·赫勒敦不具备真正的法学知识，他的理性学问的知识也只能算是刚刚够用，虽然他的确也承认伊本·赫勒敦拥有常人无法比及的口才。伊本·哈加尔记录道，伊本·赫勒敦曾经制定了一项以拉克拉齐名义发出的宗教命令，但是后来这条教令被曝光为伪造。后来，伊本·赫勒敦定居在尼罗河边的一处居所里。按照伊本·哈加尔的说法，他乐于被舞男和舞女陪伴左右，并且娶了一个弟弟有精神疾病的女子，这"让这件事越发可耻"（尽管我实在难以明白为什么娶一个弟弟有精神疾病的女子是可耻的）。伊本·哈加尔引用过马克利兹对《历史绪论》的赞赏，只是为了铺垫他对马克利兹的推测，他认为马克利兹对伊本·赫勒敦的历史著作的热心只是因为他们两人对法蒂玛王朝地形学的看法相同。[1]伊本·哈加尔也提到伊本·赫勒敦曾有先见之明地评论说：

---

1 / Ibn Hajar, *Raf 'al-'isr fi qudat Misr*, vol. 2, pp. 343–48.

"我对埃及最大的担忧就是奥斯曼人。"[1]（奥斯曼人将在1517 年征服埃及。）

中世纪开罗的知识分子是相互敌对的，伊本·赫勒敦远非诽谤和争论的唯一牺牲者。[2]圣训学者、传记作者和历史学家沙姆斯丁·穆罕默德·萨哈维（Shams al-Din Muhammad al-Sakhawi，1427~1497） 是 伊本·哈加尔的学生。萨哈维从未成功地取得过重要的教职，可能也正因如此，他对他的前辈和同辈人都持有负面观点。在他的《九世纪重要人物的耀眼光芒》（*Al-Daw'allami 'fi a'yan al-qarn al-tasi'*） 中， 他对伊本·赫勒敦的尖锐、恶意评述只是他对许多人的各种负面评论中的一个例子。[3]（马克利兹是萨哈维尖锐笔锋下的另一个牺牲品。）萨哈维重复了伊本·哈加尔对伊本·赫勒敦的大部分批评，谴责他是一个粗野、傲慢、生活放荡的人，而且还是一个伪造文书的骗子。

1 / Ibn Hajar, *Inba*, vol. 3, p. 248.

2 / 关于中世纪开罗的学界敌对的相关内容，见 Anne Broadbridge，"Academic Rivalry and the Patronage System: al-'Ayni and al-Maqrizi," *Mamluk Studies Review 3*（1999）, pp. 85-107。

3 / Al-Sakhawi, Daw', vol. 4, pp. 145-49. 关于萨哈维的怨恨态度，见 Ulrich Haarmann, "Auflösung und Bewahrung derklassischen Formen arabischer Geschichtsschreibung in der Zeit der Mamluken," *Zeitschrift fur deutschen Morgenl.ndischen Gesellschaft* 121（1971）, p. 60。

即便如此，萨哈维仍然引述了伊本·哈提布、马克利兹和巴德尔丁·埃尼（Badr al-Din al-'Ayni）对伊本·赫勒敦的赞扬。[1] 要提一句的是，萨哈维对历史著作的目的的观点比伊本·赫勒敦更为狭隘，因为他相信历史是宗教学问的辅助，历史的主要目的是测验圣训传述链条的可靠性。[2]

历史学家巴德尔丁·埃尼声称伊本·赫勒敦对东方的历史并不是特别了解。他还令人难以置信地指控伊本·赫勒敦私生活混乱并且是同性恋者。[3] 埃尼是马克利兹最大的敌人和对手，他对伊本·赫勒敦的诽谤也许是出于伊本·赫勒敦是马克利兹的老师这一点。还有许多人对伊本·赫勒敦在担任马里克派大法官时的严苛和拒收贿赂心怀不满。埃及的传记作家和编年史家伊本·塔赫里比迪编纂的伊本·赫勒敦短篇传记则对他持有更正面的态度。他表扬伊本·赫勒敦的俭朴生活和抗拒腐败，伊本·赫勒敦所反对的法官屈从于权贵要求的态度也得到了这位传记作者的赞赏。伊本·赫勒敦因为为人正直而遭到陷害，并丢掉了大法

1 / Al-Sakhawi, *Daw'*, vol. 4. pp. 145-149.

2 / Franz Rosenthal, *A History of Muslim Historiography*（Leiden, 1968）, pp.263-529.

3 / Ibn Taghribirdi, *Manhal*, vol. 7, pp. 205-209.

官的职位。伊本·塔赫里比迪并没有提及伊本·赫勒敦的历史作品（以及任何关于在河畔居所的丑闻），而是以伊本·赫勒敦的创作的几行颂诗来作为简短传记作品的结尾。[1]

尽管面临着敌人的污蔑，伊本·赫勒敦在他的晚年仍然有四次被任命为马里克派的大法官，其中前三次是被罢免，后来他在最后一次的任内去世。伊本·赫勒敦卒于 1406 年 3 月 16 日，他在去世前不久仍在写《警示之书》和《旅程》。考虑到他安葬的地点是一个苏菲派的墓地，这可能说明他是苏菲派的信徒。相关内容将在下一章中讨论。

---

1 / Ali Oumlil, *L'Histoire et son discours: essai sur la méthodologie d'Ibn Khaldoun* (Rabat, 1982), pp. 135-136.

第六章　苏菲神秘主义

苏菲派 / 苏菲主义（Sufism）被伊本·赫勒敦划归为宗教学问中的一种。苏菲派和其他学问一样，是一种研究世界和理解世界的方式。那些属于苏菲教团（*tariqas*）的苏菲们将他们教团的起源回溯到某一位神秘主义谢赫那里，而且可以继续回溯至阿里，再藉由阿里回溯至先知穆罕默德那里。但是在苏菲教团之外的人们，尤其是西方研究苏菲派的学者们则喜欢把苏菲派的起源定在更晚近的公元八世纪和九世纪。一些研究苏菲派的学者认为苏菲派在早期发展中，受到了基督徒、印度教徒、诺斯替主义者和佛教徒的影响。最早的苏菲们是进行个人修行的苦修者，最初并没有苏菲教团存在。苏菲教团的组织是在大约十三世纪初时出现的。在北非最重要的苏菲教团是沙希利（Shadhili）和卡迪里（Qadiri）教团，沙希利教团的第一间扎维耶（zawiya，苏菲派的修道场所）是 1228 年在突尼斯城修建的。我们之前提到过，伊本·赫勒敦曾经被短暂任命为开罗一个罕卡的谢赫。罕卡和扎维耶都是苏菲派的聚集中心，但是罕卡的作用相当于苏菲信徒的旅店，罕卡中的谢赫是世俗权威所指派的，而扎维耶则是由一名灵修（*tariqa*）的谢赫所主持，他的信徒住在这个扎维耶中，接受谢赫提供的精神指导和管理。[1]

阿布·哈米德·穆罕默德·安萨里在十一世纪时的著作对于形式温和的苏菲派的形成具有巨大影响，这对伊本·赫勒敦也产生了强烈的影响，这种影响表现在《历史绪论》中。安萨里以《哲学家的矛盾》一书发出了对哲学家著名且极具影响力的驳斥。他的《迷途指津》（*Al-Munqidh min al-dalal*，Deliverance from Error）指出了推问方法在推测神学、伊斯玛仪派和希腊哲学中存在的问题。在他的《宗教科学的复兴》（*Ihya''ulum al-din*）中，他希望将这部由四个部分组成的作品作为获取宗教救赎的完全指南。第一部分是关于礼拜的各种行为，第二部分是关于社会习俗，第三部分是导向地狱的缺点和错误，第四部分是关于导向救赎的美德。这部作品的最大关注是如何让作为一

---

1 / 关于苏菲派的知识，见 Carl W. Ernst, *The Shambhala Guide to Sufism*（Boston，1997）；Knysh，*Ibn 'Arabi*；*Knysh*，"Sufism，" 出自 Robert Irwin 编辑，*The New Cambridge History of Islam*，vol. 4，*Islamic Cultures and Societies to the End of the Eighteenth Century*（Cambridge，2010），pp. 60-104；Lloyd Ridgeon，编辑，*The Cambridge Companion to Sufism*（Cambridge，2015）。

个整体的穆斯林社群获得救赎，他对沙里亚法加以演示，即阐释宗教法律是如何被设计用来向公众利益服务，并进一步服务于穆斯林社群的利益的。北非的沙希利苏菲教团尤其尊崇《宗教科学的复兴》。在这部作品中，他仅仅是书写了有关苏菲行为的内容，并没有讨论"穆卡沙法"（*mukashafa*），这个概念是指脱离肉欲感知的方法，因为这个问题是无法通过写作达成的，而必须通过指导。

到了十四世纪中叶，苏菲派的灵修在伊斯兰社会的宗教、政治和社会中都扮演了重要角色。（很奇怪的是，伊本·赫勒敦没有讨论过苏菲灵修在该地区的政治、社会和经济驱动力中的重要性。）北非的马林王朝统治者阿布·伊南是一位特别支持苏菲派的赞助者。当时最重要的知识分子，比如说伊本·哈提布和伊本·马祖克都是苏菲派成员。在十四世纪的北非，苏菲派十分普遍，已经接近了正统逊尼派所具有的地位。就像迈克尔·库克（Michael Cook）观察到的，"我们可能倾向于把苏菲派看作伊斯兰教的某种代替，但实际上并非如此，在很多的历史语境中，苏菲派明显就是伊斯兰教本身"。[1]

---

1 / Michael Cook，*Commanding Right and Forbidding Wrong in Islamic Thought*（Cambridge University Press，2010），p. 459.

尽管如此，伊本·赫勒敦仍选择不在《历史绪论》中讨论苏菲教团所造成的社会和经济影响。这是一个非常不寻常的疏漏。相反，伊本·赫勒敦关注的是，什么是和什么不是正统的苏菲教义和行为。安萨里成功地捍卫了主流苏菲派和沙里亚法的兼容性。不过，虽然大部分乌里玛都接受了苏菲派，而且他们中有很多人自己就是苏菲，但是有一些苏菲派的教义和做法被广泛地谴责为异端或不可接受的创新。在这些行为中，"迪克尔"（*dhikr*，不间断地反复念诵赞词）、在"萨玛"（*sama'*，字面意思是听）的过程中唱歌或跳舞，以及对苏菲谢赫的陵墓加以崇拜和"沙塔哈特"（*shatahat*）在狂喜忘我的状态中可能误入异端或亵渎）的行为遭到了一些穆斯林的批评。可能导致苏菲主义者误入异端的行为将会在后文详细讨论。

伊本·赫勒敦是一名苏菲主义者吗？

伊本·赫勒敦是苏菲主义者吗？如果是的话，苏菲主义是否塑造了他对于历史的看法呢？毕竟他身处的时代是苏菲派制度化的时期，他正是在这样的时期中写作的。

他的很多同事和对手都是苏菲主义者。如果他不是一名苏菲主义者的话，事情就有些奇怪了。然而他从来没有明确地声明自己是一名苏菲派的信徒，他也没有描述过任何个人的神秘主义经验。在他的同时代人中，没有一个人曾说过他是苏菲主义者。而且，如果他是苏菲主义者的话，他属于哪个教团呢？谁是他的导师呢？即便他是一个不愿吐露心声的人，在很多情形下都有证据明显地指向他就是一名苏菲主义者。

首先，像伊本·哈提布一样，伊本·赫勒敦也曾在苏菲主义者阿布·马赫迪·伊萨·伊本·扎亚特（Abu Mahdi'Isa Ibn al-Zayyat）的门下学习。在《历史绪论》中，他将此人称作"我们的谢赫，诺斯替主义者，西班牙的大圣徒"，随后他引用了伊本·扎亚特对苏菲派所理解的真主独一性观点的认可。在他长长的引文末尾，伊本·赫勒敦承认，虽然他听"我们的谢赫阿布·马赫迪本人说过好几次"这样的苏菲派观点，但他实际上是从伊本·哈提布的论文中重新提炼出来的。这篇论文名为《神爱的信息》[*Information on the Noble Love* (*of God*)]，伊本·哈提布的文字可能比伊本·赫勒敦的记忆力更好地记录了他们学过的知识，因为那已经是很久以前的事情了。[1] 在后来的 1372 年，伊本·哈提布给伊本·赫勒敦写了一封信，信中他宣布他将追随苏菲派，伊本·赫勒敦则热情地回应

1 / *Muq.*, vol. 3, pp. 94–99.

了他的话。[1]

其次，伊本·赫勒敦写过一篇短论文，这篇文章是关于苏菲主义者之间的辩论，题目是《解惑的治愈》（*Shifa'al-sa'il li-tadhib al-masa'il*）。这篇文字可能是在 1370 年代早期完成的，那时是他开始撰写《历史绪论》的前几年。这篇文章是为了回应一个格拉纳达学者提出的问题：一名苏菲主义者是否可以在没有导师（*murshid*，个人的精神导师）的情形下，只靠对书本的学习达到启蒙。伊本·赫勒敦先是考察了技术上的术语词汇和苏菲思想史，随后说对苏菲之道的入门者来说，他可以靠阅读文章来取得进展，但是之后在学习如何达到"揭示之学"（*'ilm al-mukashafa*）时就很不易成功了。对于任何想要达到脱离肉欲感观的初学者来说，导师都是必要的，反之初学者有产生自我错觉和误入异端的危险。导师应该像指导"走在海岸边的盲人"一样指导徒弟。虽然伊本·赫勒敦对于如何定义极端苏菲主义者存疑，但是如果他本人不是苏菲主义者的话，别人大概也不需要从他那里获得是否需要精神导师的意见。

即便如此，伊本·赫勒敦还是对苏菲派内部的最新

---

1 / René Pérez, Introduction to Ibn Khaldun, *La Voie et la loi: ou le mâitre etle jurist*, *Shifa'al-sa'il li-tahdhib al-masa'il*（Arles, 1991），p. 75.

动向感到不安，他从伊本·阿拉比（Ibn al-'Arabi）、伊本·法里德（Ibn al-Farid）和阿赫玛德·伊本·阿里·布尼（Ahmad ibn 'Ali al-Buni）的著作中嗅到了危险。"*Tajalli*"（显神）、一元论（monism，认为所有事物都是其最终点的思想）和字母神秘主义都会引人误入歧途。即便如此，在这一阶段，伊本·赫勒敦还是很小心地对这些事情下结论，他认为苏菲派需要四大教法学派的监督和适当的管控。他的一篇有关神秘主义的短论文使用了法律上的隐喻，这十分令人惊讶：鉴于主流的法官们只胜任于沙里亚法，那么苏菲派的谢赫就是"胜任于心法的法学家"。他对神秘主义事物的观感是作为一名宗教法官持有的观感。《解惑的治愈》一书的编辑和译者勒内·佩雷兹（René Pérez）的观察是，"这部长篇宗教律法书所带有的法律特性极为明显。法学塑造了这本书的形式，在这本书所使用的词汇、概念和辩论风格上也都有所表现。"但无可争辩的是，这本书也从根本上描绘了作者对于他所面临的现实情况的看法……伊本·赫勒敦在这里表明他是一个法学家（*faqih*, jurist），也是一个律法专家（*mufti*, jurisconsult）。[1] 他探索了在他眼中介于法学和苏菲派

---

1 / Pérez, Introduction, pp. 72-73.

之间的内容。

《解惑的治愈》并不是完全的原创著作，它更像是"复制粘贴"的作品，因为有大量内容来自他的朋友伊本·哈提布的《高贵爱中的花园指南》和安萨里以及库沙伊里（Al-Qushayri，986~1072）的作品。库沙伊里曾完成了一部名为《讯息》的著作（Risala），以此来捍卫苏菲派教义中的认主独一（tawhid）观念的正统性，并在小圈子中阐释《古兰经》和其他文本与实践。伊本·赫勒敦花了许多时间来定义苏菲派和概括苏菲派的历史，看起来他所辩论的关于苏菲道路是否需要导师指导的问题，只是为了给之后更广阔的有关各种伊斯兰神秘主义的讨论做铺垫。

再次，在《历史绪论》的两章中，他对主流苏菲派表现出了十分积极的态度。在第一章里，他广泛讨论了各种各样的如何得到关于未来的知识的方法（很多这样的内容不是虚假的，就是闪烁其词的），他在这里讨论了苏菲主义者和圣愚（majdhubs，holy fools）以及这些人抛开色欲感官之遮蔽的能力。他是以下面这段话开启讨论的："苏菲的原则是宗教性的。它完全远离任何此类可谴责的倾向。"[1] 在后面的第六章中，苏

---

1 / *Muq.*, vol. 1, p. 222.

菲主义作为一门学问讨论：

> 苏菲主义是源于伊斯兰宗教法律的一门学问。
> 它建立在对重要的早期穆斯林的行为加以学习的
> 基础上，他们是穆罕默德身边的人，他们和他们
> 的子孙后代都将这些先人之圣行作为通往真理和
> 正义之路的引导。苏菲主义者的方法基于不断地
> 祈祷，完全地崇拜神，厌恶世界上虚假的华丽，
> 节制众人渴望的享乐、资产和地位，从俗世中退
> 隐，进入到独隐的崇拜中。这样的事情在穆罕默
> 德周围的人们和早期的穆斯林中十分普遍。后来
> 世俗的享乐在第二世纪（公元八世纪）开始大行
> 其道。在那时，敬神的人们成了苏菲主义者。"[1]

苏菲主义，不像是神学或哲学，它所导向的是幸
福。在伊本·赫勒敦对苏菲主义的讨论中，他一如既
往地将赞许的目光投向了他所说的单纯、俭朴的时代。

在仔细研究了他的朋友伊本·哈提布关于苏菲教
义之爱的论文后，他将论文的内容引用到《历史绪论》
中。伊本·赫勒敦赞同迪克尔的做法，因为它可以去

---

1 / *Muq.*, vol. 3, p. 76.

除色欲感官的遮蔽，并允许苏菲主义者进入神的世界。
"这就相当于滋养精神的食粮。"它让精神做好准备来
迎接"神圣的馈赠"。[1] 但是，在拿掉了色欲感官的遮
蔽后，最睿智的苏菲主义者对他们从中学到的东西静
默不语。[2]

他相信神迹。除了神迹之外，还有什么可以解
释早期伊斯兰征服的那种令人难以置信的胜利呢？在
伊本·赫勒敦书写穆罕默德面对人数远超过他的多神
教徒时，他认为"神爱护他的先知。祂给不信道的人
们心中投下了恐惧。（这种恐惧）最终控制了他们的
心，他们随即遁足而逃。（这）是在神的使者身上显
现的神迹"。[3] 伊本·赫勒敦也接受苏菲能够带来神迹
（*karamat*）："在苏菲中，有一些受神眷顾者能够以神
迹给俗世事物带来影响。然而这样的事情并不算是巫
术。"[4] 阿沙里神学观念的追随者们将神迹的现实看作他
们偶因论的依据。伊本·赫勒敦也讨论了圣愚们所具
备的神迹力量，他们在一些场合中具有预见未来的能
力。这些精神错乱的疯狂圣愚具有解读超自然信息的

---

1 / *Muq.*, vol. 3, p. 81.

2 / *Muq.*, vol. 3, pp. 102−103.

3 / *Muq.*, vol. 2, p. 86.

4 / *Muq.*, vol. 3, p. 167.

能力。人们声称那些圣愚的能力是天生的，不是后天得来的。[1]伊本·赫勒敦赞赏苦修和虔诚的神秘主义。他相信苏菲主义具有给伊斯兰社群重新注入活力的潜在力量，而且能形成某种道德的改良。即便如此，他对苏菲派的默认容许态度和伊本·哈提布对爱的神秘主义之拥护形成了强烈的对比。

除此之外，伊本·赫勒敦在《历史绪论》中表达了某些保留和怀疑。甚至在苏菲派出现的最初几个世纪中，苏菲派都有受到什叶派教义污染的迹象。他相信苏菲的传述链（这里指从一位苏菲谢赫至其他人的思想传递）和什叶派传述链的模式相似。更重大的事情是一些苏菲派团体受到了什叶派传教者对马赫迪（Mahdi，救世主）临近说法的影响，这导致北非出现了一些地区性的起义叛乱，这些叛乱的领导人都声称他们是法蒂玛的后代。（关于马赫迪降临之信仰，我们将在下一章加以讨论。）错误的苏菲派给伊斯兰社会带来社会和政治上的危险。伊本·赫勒敦在此处和其他地方的观点受到了全体福祉（istislah，general welfare）考虑的塑造，全体福祉的观念在马里克教法学派中扮演了重要的角色。

---

1 / *Muq.*, vol. 1, pp. 224-226.

伊本·赫勒敦对"沙塔哈特"行为持有疑问，这种忘我狂喜的表达可能会被诠释为渎神行为。九世纪时的苏菲主义者阿布·亚齐德·毕斯塔米（Abu Yazid al-Bistami）曾声名狼藉地宣布："赞颂归我！我的光辉多么伟大！"著名的（或臭名昭著的）苏菲主义者哈拉智（al-Hallaj）曾表达的一些"沙塔哈特"在992年时被巴格达判定为异端邪说，他本人也遭到了处决。伊本·赫勒敦提到了这件事，没有表态地提到"真主是至知的"。[1] 他也表达了对安达卢西亚人伊本·阿拉比（Ibn Arabi，1165~1240）正当性的怀疑："在东方，我遇到了一部伊本·阿拉比的预测作品。里边充满了长篇神秘莫测的讨论……最可能的假设可以说他的整部作品都是不正确的，因为它没有科学、天文学或其他什么学科的基础。"[2] 但是这部存在疑问的作品几乎肯定不是伊本·阿拉比所写的，伊本·赫勒敦貌似对这位神秘主义者的天才作品缺少或者没有直接的了解。在中世纪时，有大量的伪作和假借名义的作品都打着伊本·阿拉比的名号，伊本·赫勒敦将伊本·阿拉比和另一位十三世纪的安达卢西亚苏菲主义者伊本·萨宾（Ibn Sa'bin）一同列为以写作揭开肉欲感官的遮蔽

---

1 / *Muq.*, vol. 3，p. 102.

2 / *Muq.*, vol. 2，pp. 223-224.

的作者，并且进一步指控这样的神秘主义学者受到了极端什叶派思想的影响。[1] 伊本·阿拉比的著作同样也受到了发源自古希腊的哲学思想的影响。他因为一元论而广受挞伐。在巴库克苏丹的宫廷中，有很多伊本·阿拉比的有力支持者。[2] 在批评一些被归在伊本·阿拉比名下在小圈子中秘传的作品时，伊本·赫勒敦也表达了他对埃及神秘主义者伊本·法里德诗歌内容中模棱两可的解释的不安。[3]

有一名菲兹的学者记录了一条宗教法令的颁布，这条法令明显是伊本·赫勒敦在埃及的时候下达的，他表明了他对于投机、不正统的神秘主义越来越明确的反对态度，尤其是对两位十三世纪的安达卢西亚苏菲主义者伊本·阿拉比和伊本·萨宾及他们的追随者。对伊本·阿拉比的指控是他的内在论（immanentism）和一元论。["内在"是指一种认为宇宙是被智能的、具创造性的原则所充满的观点。"一元"是指认为宇宙中的所有事物都归结到一个本源，我们所见到的是它的复量（plurality）是人类的幻觉]。伊本·萨宾不仅追随伊本·阿拉比的道路，还涉足数字命理和占星术。

---

1 / *Muq.*, vol. 2, pp. 187–188；vol. 3, p. 92.

2 / Knysh, *Ibn 'Arabi*, p. 128.

3 / *Muq.*, vol. 3, pp. 87, 92.

伊本·赫勒敦指责他们的异教属性是不可被接受的标新立异。他们的论文无稽地以复杂的寓言故事为根据，应该与异端的评论一起付之一炬。在这条宗教法令中，他开始陈述对哈拉智的谴责和判决是正确的，因为他散播亵渎性的秘密，这种秘密只是给秘密结社的人准备的。我们可以大致推断，伊本·赫勒敦对投机的苏菲派、一元论、流溢论（emanationism）和形而上学的投机推测所持态度的逐渐硬化，是他在埃及遇到了非正统神秘主义者和江湖骗子后发生的，他在《历史绪论》中对此也有提及。[1]

《历史绪论》是不是用苏菲派的观点呈现历史？

位于亚特兰大的佐治亚州立大学的助理教授弗洛姆赫茨（Allen Fromherz）在他近期完成的伊本·赫勒敦传记中强调了苏菲主义在伊本·赫勒敦的一生和其历史哲学方面所起到的重要作用，但有可能过度强调了苏菲主义的作用。弗洛姆赫茨表示，伊本·赫勒敦的历史著作有着苏菲式的研究方法："伊本·赫勒敦对'唤醒'隐藏在（历史中的）真理这件事，以及对

---

1 / Knysh, *Ibn 'Arabi*, pp. 191–195.

找出隐藏在事件背后的意义的描述都和苏菲主义或伊斯兰神秘主义有相似的地方，苏菲派深深地影响了伊本·赫勒敦的祖父、父亲，也毫无疑问地对他产生了影响。"[1] 循环分解后重生的历史过程所回映出的是在宏观上体现的苏菲主义者的个人道路，苏菲门徒在他的导师手中"死去"，然后又得到重生。伊本·赫勒敦受到了苏菲派的引导而意识到了物质力量的虚无和拥有物质的徒劳。至关重要的是，苏菲派引导他超越了历史事件的外部表象（*zahir*），体悟到决定了那些事件发生的内在真理（*batin*）。人们对上面内容的第一反应一定是，如果这是如此明显的话，那为什么之前没有人看到呢？

弗洛姆赫茨对菲兹的学者提到的埃及颁布宗教法令的可靠性提出了质疑。他认为这条宗教法令根本就不存在，他还表示说，即便那条法令真的存在，它的真实内容也不应该是他所传述的那样。他辩称那条宗教法令如果是真实的，它关注的只是苏菲派的潜在误导性，如果不是这样的话，它就一定是一个精英人士组成的大罕卡，即拜巴尔西亚罕卡的领导者所表达出的不满，因为那些小的罕卡和扎维耶在埃及遍地都是，

---

1 / Fromherz, *Ibn Khaldun*, p. 115.

它们都在更低级别的教团那里受到欢迎。把更高级的神秘知识传授给低等级的教团是一件危险的事。弗洛姆赫茨对此做出的总结是："伊本·赫勒敦是一名苏菲主义者，但是他也是一名精英主义者。"[1]

归根结底，这种观点中一定有一些地方是正确的。在讨论关于安萨里的内容时，卡罗尔·希伦布兰（Carole Hillenbrand）提出，"在伊本·赫勒敦很多作品的背后，都有他对知识分层的认可，也就是说，他相信字面上的解读可以让普通大众得到满足，但是更神秘难解的内容应该只是在少数人中流传"。[2]伊本·赫勒敦绝对是一名精英主义者，而且他也很有可能是一名苏菲主义者，他以安萨里为榜样，认为特定的一些教义是给那些受过足够教育的人准备的，只有这些人才能适当地理解它们。1389 年时，伊本·赫勒敦的确担任过拜巴尔的罕卡的管理者，这座罕卡是全埃及得到赞助最多的罕卡。然而他被任命去管理一个苏菲学院这件事不应该被看作具有任何神秘主义上的重要性。他在那里所承担的大部分工作应该都是财政方面的。

---

1 / Fromherz，*Ibn Khaldun*，pp. 126–127.

2 / Carole Hillenbrand，"al-Ghazzali，"自 Meisami 和 Starkey，*Encyclopedia*，vol. 1，p. 252。

另外，苏菲主义者完全服从于他们的谢赫并非只是为了得到重生。一名保持顺从的苏菲主义者就像是"躺着不动任人摆布的尸体一样"，至少是一直到他的谢赫去世前都是如此。死亡和重生的仪式是一个多神教的仪式，这样的仪式从来没有在伊斯兰教中有过位置。而且，按照伊本·赫勒敦的说法，当一个王朝化为灰烬后，它不会重生，而是被另一个王朝取代。"外在表象"和"内在真理"之观念并不是苏菲派所垄断的。这些观念被广泛使用，比如说在"纯洁之友"（Brethren of Purity）所编纂的百科全书里，"外在表象"和"内在真理"的概念就曾频繁地出现。上述的"纯洁之友"是指公元十世纪时由大概是伊斯马仪派的学者组成的团体。"阿萨比亚"并不是苏菲主义者使用的术语，许多历史学家也都在努力地梳理历史背后的意义，比如说奥斯瓦尔德·斯宾格勒，他肯定不是一名苏菲主义者，但是他也"在历史事件的表面发现了隐藏在其后的意义"。马克思主义者、历史学家霍布斯鲍姆（Eric Hobsbawm）也不是苏菲主义者，但是他也在一系列的事件中努力寻找更广泛的解释。另外，虽然伊本·赫勒敦的宗教命令有些措辞激烈，但是其内容和《历史绪论》的内容是相符的，激烈的言辞有可能是他在埃及遇到了苏菲极端主义者的结果。最后要说的是，我认为，在已知的例子中，没有其他的苏菲主义者发展出了一套与众不同的史料编纂的方法论。

尽管伊本·哈提布是一名热忱的苏菲派教徒，而且也是历史著作的作者，但我认为，还没有人曾说过他的编年史著作是得到了苏菲主义的启发。

虽然我们可以几乎断定伊本·赫勒敦是一名苏菲主义者，但是这一点对于十九世纪倾向于认为他是理性主义者、唯物主义者、实证主义者的多数欧洲评论者来说是不显著的。即便是到后来，当学者们抛弃了这种以文化局限为归类标准的方法，并试图将他放在伊斯兰教的环境中加以了解时，也忽略了伊本·赫勒敦本身是一名苏菲主义者的可能性，例如很不喜欢苏菲派的伟大阿拉伯学学者汉密尔顿·吉布。

第七章　来自黑暗面的讯息

　　《历史绪论》这本书的首要目的是探索隐藏在历史事件背后的驱动力，以及具备理解这种驱动力的正确方式。但是这样的作品视角在伊本·赫勒敦笔下得到了扩大，变得更松散也更膨胀，这让《历史绪论》包含了对各种事物的讨论，比如秘密技能、梦境、神秘经验、神秘学和教育学原则，同样还有伊本·赫勒敦特别喜爱的诗句精选。这些事物并不与对历史进程的理解严格相关。这些内容可能只是他给自己打出的广告而已。

　　《历史绪论》可以被算作一本内容无所不包的百科全书。它成书的时代实际上正好是百科全书类作品在阿拉伯世界蔚然成风的时候，这种流行风尚在马穆鲁克王朝统治下的埃及和叙利亚尤其普遍。比如说，《文化之艺中的心灵渴望》（*Nihayat al-arab fi funun al-adab*）这本书，它的作者希哈布丁·努瓦伊利（Shihab al-Din al-Nuwayri，1279~1332）曾是一名财政大臣，书中内容是对宇宙、人类和政府的宏大叙事，也包括文学、动物、植物和历史——尤其是历史。在这部三十一卷的百科全书中，有二十一卷的内容是谈历史的。书中还有关于一名书记官应该掌握什么样的文化才能成为最优秀的书记官的详尽阐述。再举一个例子，《马穆鲁克王朝见闻》（*Masalik al-absar fi mamalik al-amsar*），这本书的作者伊本·法德勒·阿拉·乌玛里（Ibn Fadl Allah al-'Umari，1301~1349）是法院职员，他的这部百科全书作品有十四卷，所有的内容都是关于一名秘书所需要知道的信息。乌玛里也用了许多篇幅讨论地理和历史。人们不禁会问，按照书里的内容，对于一个十四、十五世纪的合格书记官来说，还有什么阿拉伯文化知识是他没有掌握的呢！在几百年前的阿拔斯王朝，马苏第的编年史著作《黄金草原与珠玑宝藏》也有某种百科全书的特点和视角。

虽然伊本·赫勒敦在最近的几百年里被人们看作康德、涂尔干和马克思的先导，但是我们必须记得，伊本·赫勒敦所处的时代相比我们所知的欧洲经济学家和社会学家所处的时代更闭塞，两者的时代背景是不同的。在伊本·赫勒敦所处的时代中，植物、石头和星球都被认为有护身避邪的能力："让肉眼可见和不可见事物的知识都可以被了解，并掌握表达这些事物的方法。宇宙就隐藏在宇宙本身之中：大地回映天空，人类在星空中看到反射的自己，植物茎中隐藏着可以为人类所用的秘密。"[1]伊本·赫勒敦所处的世界存在着各种精灵，世界受无所不闻无所不知的真主管理。这就是伊本·赫勒敦一直倾心于神秘之学的原因。

超自然现象的现实

有信仰的穆斯林是不会否认世界是具有奇幻的内在的。

《古兰经》证实了精灵存在的事实和术士的力量，比如在法老面前将手杖变成蛇，或者向绳结吹气的阿拉伯女巫。

苏拉 113《曙光》（al-Faraq）中的经文是这样的：

> 奉普慈特慈真主之名
>
> 你说：我求庇护于曙光的主，
>
> 免遭他的创造物的伤害，
>
> 免遭黑夜笼罩时的伤害，
>
> 免遭吹开绳结者魔力的伤害，

1 / Michel Foucault, *The Order of Things: An Archaeology of the Human Sciences*（London, 1970）, p. 17.

免遭嫉妒者嫉妒的伤害。[1]

在《历史绪论》中，伊本·赫勒敦摘录了这段经文，它的背景故事是有一个女子用绳结咒语来伤害先知，让先知说一些他不曾做过的事。伊本·赫勒敦曾真的看过一个术士用唾液、绳子和敌人的画像来给敌人施咒。[2]

在苏拉114《人类》（*an-Nas*）中：

奉普慈特慈真主之名

你说：我求庇护于人类的主，

人类的君王，

人类的神，

免于潜伏的教唆者的毒害，

它在世人的胸中教唆，

它是属于精灵和人类的。[3]

但是，尽管《古兰经》中证明了确有巫术其事，

---

1 / A. J. Arberry，翻译 *The Koran Interpreted*（London，1955），vol。2，p. 362.

2 / *Muq.*，vol. 3，pp. 160–161。

3 / Arberry，*Koran Interpreted*，p. 363.（"教唆者"是撒旦。）

但《古兰经》仍然对其持谴责的态度。按照《古兰经》的第二个苏拉（《黄牛》）中的内容，在苏莱曼（所罗门）的时候，撒旦来到人间教人们巫术和背信。伊本·赫勒敦对神秘学的态度就是《古兰经》中启示人们对巫术的态度。

伊本·赫勒敦承认，在术士中虽然有很多人是骗子和吹牛的人，但是超自然力量的确是真实的，他本人也有亲身体验。他曾记录在北非有一种"一指功"，修炼这种法术的人只要用手一指，就能撕开动物的肚皮或者是人的衣物。这样的黑魔法被用来要挟游牧民支付牧群中的一头动物给这些术士。伊本·赫勒敦还和这样的人说过话。[1] 他得到了详细指导来说明如何把一狮子的图案印在戒指上，让佩戴戒指的人"对统治者有不可言喻的力量"。[2] 他对此的结论是"这是得到经验的证实的"。[3] 恶魔之眼（evil eye）是一种非常恶毒的幽玄之术，它来源于嫉妒的力量。[4]"人们应该知道，有才智的人是不会怀疑幽玄之术的真实性的。"[5] 人们不

1 / *Muq.*, vol. 3, pp. 104–105.

2 / *Muq.*, vol. 3, p. 163.

3 / *Muq.*, vol. 3, pp. 170–171.

4 / *Muq.*, vol. 3, p. 159.

5 / *Muq.*, vol. 3, pp. 178–179.

可否认有各种被宗教法律定认为非法的学问存在。虽然它是被禁止的，但是幽玄之术绝对是存在的。[1] 苏菲主义者能够做一些看似巫术的事情，但是巫术和苏菲奇迹（*karamat*）之间的本质区别在于道德。对于一名可以带来奇迹的苏菲主义者来说，他的能力来自真主，他们和使用护身符或魔力字母的术士之间存在着清晰的分别。[2]

不仅伊本·赫勒敦对超自然现象有过直接经验，他对超自然能力真实性的信念也得到了他年轻时学习的一部马里克派律法著作的进一步加强。这部作品是伊本·阿比·斋德·凯鲁万尼（Ibn Abi Zayd al-Qairouani，922~996）的《书信》（*al-Risala*）。罗森塔尔认为这本书"以巫术、恶魔之眼和梦境的真实为前提条件。从另外一方面说，它否定了占星术和伊斯兰教不相容的说法。伊本·赫勒敦在年轻时曾经学习了这部作品，几乎已经将内容烂记于心了"。[3] 在他讨论马里克教法学派的内容和强调公众利益（*istislah*）

---

1 / *Muq.*, vol. 1, p. 191；vol. 3, p. 167-168.

2 / Rosenthal，"Introduction，" 见 *Muq.*, vol. 1, p. lxxii。

3 / Armand Abel，"Là place des sciences occultes dans la décadence，" 见 R.Brunschvig 和 G. E. Von Grunebaum 编 辑，*Classicism et déclin culturel dans l'histoire de l'Islam*（Paris，1958），pp. 291-318。

的重要性时，伊本·赫勒敦也认为学习和实践巫术会毁损社会。有一个说法一直存有争议，即在十二世纪和十三世纪的伊斯兰世界曾出现幽玄之术的大幅度增加。[1] 他担心秘传的苏菲派会受到影响，隐密的幽玄之术文本有可能带有隐藏的什叶派信息，这有可能成为引发政治斗争的载体。

伊本·赫勒敦对幽玄之术的探索

伊本·赫勒敦所熟悉的中世纪有关穆斯林幽玄之术的文学作品可以组成一个缺少分类的图书类别，大部分这样的作品都是编造的，用秘语写成，言辞含糊，令人费解，假托想象中的先人作者，伴随着极其无聊乏味的内容。社会理论家西奥多·阿多诺（Theodor Adorno）记忆犹新地观察到，幽玄之书的智慧是"超越物质的（形而上学的）臆想"。[2] 中世纪，有很多阿拉伯和波斯作者都习惯不署本名，为了保证作品能发行和流通，他们声称那些作品是由一些更有名的人写的，比如假托亚里士多德、炼金术师加比勒·伊

---

1 / Theodor Adorno, "Theses against Occultism," Telos（Spring, 1974）, p. 9.

2 / *Muq.*, vol. 3, pp. 158-159.

本·哈颜（Jabir ibn Hayyan）、数学家玛斯拉玛·玛加里提（Maslama al-Majriti）、苏菲派作者阿赫玛德·布尼、伊本·阿拉比、想象中的印度巫师图姆图姆（Tumtum）或者别的一些真实或传说中的名人。像"加比勒·伊本·哈颜"和"布尼"这样的名字比较常用于描述作品的类型，让那些存有疑问的作品的内容能够让人一目了然，而不是要说明真正的作者是谁。在幽玄之术的文学中，作者很少或者根本没有兴趣明明白白地提供信息。而且暗指黑暗的秘术，暗示读者在走向启蒙途中要面临的障碍。

按照《历史绪论》的说法，幽玄之术有可能靠练习意念来达成。如果不是这样，那么可以靠依附在天空或字母和数字中的力量来达成。第三种达到明显的超自然力量的方法是去想象那些注视他的事物。（尽管他在这里用到的原词是"*sha'badha*"，通常来说指的是"魔术"，但也许伊本·赫勒敦在这里说的是催眠术。）[1] 由于这些巫术中包括对天空、星星或精灵的崇拜，所以这种形式是异教的。巫术、恶魔之眼、梦境的神奇力量也许有其作用，但是它们不可以干扰人类历史的进程。在另一方面，炼金术和占星术仅仅是伪科学。

---

1 / *Muq.*, vol. 3, p. 159.

不论是否灵验，这些幽玄之术都被穆斯林广泛地看作伊斯兰教之外的东西，是之前存在于多神教信仰当中或者从邻近的异教国度传来的。就像哲学一样，伊本·赫勒敦把幽玄之术的学问放在 "*'ulum al-awa'il*"（古代学问）的名目之下，这些学问主要被看作是城市现象，当然这些事情对伊本·赫勒敦来说是不予推崇的。他认为占星术和炼金术的行为对宗教有特别大的亏折。对巫术的公正刑罚应该是死刑。[1]

科普特人（the Copts）尤其被看作是古老、神秘的法老智慧的保有人。（伊本·赫勒敦貌似从未分得清楚基督徒科普特人和他们的法老祖先。）按照伊本·赫勒敦的说法，《古兰经》给科普特人长久以来都很喜爱巫术这件事提供了证据，因为哈鲁特（Harut）和马鲁特（Marut）是埃及巫师。[2]（但是伊本·赫勒敦在这里犯了错。哈鲁特和马鲁特是《古兰经》第二个苏拉中出现的两个恶天使，他们在巴比伦教人巫术，但是一般认为巴比伦是位于伊拉克。）伊本·赫勒敦相信埃及神庙是古代巫术的圣物，而且他把科普特人、古叙利亚人和迦勒底人看作巫术、占星术和护身符的起源专家。在更近的时代中，印度人获得了使用巫术方面的

---

1 / *Muq.*, vol. 3, p. 113.

2 / *Muq.*, vol. 3, p. 161.

名声："我们也听说在当代印度，那里仍然有（巫师），他们只要指着一个人，那人的心就会被分解掉，然后死去。如果有人在内脏中找他的心是找不到的。或者这样的人对着一颗石榴用手一指，然后让人把石榴打开，会发现石榴里面找不到石榴籽。"[1] 他还提及（想象中的）印度巫师图姆图姆的占星学著作。[2]

伊本·赫勒敦将八世纪的炼金术师加比勒·伊本·哈颜描述为伊斯兰世界的主要巫师，他还补充说除了他以外，玛斯拉玛·玛加里提是唯一的大巫师。[3] 玛加里提（卒于1057年）是一个出色的数学家，以"西班牙的欧几里得"闻名，他是伊本·赫勒敦的一位安达卢西亚祖先阿布·穆斯林·伊本·赫勒敦的老师。伊本·赫勒敦错误地以为阴险的巫师手册"*Ghayat al-hakim*"（《智贤的目标》，*Goal of the Sage*，拉丁文翻译为"*Picatrix*"）和炼金术论文"*Rutbat al-hakim*"（《智贤之列》，*Rank of the Sage*）两本书都是优秀的数学家玛加里提的作品，因此才特别在意。伊本·赫

---

1 / *Muq.*, vol. 3, p. 156.

2 / *Muq.*, vol. 3, p. 157.

3 / Maribel Fierro, "Batinism in al-Andalus: Maslamah b. Qurtubi Author of the Rutbat al-hakim and the Ghayat al-hakim," *Studia Islamica* 84（1996）, pp. 87-112.

勒敦貌似是第一个把上面提到的两本书归于玛加里提名下的人，但是这一点是确定无误的错误，目前来看，这两本书真正的作者并非这位著名的数学家，而是一个来自科尔多瓦的小巫师，名叫玛斯玛拉·库图比（Maslama al-Qurtubi，卒于964年）。

实验炼金术和寻宝行为于社会有害

加比勒·伊本·哈颜被认为是一名炼金术师，他生活在公元八世纪末至九世纪初，但是所有归于他名下的作品都是九世纪末十世纪初的作品。[大量关于各种幽玄之术门类的千奇百怪的论文都被归于这个传奇人物的名下，学者保罗·克劳斯（Paul Kraus）对这一题目进行了出色的研究。][1] 正如我们已经注意到的，伊本·赫勒敦对他的描述是"伊斯兰的主要巫师"。 在看到加比勒写了七十篇有关炼金术的论文时，伊本·赫勒敦补充说："所有这些论文读起来都像是拼图的碎片。"[2] 后来，他发布了一条更概括的裁决："人们可以看到，炼金术师们表达的各种内容都倾向于暗示和谜语，

———————————

1 / Paul Kraus，*Jābir ibn Hayyān*：*Contribution à l'histoire des idées scientifiques dans l'Islam*（Paris，1942），2 vols.

2 / *Muq.*，vol. 3，p. 245.

难以被解释或理解。这就是炼金术不是一门自然的手艺的证明。"[1]炼金术师们要么是吹牛的人，要么就是自己走火入魔。炼金术是无法做到的，如果炼金术能成功，那么黄金的容易取得将会导致经济和社会的混乱。（伊本·赫勒敦在此又一次使用的是公众利益的指导原则。）那些太懒惰的不务正业者倾向于使用炼金术。相似地，骗子和寻宝者应该被处以砍手的刑罚。

寻宝（treasure hunting）的伪科学是和炼金术以及巫术联系在一起的，它也在《历史绪论》的上下文中得到了讨论。[2]"*talib*"（复数"*tullab*"）这个词的基本意思是"寻求者"，但是这个词在现代阿拉伯语里通常的意思是"学生"，在这里，"*tullab*"应该被理解为"寻宝的人"。因为宝藏通常被认为是有咒语和诅咒保护，因此寻宝的伪科学就有了幽玄之术的意味。那些足够勇敢、容易轻信的人跟随着专业的寻宝者，他们要在面临古老的诅咒、怪物、致命机关和陷阱时保持镇定。

骗子用伪造的藏宝图或者把藏有很少的一点金银的地方添油加醋说成宝藏。通过这种方式，他们可以从轻信他们的赞助人那里得到金钱支持，然后装作去

---

1 / *Muq.*, vol. 3, p. 245.

2 / *Muq.*, vol. 2, pp. 319-326.

探险，趁机溜之大吉。在寻找宝藏的狂热行为的背后，隐藏着人们认为埃及和马格里布在法老王和罗马人的时代更有钱的想法。那些金银珠宝到底去哪了？伊本·赫勒敦非常敏感地发现马格里布和埃及的大量财富都转移到了印度和欧洲这样的地方，其他的财宝已经被熔化和埋在土中。寻宝的行为是一种打算靠不自然的方式谋生的手段，这种做法是像开罗这样的大城市的居民们的做法。伊本·赫勒敦十分藐视藏宝图和藏宝文之类的事物："为什么有人要用巫术把聚集起来的财富封存起来，再千方百计地将它隐藏，然后留一些提示和暗示让有心人发现呢？"[1]

字母魔术和占星术

虽然对炼金术和寻宝行为持有毫无疑问的批评，但伊本·赫勒敦相信在数字命理和字母魔法中存在补充性的学问："事实上，在自然世界中，依靠字母和字母组成的词汇来对被创造物加以影响是可能做到的，这一点是不能否认的。这种力量可以被许多（从事字母魔法的人）的权威确定，这项能力的传统一直没有

---

1 / *Muq.*, vol. 2, p. 324.

中断。"[1]但是他发现关于这些题目的文学作而十分难懂，他将其描述为"深不可测的学问"。[2]（我对他的困惑也有同感。）

所有的字母和数字都有其特有的价值。虽然复杂的字母魔法和数字命理是什叶派最先开始研究的，但是也有特定的一些苏菲主义者为这个问题著书立说，或者是有书假托他们的名字，主要是假托伊本·阿拉比和阿赫玛德·布尼之名。"这些作者认为字母魔法的结果和成效归功于高贵的灵魂在自然世界中活动，它们依靠神的尊名和包含了被创造物秘密的字母，这些字母是神的表达。"[3]阿赫玛德·布尼是一名沙希利教团的苏菲教徒，他卒于 1225 年或 1232 至 1233 年，他写作了关于字母魔法和护身符制作的内容，也有可能这些作品是假托他的名义。按照这些作品中的说法："一个人不应该打算用字母的秘密来帮助他做逻辑的推理，而应该是以预判和神的帮助来获得秘密。"[4]在另外一篇署名为阿赫玛德·布尼的论文中，作者把魔法咒语和占星学结合在了一起。但是伊本·赫勒敦对此的评论

---

1 / *Muq.*, vol. 3, p. 174.

2 / *Muq.*, vol. 3, p. 172.

3 / *Muq.*, vol. 3, p. 172.

4 / *Muq.*, vol. 3, p. 174.

就像是他所鄙视的巫师的写作一样模糊晦涩:"人们认为(星象和咒语)之间的关系是来自神秘的力量,这种力量能升华咒语的效力,而且,在现实情况下,神秘力量(和咒语)的关系是一致不变的。人们认为那些咒语是将应验的幻象。如果一个和这些词打交道的人缺乏幻象,但是他通过传说而知道个中奥妙,那么他的行为就与那些和护身符打交道的人一样了。实际上,正如我们已经说过的,(后者)比他更可靠。"[1](顺便提一句,"*Nubilous*"的意思是"多云的"。)最后,伊本·赫勒敦下结论说,布尼或者伪布尼想要把字母魔法从巫术中区别开来的尝试是无法完全令人信服的。[2]

纯洁之友和存在链

伊本·赫勒敦对各种学问和技艺所给予的百科全书式呈现和他对幽玄之术先入为主的看法的一部分原因是"纯洁之友"(*Ikhwan al-Safa'*)著作的影响。纯洁之友是一个类似兄弟会的秘密组织,由学者组成,在公元十世纪或十一世纪时以巴士拉为中心。他们编纂了一部百科全书,名为《纯洁之友的信

---

1 / *Muq.*, vol. 3, pp. 177–178.

2 / *Muq.*, vol. 3, p. 181.

函》（*Rasa'il*），在这本书里有五十二封来自他们的信函，其内容有新柏拉图主义和伊斯玛仪派的影响。他们吸收了《秘密的秘密之书》中的大量内容，尤其是对幽玄之事的敬畏。这些信函的目标是通过一点点的积累，让读者从实在的事物中得到更抽象的观察，最终获得救赎。启蒙将带来精神上的自由。他们把人看作一个小宇宙（microcosm），它反映的是宏观世界（macrocosm），也就是宇宙万物（universe），即所谓"上之行，下所效"。这本百科全书中最后也是最重要的一封信关于幽玄之术的，讨论的是魔法和护身符，引用了大量被认为是来自伊德里斯（以诺，Hermes-Idris）的内容，后者是许多魔法和技艺传说中的来源。对梦境的解释则是在关于宗教学问的信函中被单独讨论的（这可能让伊本·赫勒敦也把解梦的行为归类在宗教学问中）。[1]

存在链的概念，或者说是存在层次（hierarchy of being）的概念——存在形式从最低到最高的概念是

---

[1] 关于"纯洁之友"的内容，详见 Yves Marquet, La Philosophie des Ihwan al-Safa（Algiers，1975）；S. H. Nasr, *An Introduction to Islamic Cosmological Doctrines*（London，1978），pp. 25-104；Ian R. Netton, *Muslim Neoplatonism：An Introduction to the Thought of the Brethren of Purity*（*Ikhwan al-Safa'*）（Edinburgh，1991）。

纯洁之友组织对宇宙观点的核心内容，这种特点也在《历史绪论》中有所表现，比如伊本·赫勒敦曾写道：

249

> 存在的整体在其简单、合成的世界里是按照起伏的自然法则所设定的，因此所有的事物都是由不中断的连续体（continuum）组成的。世界的每个特定阶段在其终结时的本质都会转换至与其邻近的本质中，无论邻近的本质是比它更高或更低。这样的事情就像简单的物质元素一样；比如棕榈树和葡萄藤，它们是植物的最后阶段，它们和处于动物最低阶段的蜗牛和甲壳类动物有关。聪明、有想法的猴子，和它们有关系的是人类，人类有思考和反应的能力……在人类世界之上，有精神世界……这是天使所在的世界。[1]

从更低的存在到更高阶段存在的能力是偶然的，这种能力允许一些人有对未来的知识，我们现在将要讨论伊本·赫勒敦关于未来的看法。

按照《历史绪论》中的内容，如果巫术不对历史产生影响，那为什么伊本·赫勒敦要对巫术加以严肃

来自黑暗面的讯息 / 127

---

1 / *Muq.*, vol. 2, pp. 422–423; cf. vol. 1, p. 195.

的考虑呢？有一部分原因可能是柏柏尔巫师和江湖骗子被认为是北非乡村地区的社会威胁。还有一部分原因，伊本·赫勒敦可能是很害怕一些苦修神秘主义者和算命者在苏丹巴库克宫廷中的巨大影响力。巴库克听从波斯苏菲主义者谢赫祖胡里（Shaykh al-Zuhuri）的指导，此人通常住在苏丹的宫殿中。他曾预见自己的死亡和苏丹之死，他告诉巴库克他命不久矣。祖胡里在 1398 年死去，苏丹在几个月后也同样离开了人世。[1] 还有一位会幽玄之术的波斯哲学家名叫胡塞因·阿赫拉提（Shaykh Husayn al-Akhlati），他也很受巴库克喜爱，最初是被苏丹以医生的身份雇用的。也许是得到了苏丹的资助，阿赫拉提变得十分富有。按照马穆鲁克历史学家埃尼的记载，此人试验炼金术并研究占星术、泥土占卜和智慧。他也消耗了大量的酒精和药品。他的一些追随者认为他是救世主。阿赫拉提在公元 1397 年（伊斯兰历 799 年）去世，享年八十余岁。[2] 总的来说，巴库克很喜欢有苏菲主义者和巫师在

---

1 / Ibn Taghribirdi, *Nujum*, vol. 6, pp. 141-142.

2 / Ibn Taghribirdi, *Manhal*, vol. 5, pp. 171-173；Ilker Evrim Binbaş, *Intellectual Networks in Timurid Iran: Sharaf al-Din 'Ali Yazdi and the Islamicate Republic of Letters* (Cambridge, 2016), pp. 114-119.

身边陪伴。

未来是可以预知的吗?

我相信伊本·赫勒敦如此着迷于幽玄之术的主要原因还是与幽玄之术和神的力量有关,关且还能预知未来。著名的历史学家休·特雷弗－罗珀曾批判托马斯·卡莱尔(Thomas Carlyle)的书写方法:"历史不是算命。"但是无论如何,那些书写历史著作的人总是对未来有所关注。按照研究汉诺威王朝英格兰的伟大历史学家刘易斯·奈米尔(Sir Lewis Namier)爵士的说法,"历史学家想象过去,铭记未来"。[1]伊本·赫勒敦虽然是在书写历史,但是他一次又一次地让他笔下的话题更应该被归类于未来学(futurology)。

伊本·赫勒敦特别关注对众位先知的所作所为和占卜之间的区别和分辨。只有先知才对未来之事有完美的洞察。占卜者只能预测到未来的一部分,而且有时候他预测未来的能力是魔鬼提供的。镜子、泥土占卜、梦境、清醒的状态和各种现象都能揭示出未来的一些方面。占卜者,或称"*kahin*",这些人的等级要

---

1 / Lewis Namier, *Conflicts: Studies in Contemporary History* (London,1942), p. 70.

低于先知，而 "*'arraf*"（推测者），他们根据过去的事物来推测未来，他们的等级低于 "*kahin*"。

"*'arraf*" 也用过去的事情来推测隐藏的地点或丢失的财产之类。

在讨论占卜技术的细节之前，也许值得提出一个问题，即伊本·赫勒敦对他所处世界的未来有什么想法呢？首先，他相信伊斯兰世界的技术和各项学问在他所处的时候已经达到了顶峰。他也十分确定阿拉伯人的伟大年代已经结束了。毕竟，巴格达、萨马拉和鲁萨法（al-Rusafa）已经成了废墟。柏柏尔人已经掌控了伊斯兰世界的西部，而伊斯兰世界东部则是由突厥人掌控。在《历史绪论》的一份早期草稿中，他也写道，"我们可以注意到，在我们的时代里，文明好像是从南向北移动的"，如此法兰克人和突厥人的王朝已经得到了权力。他推测文明中心区域的转换有可能是因为太阳的力量越来越大或是由于其他的一些星象方面的因素。[1] 正如我们已经看到的，伊本·赫勒敦曾经看到"人们敬畏的不是埃及，而是奥斯曼的后代（指奥斯曼人，Ottomans）"。

虽然他对欧洲基督徒所取得的进展并不是特别有

兴趣，但他无论如何还是表现出了对事态发展的不安迹象。在《历史绪论》的其他地方，他写到了欧洲在知识上所取得的发展："我们进一步地听说在罗马人的土地和与其比邻的北岸，那里的欧洲基督徒在哲学的学问上发展良好。据说他们再次学习了哲学，有许多的课堂教授哲学。现存的对哲学的系统阐述很广泛，有许多人知道这些学问，他们有很多学生。"[1] 伊本·赫勒敦对法兰克人的历史记载起于十一世纪，他们被反常地说成起源自 *"badawi"*（住在乡下的人 / 游牧民）。他记载道，马格里布的统治者喜欢欧洲的雇佣兵，因为他们在方阵中有更强的战斗力。[2] 来到马格里布的基督徒商人貌似极其富有。[3] 地中海沿岸的基督徒在工艺上比阿拉伯人更娴熟。[4] 他也对穆斯林在地中海中的海权力量衰落感到焦虑，他在给对海军的讨论下结论时说："马格里布居民的预言书说穆斯林还不能越过大海去攻打和征服欧洲基督徒的土地。据说这件事会靠大海完成。"[5]

---

1 / *Muq.*, vol. 3, pp. 117–118.

2 / *Muq.*, vol. 2, p. 80.

3 / *Muq.*, vol. 2, p. 281.

4 / *Muq.*, vol. 2, p. 353.

5 / *Muq.*, vol. 2, pp. 38–39, 46.

但是伊本·赫勒敦曾说过这样的话："未来和过去的相似比两滴水的相似程度更高。"[1]（十八世纪哲学家大卫·休谟一定不同意这样的说法，在《人性论》中，他写道，那些声称"未来和过去相似的推断不具备任何辩论基础，这种说法完全是来自习惯"。）[2] 尽管偶尔会对北方的发展感到不安，伊本·赫勒敦还是认为没有什么会改变——至少在世界末日到来之前是这样。虽然他全神贯注于未来的知识，但是他对于社会或者技术的发展是没有概念的，而且他也没有提出过改革计划。就这一点来说，让事情发生变化的未来不会太长，因为他相信他所生活的时代距离世界末日很近了。

先知、苏菲主义者和算命者

历史的法则，如《历史绪论》，所提供的并非是对接下来将发生什么事情的具体指导。历史的法则可能被他们认为和特定的占卜形式不同。在前文对苏菲派的讨论中提到的"*kashf*"和"*mukashafa*"是伊本·赫勒敦世界观中的关键术语。看透表象的能力并不只是

---

1 / *Muq.*, vol. 1, p. 17.

2 / David Hume, *Treatise on Human Nature*（London, 1734–1737）, bk. 1, pt. 3, sec. 4.

苏菲主义者的能力，这可能也包括对未来的预测。伊本·赫勒敦用了很长的篇幅考虑未来知识的种类，先知穆罕默德和其他先知所具有的能力是如何区别于苏菲主义者、占卜者、巫师、数字命理者、释梦者可能拥有的预知能力（foreknowledge），他们这些人可以看到人的死亡，还有人可以操作一种叫字母命仪的设备。

虽然在英语中，人们习惯将穆罕默德称为 "the Prophet"（先知）和 "Seal of the Prophets"（封印先知），但阿拉伯语 "*nabi*" 一词没有 "预先知道未来事情" 的意思。"*nabi*" 的意思是 "神派遣的带来法律的人"，"*rasul*"（使者）的意思是 "messenger"（传递消息的人）。在七世纪时的希贾兹（Hejaz）地区，穆罕默德的角色是传达警讯的送信者，就像是《旧约》中给各民族传递警讯的先知们一样。虽然在穆罕默德的同伴们传播的圣训中，穆罕默德被证实拥有关于未来的知识，伊本·赫勒敦并没有在构成《历史绪论》第一章部分内容的第六个序言中讨论穆罕默德的预知事件。"拥有超自然能力的不同类型的人要么是天生得来，要么是通过练习得来的超自然能力，这种能力是先于启示和梦见（dream visions）的"。[1] 相反，他主

---

1 / *Muq.*, vol. 1, pp. 184-245.

要把精力集中在据称的代替推算未来的方法上，他特别尊重世界末日。他有时候表示的意思是说只有神才拥有对未来的知识，但有时候他又说不但神的先知们，还有很多不受神指导的人也有看见未来的能力，虽然对他们来说这么做是不道德和有违宗教的。

伊本·赫勒敦（有些奇怪地）推断，《圣经》中的先知们和穆罕默德是从神那里得到关于未来的知识，那么凡人所做的占卜至少有一部分是有效的，因为神启示先知是预知的高级形式，那么一定会有一个预言未来的低级形式以回映高级形式。

世界末日

至少有一些未来的事情是穆斯林所知晓的。穆斯林伊本·哈加吉编纂了一部先知言行（hadiths，圣训）的大集合，他在公元九世纪所编纂的圣训集被逊尼派穆斯林接受为权威圣训。他的圣训集里就有关于穆罕默德对伪先知和末日审判的细节描述。伊本·卡西尔（Ibn Kathir，约 1300~1373）编纂的编年史书《起始与终结》（*Al-Bidaya wa'l-Nihaya*）不仅仅记录了从创造世界开始的历史事件，还包括世界末日注定将依次发生的事件的细节描述。

在《历史绪论》中，伊本·赫勒敦对末日和神对世界的安排有小心翼翼的考虑：

对于这件事历代穆斯林是众所周知（也广泛接受）的：在世界末日来临之前，一个来自先知家族的人将会出现，他将在人间巩固宗教并实现公平公正。穆斯林将会追随他，他将成为穆斯林国土的主宰。人们叫他马赫迪。在这之后，伪先知将会到来，一同到来的还有权威圣训中说到的末日审判的迹象。在马赫迪到来之后，尔撒（耶稣）将会降临，他会杀死伪先知。还有一种说法是尔撒将会和马赫迪一同降临，他将帮助马赫迪杀死伪先知，并让马赫迪成为祈祷者的领袖。[1]

在上面的文字中，伊本·赫勒敦表现的是在他所处的时代中人们对马赫迪的普遍共识，但是他明显地对这一共识持有怀疑，也对写得十分具体的的马赫迪到来的预言持批评态度。在逊尼派伊斯兰教的教义中，马赫迪信仰并不重要。最权威的两个版本的圣训都没有提到马赫迪，而且安萨里也完全没有在他的著作中考虑到这件事。但是在后来，阿布·阿卜杜拉·库图比（Abu'Abd Allah al-Qurtubi，1273 年卒）完成了一

---

1 / *Muq.*, vol. 2, p. 156.

部末世论预言集，书名是《死亡和后世的提醒》(*Al-Tadhkira fi ahwal al-mawta wa umur al-akhira*)。在面对这本书和其他末世论作品时，伊本·赫勒敦都认为自己有责任用一些篇幅来阐述人们心中和马赫迪相关的各种信仰。[1]

阿里不仅是穆罕默德的堂弟，而且迎娶了他的女儿法蒂玛。按照什叶派的说法，穆罕默德给阿里展示了未来将会发生的事情，其中包括末日的景象。因此，很多什叶派信徒相信法蒂玛的所有后代和阿里都有预言王朝和国家未来的能力。据称第六位什叶派伊玛目贾法尔·萨迪克（Ja'far al-Sadiq，765 年卒）写过他们被赋予了这种能力，这段文字被人们称为"*jafr*"。（据称是写在一张"*jafr*"的皮革上，"*jafr*"一词的原意是"肥羊"，后来"*jafr*"这个词就有了"占卜文本"的意思。）这段文字从未被见过，它的预言被当成流言传播。后来，所有和字母魔法以及各种占卜技术有关的文本都被归类为"*jafr*"。伊本·赫勒敦对这种占卜文本持有怀疑和批判态度，但是他并未对其进行过彻底的批判。

《历史绪论》用一些篇幅讨论了一首预言诗，它

---

1 / *Muq.*, vol. 2, pp. 156-200.

的作者被认为是一个名叫巴加巴奇（al-Bajarbaqi）的苏菲主义者，此人拥有通过"*kashf*"（揭开遮蔽）来知道未来的能力。巴加巴奇的预言和法国占星家诺斯德拉达姆斯（Nostradamus）的预言相似，都隐藏在暗喻的谜语中。伊本·赫勒敦和他的译者罗森塔尔都无法解读这些内容（我也不能）。但是下面的几行文字可能指代的是跛脚的帖木儿：

> 这是瘸子卡比特（lame Kalbite）。要注意了！
> 在他的时代，将有动乱出现，那是多么大的骚动啊！
> 从东边，突厥人的军队将来到。

（罗森塔尔把原文的"*kalbi*"译为"Kalbite"，这是十世纪时统治西西里的阿拉伯王朝，这样的译法很有可能并不正确。译为"尖牙"或者"像狗的"看似更为合适。）

后来，伊本·赫勒敦本人写道，另外的一段文字看起来是在说切尔克斯马穆鲁克苏丹巴库克将他的父亲从切尔克西亚（Circassia）带到埃及一事：

> 他的父亲将跟着他迁徙，
> 一同跟来的还有长时间的缺位，和艰难、卑

贱的一生。[1]

后来有一段文字被人们称作小占卜文（little jafr）。其中的预言内容是有利于穆瓦希德事业的政治宣传。小占卜文和穆瓦希德王朝的建立者穆罕默德·伊本·图马特（1130年卒）有关，此人被他的追随者称为马赫迪。按照穆瓦希德王朝政治宣传的说法，伊本·图马特是伟大的苏菲主义者和神学家安萨里的学生，安萨里知道伊本·图马特有崇高的命运，因为这是小占卜文中预言到的。在安萨里离世前，他把这本预言的手抄本交给了伊本·图马特。

伊本·图马特把马赫迪夸大得很厉害：

> 如果无知的统治者们掌控了全世界，如果又聋又蠢的国王们掌控了世界，如果伪先知统治世界，那么，只有马赫迪能够去除谬误，只有马赫迪将带来真理。而且无论是阿拉伯人、非阿拉伯人、贝都因人还是定居的居民，马赫迪都为人所知晓。关于马赫迪的知识在所有的地方得到彰明，在各种文集中收录。在他降临之后，必要的见证

1 / *Muq.*, vol. 2, pp. 225–227, 229–231. 关于神秘的人物 al-Bajarbaqi，见 Knysh, *Ibn'Arabi*, p. 303n。

也广为流传。相信马赫迪是宗教义务，怀疑马赫迪的人是不信教的。在他所彰明的信仰之事上，他受到保护而远离错误。在他身上没有谬误出现的可能。别人无法与之竞争、反对、抵抗、对立、战斗，他在他的时代是独一无二的，他的话语是真理。他将打败压迫者和伪装者，他将征服世界，无论东方还是西方，给世界注入正义，就正如世界曾经被注入不公一样，他的统治将持续至世界末日。[1]

伊本·图马特，他的声望建立在他自称马赫迪和他与苏菲派思想家安萨里的假定联盟上，他在摩洛哥和安达卢西亚（1130~1269）成功地建立了穆瓦希德王朝。小占卜文大概是穆瓦希德王朝建立之后所编造的政治宣传品，伊本·赫勒敦也从它对穆瓦希德统治者的"预知"中得到了正确推断。他补充说："这部作品中的预言对之前的时代的尊重是正确的，对之后的事情是错的。"[2]法蒂玛王朝和穆瓦希德王朝一样，

---

1 / Madeleine Fletcher, "Al-Andalus and North Africa in Almohad Ideology," 见 Salma Khadra Jayyusi 编辑, *The Legacy of Muslim Spain*（Leiden, 1992）, pp.241-242。

2 / *Muq.*, vol. 2, p. 219.

建立者也自称为马赫迪。乌布达拉·伊本·胡塞因（'Ubaydallah ibn Husayn）自称是法蒂玛的后代（伊本·赫勒敦花了更长的时间在《历史绪论》第一卷中加以审定），此人在公元 909 年宣布自己是马赫迪，建立起了一个地域包括艾非齐亚、利比亚、西西里和埃及的什叶派帝国。但是乌布达拉和他的后代们一直在宣布他们曾许诺过的天启将推迟到来。

阿布·阿卜杜拉·库图比的《死亡和后世的提醒》预言马赫迪将最先在摩洛哥出现，然后将带领穆斯林征服基督教世界。除了乌布达拉和伊本·图马特，还有其他不那么成功又自吹自擂的自封马赫迪，他们是中世纪时北非政治中的一个诅咒。住在偏远部落地区的人们貌似一直期待着有一个这样的人物出现，带领他们起义并给他们的世界带来公正。"普通人，愚蠢的人民大众，他们期待马赫迪。在这件事上，他们没有受过任何知识和教育的指导，他们认为马赫迪可能在任何情形、任何地方出现。"[1] 柏柏尔部落民期待奉行马赫迪主义的起义领袖们能展示超自然能力的奇迹。政治和幽玄之术就是一枚奇怪硬币的两面。

在北非之外，十二伊玛目派的隐遁伊玛目被等同

---

1 / *Muq.*, vol. 2, p. 196.

于马赫迪。他被认为是一位具有领袖魅力的领导者，将在末日前复兴伊斯兰教并带来胜利。在伊斯兰世界东部的一些城市里，什叶派信徒甚至已经准备好配上了马鞍和辔头的马，以备马赫迪出现时随时取用。伊本·赫勒敦貌似接受马赫迪将会出现以及他的到来预示着世界将近末日的说法，但是他反对个别的苏菲派和什叶派对马赫迪降临所做的预言。伊本·赫勒敦特别反对马赫迪将会降临在偏僻角落的说法，他还坚持认为马赫迪将具备建立国家的能力。即便是马赫迪，也需要"阿萨比亚"的支持。[1]

占星术和启示录性质的著作

再来讨论占星，伊本·赫勒敦无法否认其有效性，因为占星术貌似在《古兰经》中得到了支持。《古兰经》（3:190）的经文说："天地的创造，昼夜的轮流，在有理智的人看来，此中确有许多迹象。"正如弗洛姆赫茨所注意到的："对伊本·赫勒敦来说，占星术的学问中有许多关于人类行为的秘密，令他特别感兴趣的

---

1 / *Muq.*, vol. 2, pp. 195-196. 关于救世主派的末日预测之相关内容，见 Cheddadi, *Ibn Khaldûn*, pp. 358-362; Jean Pierre Filiu, *Apocalypse in Islam*（Berkeley, 2011）。

经济理论、护身符和国家发展的秘密。他十分渴望能展示占星术奏效的历史实例。对他来说，穆瓦希德王朝的崛起在很大程度上确定了占星术理论是一种历史理论。"[1]

但是伊本·赫勒敦并没有被占星术师所做的预测打动，对社会福祉的考虑让他反对占星术，因为占星术会导致不良的政治结果，占星术师的预言可能会引发叛乱，这反而会导致王朝的覆灭。[2]然而在这个问题上，他的态度也并非始终如一，他貌似完全不反对地形勘测者（geomancers）把占星术当作一种辅助的方式。除此之外，我们在前文中已经了解，他推测强大势力明显地向北方移动是有星相上的原因的，他认为木星和土星的会合可能是帖木儿的突厥蒙古帝国崛起的预兆。

"*Malahim*"的字面意思是"屠宰"，这个词通常是在占星学的基础上提及，所关注的是王朝、文明和世界末日。伊本·赫勒敦对这一流派的作品持有很怀疑的态度："以"*rajaz*"文体完成的诗歌和散文作品大量地预测了王朝的未来，这样的作品很多。这种叫作

---

1 / Allen J. Fromherz, *The Almohads*: *The Rise of an Islamic Empire*（London，2010），p. 76.

2 / *Muq.*, vol. 3，pp. 262-263.

"预测"（*malahim*）的作品大量地流入了民间。有一些这样的作品对伊斯兰世界整体做出了预测。其他的作品所处理的是特定的王朝。所有的这些作品都署上名家之名，但是没有什么证据能支持这样的作品和作者是名副其实的。伊本·赫勒敦所引述的《预言》内容全都是诗句，所关注的话题是北非各个王朝的不同命运。[1] 虽然不承认这些文章的真实和准确性，但是伊本·赫勒敦也对这本书着迷并大量摘录了原文。《拜占庭事务和猫头鹰之泪》（*Sayahat al-bum fi hawadith al-Rum*），这本书是内容五花八门的占卜书。作者不太可能是伊本·阿拉比，因为它预测到了君士坦丁堡将要被基督徒输给穆斯林。伊本·赫勒敦一到埃及，就熟悉了在埃及的工作。[2]

伊本·赫勒敦十分熟悉其他的预测文章，这些

---

1 / *Muq.*, vol. 2, pp. 200-203；对比 pp. 219-220。

2 / 有关"*malahim*"的更概括了解，见 Paul Casanova, "Le Malhamat dans l'islamprimitif," 出自 *Revue de l'Histoire des Religions 61*（1910），pp. 151-161；Casanova, *Mohammed et la fin du monde*（Paris, 1911）；Armand Abel, "Changements politiques et littérature eschatologique dans le monde musulman," *Studia Islamica 2*（1954），pp. 23-43；Abel, "Un hadith sur la prise du Rome dans la traditionescatologique de l'Islam," *Arabica 5*（1958），pp. 1-14. Toufic Fahd, *La Divinationarabe*（Paris, 1987），pp. 224-228。

文章有可能是苏菲主义者完成的，也有可能是假借著名苏菲主义者的名字。阿布·阿巴斯·伊本·班纳（Abu'l-'Abbas Ibn al-Banna'，约 1285~1321）是一名数学家、星象学家，也是主要居住在马拉喀什的学者。伊本·赫勒敦尊敬地将他看成占星学和字母魔法的高手，这些方法能够用来预测战争中谁能胜利。[1]奇怪的是，伊本·班纳在解释幽玄之术和论文方面与他在驳斥这两种学问上同样出色。在他还是一个年轻的苏菲教义初学者时，他曾被传授过整个星体的预判，这预示他将在自己的未来人生中成为占星术师和天文学家。几年后，他再次得到了预卜，这次的情境是一个巨大的黄铜穹顶飘浮在天堂和地球之间，在穹顶下有一个做礼拜的人。那个在穹顶下礼拜的人后来成了他的苏菲教义导师，并传授了他预测未来的秘密之学。[2]年轻的伊本·赫勒敦的老师阿比里曾经当过伊本·班纳的门徒。（认为年轻的伊本·赫勒敦只跟随阿比里学习了哲学、逻辑、数学等理性学问的说法可能是有误的。）

---

1 / *Muq.*, vol. 1，p. 235 and n.，p. 238.

2 / 关于 Ibn al-Banna 作为数学家、算命者和解梦者的内容，见 Cheddadi，*Ibn Khaldun*，pp. 65-70。

预知未来更多的可能方法

伊本·赫勒敦本人对各种可能预测未来的方法都很感兴趣。"*kahins*"是前伊斯兰时期的巫师和算命者，他们使用一些押韵的韵体文来表达预测内容，这种押韵的算命文名为"*saja'*"。[1]（"*saja'*"最初是指那些算命人出神后进入的状态，但是在现代阿拉伯语中这个词指代的是"韵文"。）马苏第曾在他的《黄金草原与珠玑宝藏》中用了一章的篇幅讨论算命，并指出算命的真实性已经在阿拉伯语和外国语言的数据中得到了证实。拥有纯洁灵魂并离群索居，选择游牧生活方式的人们特别能够得到这种神赐之礼，拥有纯洁灵魂的贝都因阿拉伯人在这种能力上更加有天生的才气。[2]伊本·赫勒敦的《历史绪论》也会接着对这个话题加以讨论，这是或多或少不可避免的情形。他相信他所听到的故事，故事中有两位特别著名的前伊斯兰时代的算命者，他们的名字是习科（Shiqq）和撒提（Satih）。后者"常常像是一件衣服一样折叠起来，因为他没有头颅之外的骨头"。撒提从一个人的梦境里成功地预估

1 / *Muq.*, vol. 1, p. 204.

2 / Khalidi, *Islamic Historiography*, pp. 45, 118.

到了先知穆罕默德的到来和波斯帝国的瓦解。[1] "Satih"这个词在字典里的解释是"平摊在地上并且因为瘸腿虚弱而无法站立起来"。但是，按照其他的资料，当撒提得到启示要开始进行预言的时候，他能够给自己充气并站立起来。

镜像占卜（catoptromancy）是指从倒影中占卜，这种方式在《历史绪论》中也有提及。实行这种占卜方法的人会凝视着镜子，直到镜面消失，然后变成一团白云，其中有影像出现。伊本·赫勒敦还继续讨论了鸟相学（zajr，ornithomancy）和动物占卜。在这种占卜方法中，占卜人会按照他所见到的景象做自己的联想。[2] 有一些探知未来的方法十分令人毛骨悚然："我听说有一些罪恶的暴君用杀死囚犯，听他们临死时的话语来了解自己的未来。从他们那里知道的都不是什么令人愉快的信息。"[3]

不久后，伊本·赫勒敦如此评论道：

> 在《智贤的目标》中，马斯拉玛（Maslamah）……
> 提到把内膛塞了无花果和坚果的一个人放在一桶

---

1 / *Muq.*, vol. 1, p. 219；对比 vol. 2, p. 202。

2 / *Muq.*, vol. 1, pp. 216-218.

3 / *Muq.*, vol. 1, p. 221.

芝麻油里长达四十天，直到肉已经不见，只剩下躯干和头骨，这时候把油倒出，然后在空气中晾干，尸体将回答有关未来的各种特别的和普通的问题。这种行为实在是可憎的巫术。然后，这种巫术表现了人类世界中存在的令人不可思议的事情。[1]

然后伊本·赫勒敦简单提到了中世纪阿拉伯的临死者算命。这种方法是从临死的人那里得到关于未来的信息。"毫无疑问，当死亡降临在人的身上时遮蔽所形成的感官意识消失，灵魂可以看到世界的本质精髓。"[2]

令人困惑的字母命仪

伊本·赫勒敦用了很多篇幅来讨论 "*za'iraja al-'alam*"，即"世界的字母命仪"。他很早就对这件事很有热情，这种设备一半是算命仪器，一半是一种待客游戏（parlor game）。1370 年，伊本·赫勒敦在比斯克拉（Biskra）停留时见到了这种仪器，他在很久以后

---

1 / *Muq.*, vol. 1, p. 221.

2 / *Muq.*, vol. 1, p. 221.

的写作中提到了这种设备，将其描述为"令人不可思议的技术步骤"。《历史绪论》中有两处对它的讨论。[1]字母命仪表的循环图表现了代表天堂、元素、地球与月亮之间的世界、存在物和学问的同心圆。星座宫的名字写在外圈上，有弦度从圆心一直到圆圈的外圈。字母命仪的圆环在分割为许多部分的长方形里面，在长方形的一条边上写着被归于马里克·伊本·乌哈伊布（Malik ibn Wuhayb）的文字，此人是马格里布最具名望的算命师。

为了能够解释未知的预示，一个人先要写下问题，然后问题的句子拆分成字母。记录下哪个星座在当天是上行星座，再选择天文弦度，沿着这条弦度线移至中心点，然后从那里移向圆周的另一边。在那里的弦度上有小小的数字刻度和字母，它们被称为"巢位"。数字可以被转换成字母，转换的方式名叫 *hisab al-jummal*（代码换算）。再把所得的字母和占卜问题中的字母放在一起。随后的步骤太过复杂枯燥，在这里不宜详细叙述，总之是从字母命仪中得到更多的字母，最后得到的是用来占卜的字母。再从马里克·伊本·乌哈伊布的诗中找与这些字母韵脚押相同韵脚的诗句，

1 / *Muq.*, vol. 1，pp. 238–245，vol. 3，pp. 182–198. 关于命仪的内容，另见 *Fahd*, *La Divination*，pp. 243–245。

这些诗句就是对一开始所提出的问题的解答。

伊本·赫勒敦用这个仪器提问是谁发明了它，他得到的回答是《古兰经》中的贤人易德立斯。易德立斯被穆斯林看作旧约中的以诺，此人是一个得以长生不老的圣人。易德立斯被认为是许多技术和学问的发明者，此外，他还被人们认为是第一位天文学家。

伊本·赫勒敦不认为字母命仪中存在巫术，他也不满于命仪操作人有作弊改变结果的可能性。他认为在使用仪器的过程中没有任何的超自然能力和答案暗含在问题中的说法有点值得怀疑。[1] 但他的怀疑论并不始终如一，因为他也辩称字母命仪可以被用来当作过去事件的参考，但若是用它来预测未来则是错误、不虔诚的做法（也就是说巫术就隐藏在它的操作过程之中了）。另外，在操作的过程中貌似还暗含着神秘主义，因为提问者要先诵读苏菲派的迪克尔（*dhikrs*，颂词）。[2] 而且，按照著名苏菲主义者图尔努·米斯里（Dhu'l-Nun al-Misri）、祝奈德（al-Junayd）和阿布·亚齐德·比斯塔米（Abu Yazid al-Bistami）的说法，伊本·赫勒敦引述的冗长又极度难解的诗歌就是为了赞美和解释字母命仪。

---

1 / *Muq.*, vol. 3, p. 227.

2 / *Muq.*, vol. 3, p. 184.

可能出现何种梦境

伊本·赫勒敦把解梦看作宗教律法中的学问之一，因为它和宗教预言同类。[1] 梦境可能提供未来事件的真像，《古兰经》也对解梦持有允许的态度，在《古兰经》第十二苏拉《优素福》中，优素福准确地解释了他自己有关法老的梦。梦的预知力量在圣训中也得到了证实，伊本·赫勒敦引述穆罕默德的话，说好梦是"预言的第四十六个部分"。每个早上先知都问他周围的人是否有做梦。"他问这个问题是为了得到好消息的预兆，梦境可能会提及伊斯兰教的胜利和伊斯兰力量的增强。"[2] 梦境可以去除感官欲望的遮蔽。清楚的梦来自神，寓言性的梦来自天使，混乱的梦来自撒旦。

伊本·赫勒敦曾经参考过名为《智贤的目标》的巫师手册，其中有关梦境一章的内容名为 *"al-haluma"*。这句话是人们睡前对自己说的一句话，用来祈求在梦中看到自己所祈求的最想要的事情。"靠这些话的帮助，我自己得到了令人难以言说的梦境，我从中得到

---

1 / *Muq.*, vol. 3, p. 110.

2 / *Muq.*, vol. 3, pp. 103–104.

了自己想要知道的事情。"[1]

历史和科幻小说

对伊本·赫勒敦来说，历史是一个延续至未来的进程。

伊本·赫勒敦对历史的过去和未来的理论化处理方式，可以在二十世纪的科幻小说那里得到回响。阿西莫夫（Isaac Asimov）的《基地》三部曲包括 1951 年的《基地》、1952 年的《基地和帝国》和 1953 年的《第二基地》，它们被《时代周刊》赞誉为"现代科幻小说作品中取得最惊人成就的作品"。[2] 在 1966 年的世界科幻作品大会上，这部三部曲作品被投票评为"至今最伟大的科幻小说系列"。书名中的"基地"是心理历史学家哈里·谢尔顿（Hari Sheldon）所建立的。由于对历史规律有着深入的理解，因此他预见了银河帝国的崛起和衰落以及尾随其后长达几百年的暴力和野蛮，所以他建立了基地，表面上是保护所有人类智慧的成就，保存人类的科学和艺术（尽管是背后的长期目标是以一个维护银河秩序的力量来代替帝国）。谢尔

来自黑暗面的讯息

---

1 / *Muq.*, vol. 1, pp. 212-13.

2 / Tom Hutchinson, *Times*, November 26, 1988, p. 35.

顿认为心理历史学是"数学的分支","处理的是人类将如何凝聚在一起改善社会和经济问题"。[1]人们群体的行为是可以被预测到的。建立在数学、社会学、心理学和历史学基础上的心理历史学表现出了受到《历史绪论》的影响，汤因比的《历史研究》也同样如此。汤因比提出了一套理论，指出文明的兴起、衰弱和灭亡都特别取决于挑战和更新。阿西莫夫的三部曲著作的主题就是基地遇到了不断的挑战，并在面对挑战时渐渐变得更强了。名叫"骡子"的军阀是《基地和帝国》中出现过的人物，他的原型是对奥斯曼帝国构成了威胁的帖木儿。但是，虽然伊本·赫勒敦和汤因比对伟大的科幻小说杰作有着秘密的影响，但吉本（Gibbon）《罗马帝国衰亡史》（1776~1788）的影响力显得更明显。即便吉本的记录是回溯的，而谢尔顿的记录是预期展望的也依然如此。[2]

回到十四世纪的北非，先知、苏菲主义者、秘密传播的什叶派、得了疯病的狂人和吹牛声称知道未来

1 / Isaac Asimov, *Foundation*, *Foundation and Empire*, *Second Foundation*（New York，2010），p. 17.

2 / 关于阿西莫夫的三部曲获益于汤因比的著作，见 Michael Dirda 对 *Foundation*，*Foundation and Empire*，*Second Foundation* 三本书的介绍（New York，2010）。

的江湖骗子。人们普遍都关注未来的情形，尤其是关心世界末日，这也许这是一个充满焦虑的年代的产物。像是阿布杜－哈桑、巴库克和帖木儿这样的统治者焦虑地听从占卜者说的话。天命注定之胜利的许诺让马格里布的偏远地区出现了叛乱。人们不安地等待着具备正义和奇迹般的解决方式出现，以求解决他们所面临的社会和经济问题。中世纪的未来学说是一种政治。怪不得伊本·赫勒敦在这个话题上投入了如此多的注意力。

第八章 经济学出现以前的经济活动

伊本·赫勒敦不仅仅被描述为像是马克思、恩格斯、帕累托这样的经济思想家，也在 1981 年十月举行的一场媒体会议中被美国总统里根拿来引用，以支持他的"供应经济学"（supply side economics）。在一个政权的初期，虽然它制定低税的政策，但是仍能得到高回报。但是随着政权的恶化，它虽然制定重税，但是收入仍然越来越少。[这种税率越来越高，收入反而越来越低的现象叫作拉弗曲线（Laffer curve）。]一名北非思想家如果在十四世纪时就已经预料到美国共和党的财政政策，那将是一件多不可思议的绝妙事情啊！但是正如我们所应看到的，里根（或是他的文胆）误读了伊本·赫勒敦，更何况伊本·赫勒敦不是一个现代意义上的经济学家。

伊本·赫勒敦的确书写了大量而且内容广泛的文章讨论和经济相关的事务，这样的内容在《历史绪论》的第四章和第五章尤其多。而且要提到的是，他是中世纪阿拉伯作者中最早、几乎也是唯一讨论经济事

务的学者。在中世纪的阿拉伯语术语中，经济一词是
"*tadbir al-manzil*"，但是它的字面意思是"家政管
理"。经济动因的重要性在《历史绪论》一书中占有十
分关键的地位，因为经济需要是所有社会的基础。他
必须从几乎起跑点上开始梳理他对经济的看法。人们
聚在一起并形成各种组织来过日子。[1] 经济上的需要创
造了人类社会所有历史的基础。单一的个人是无法支
持自己的。劳动力是播种、收割、扬谷和最终烹调的
必需物。文明的基础是聚集在一起的人，他们生产大
于自己所需的产品。劳力的分工是"*'umran*"（社会或
文明）中的人们聚集后的产物。越多的人聚集在一起，
就有越多的手艺和贸易得以实现。合作可以带来剩余
产品。繁荣是人口密集的伴随产物。[2]

伊本·赫勒敦关于经济的观念总结自道德、
"*hikma*"（第四章第一段有对这个阿拉伯语词的解释）、
伊斯兰律法和个人的观察。对于道德的评断在他的考
虑中占有更重要的位置，更重于对金钱和商品流动的
观察。这里有一个伊本·赫勒敦倚重"*hikma*"的例
子，在《历史绪论》的开篇不久处，他引用《秘密的
秘密之书》中关于金钱和税收在美德循环中扮演的角

1 / *Muq.*, vol. 1, pp. 249-252.
2 / *Muq.*, vol. 2, pp. 274-275.

色（我们已经在前文中提到过了）——"世界是一个花园，王朝是花园的围栏……军队是统治者的帮手，并得到金钱的维持。金钱是所有臣民共同积累起来的食物给养"等等。[1]

但是在这个问题上对伊本·赫勒敦影响最大的貌似是安萨里的《宗教学问的复兴》（*Ihya''ulum al-din*），这部著作在宗教的语境中讨论了各种经济事务。安萨里把商业看作"*fard kifaya*"——也就是说，这是一件必要之事，但并不是所有穆斯林都有义务参与其中。他谴责囤货、流通低质量货币和赚取暴利。

价值劳动力理论

正确的经济理论必须有道德考虑的塑造，因为伊本·赫勒敦特别反对奢侈和过度，所以他不太会给统治者提供如何能让收入最大化的指导。相反，他提出的是城市繁荣兴起、衰落的循环。（令人意想不到的是，在他对经济进程的讨论中，他将自己的讨论限制在城市商业、城市手工业和城市之间的长距离贸易的范围内，居然忽略了农业和牧业经济。）劳动力带来收

---

1 / *Muq.*, vol. 1, pp. 81–82.

入，"利润是劳动的现实价值"。[1]在这里，伊本·赫勒敦貌似在讨论亚当·斯密、大卫·李嘉图和卡尔·马克思所讨论的价值劳动力理论。但是，正如我们将会看到的，伊本·赫勒敦认识到利润受到一些因素的影响，比如需求和货源不足。除此之外，拥有资产的人们也可能完全不靠劳力而获得巨大的利润。[2]（没有讨论放贷。）

刚好够维持基本生活的收入被归类为生计（ma'ash, sustenance）。超出的收入将会被用于购买奢侈品或者积累为资本。城镇和乡村中都能看到劳力的级别。城镇的人口增长，它生产"奢侈品的能力也随之增长，比如生产豪宅和华服，精美的容器和餐具，以及雇用仆人和坐骑"。[3]在大城市中甚至乞丐也比在小镇里的乞丐过得好一些。伊本·赫勒敦还敏锐地注意到富裕的地方也吸引蚂蚁、昆虫和老鼠。"神在这方面的奥秘是应该被仔细检查的。"[4]在大城镇中的工业工人或工匠得到的订单越来越多，他们也随之收取更高的价钱，而且变得傲慢。城市生活是昂贵的，太昂贵以至于贝

1 / *Muq.*, vol. 2, p. 272.

2 / *Muq.*, vol. 2, p. 284.

3 / *Muq.*, vol. 2, p. 274.

4 / *Muq.*, vol. 2, p. 275.

都因人和其他的乡村人很难积累足够的财富在城市落脚。但是像我们在现代看到的乡村贫穷人口向例如伊斯坦布尔、开罗、北京和上海这样的大都市迁移的例子，恰恰证明伊本·赫勒敦当初的这一判断是有误的。

神创造了金和银作为一切物品价值的衡量物。这些贵重金属不受市场波动的影响。[1]但是发生在当时不久的一个事件应该已经让伊本·赫勒敦改变结论了。1324年，马里的皇帝曼萨·穆萨（Mansa Musa）途经埃及去麦加朝圣，他们随行带了许多的金砂和金块，以致开罗的金价贬值成了银价水平。[2]据说先知穆罕默德曾说过这样一句话："人类终将面临一个日子，在那时候，储存第纳尔（dinars）和迪尔汗（dirhams）都没有任何用处。"伊本·赫勒敦貌似很可能也和马克利兹一样，对名叫"*fals*"（复数为*fulus*）的铜币有偏见。当伊本·赫勒敦开始讨论苏丹的铸造货币特权时，他只限定于讨论金币和银币的铸造，也就是上面提到的第纳尔和迪尔汗。在马穆鲁克的埃及和叙利亚，因为

---

1 / *Muq.*, vol. 2, p. 313.

2 / Warren Schulz, "Mansa Musa's Gold in Mamluk Cairo: A Reappraisalof a World Civilization Anecdote," J. Pfeiiffer, S. Quinn 和 E. Tucker 编辑，*Post-Mongol Central Asia and the Middle East: Studies in History and Historiography in Honour of Professor John E. Woods*（Wiesbaden，2006），pp. 428–47。

货币不符合沙里亚法规定的合法重量，他们必须要称重才能确定货币的价值。[1]

讨生活的凄惨方法

虽说商品物价应该主要由劳动力价值决定，但其他的动因也应该得到考虑。商业活动必须是合法的，而伊本·赫勒敦貌似对此特别持有怀疑态度，因为"它的习惯和做法很狡诈"而且"包含赌博的成分"。[2] 对于贸易活动，伊本·赫勒敦持有一种知识分子贵族式的轻视："商业要求从业者狡猾行事，乐于卷入到辩论中，耍小聪明，还有持续不断的争吵以及巨大的耐性。这些都是商业中的要素。它们对美德和男子汉气质是有害的，对灵魂的影响也是不可避免的。"[3] 商业是必需的，但也是可悲的。因为贸易活动的基础是时机因素，比如天气、货物短缺、涨价等，这些事情和赌博是类似的。（在伊本·赫勒敦提出这一观点的很长时间以前，法官马里克·伊本·阿纳斯曾经对买卖行为的正当性提出过类似的怀疑。）

---

1 / *Muq.*, vol. 2, pp. 54−60.

2 / *Muq.*, vol. 2, p. 317.

3 / *Muq.*, vol. 2, pp. 343−344.

各种各样的生计营生并不是本来就存在的,伊本·赫勒敦提供了一个十分古怪的拣选清单,他列举了那些并非本来就存在的营生种类,其中包括统治者、执政长官、军人、仆人和勘探宝藏的人。与之相对的是天生就有的生计营生,包括打猎、渔业、牧业、农业、手工艺和商业。他的这个清单表示出赚取薪水不是本来就有的营生。

劳动力生产出人们想要的东西,从而产生出利润。但是一般人通常不觉得自己需要宗教方面的知识,因此宗教类别的职业和学问都很可能要靠固定核发薪水,这不是一条能够依靠利润而发家致富的道路。[1]没有法官、宣读教义者、法学家和穆安津(在清真寺中呼唤信众做礼拜的人,muezzins)的话,人们也可以彼此沟通相处。宗教方面的官员和学者的确是统治者所利用的,但是他们并非像维齐尔、将军、部落首领那样有用,因此宗教人员和宗教学者的薪水并不丰厚。(人们可以感觉到伊本·赫勒敦在这里的文字充满了自己的苦涩经验。)

伊本·赫勒敦不仅对商业持有怀疑态度,他也谴责对超额资本的积累,他针对这种行为引用了一段圣

---

1 / *Muq.*, vol. 2, pp. 334-335.

训:"先知曾说:在你的财产中,你真正拥有的是吃完的食物,或穿旧的衣服,或做出的慈善捐献。"[1] 尽管地产和农场不能提供特别优渥的收入,有钱的人买地产和农场是为了这笔投资能让后代有足够的收入。但是这样的财产总是很容易被握有权力者没收,因此这样的投资"给主人带来的是伤害和艰险"。更经常出现的情形是,有钱的城市居民很容易招致贪得无厌的统治者和埃米尔们的觊觎。暴君和专横的没收成了伊斯兰社会中的规范准则,这在穆罕默德和他的正统哈里发继任者们之后就是这样了。[2]

同步出现的繁荣和人口稠密

一个城市的人口越多就越繁荣。城市的种种条件允许劳动力的专门化,如果劳动力随之生产出多过必需量的产出,就将带来利润和舒适的生活,甚至是奢侈。这对现代的经济学家来说也许是好事,但是对伊本·赫勒敦来说则绝非如此。定居文化导致多样化、奢侈、不道德、腐败和死亡。因为工人、手工艺人和专业人士的服务主要是在城市中有需求,他们也随之

1 / *Muq.*, vol. 2, p. 312.
2 / *Muq.*, vol. 2, p. 285.

变得傲慢起来。[1] 一个城镇越来越繁荣会让基本需求的价值变小，伊本·赫勒敦认为高利润会让工匠们不再像他们本应该的那样努力工作。定居居民对奢侈的渴望毁掉了城市经济。"人们以适当或不当的方式讨生活，不道德、为非作歹、虚假、耍滑头的事情越来越多。灵魂为生活而考虑，学习如何营生，用各种可能的滑头方法来达到目的。人们如今总是说谎、赌博、作弊、欺诈、不公不义和施放高利贷。"[2] 因此充满了不道德的人的城市将面临神的拷问。就像《古兰经》中说的："当我要毁灭一个市镇的时候，我命令其中过安乐生活者服从我，但他们放荡不检，所以应受刑罚的判决。于是我毁灭他们。"[3]

依靠着他对北非城市的了解，伊本·赫勒敦认为越大的城市就越富裕（但如果我们想想现代孟买、开罗或里约热内卢之类的城市的话，他的看法再次出现了偏差）。通货膨胀是城市生活不可避免的后果。[4] 囤居货物不仅是不道德的，而且对囤货人来说也是危险的，因为他存的粮食可能无法带来利润。除此之外，

---

1 / *Muq.*, vol. 2, p. 277.

2 / *Muq.*, vol. 2, p. 293.

3 / *Muq.*, vol. 2, p. 294.

4 / *Muq.*, vol. 2, p. 292.

有点神秘兮兮的是，伊本·赫勒敦一直认为这样的行为会给囤积人带来坏运气，而且他"受到钱被赚走的人们的怨气侵扰，因为人们的灵魂和他们的钱是依附在一起的，而且并不容易放开"[1]。（这里的经济理论变成了幽玄之术。）

"Jah"（级别或社会声望）和伊本·赫勒敦观念中的"阿萨比亚"几乎有相同的重要性，而且"Jah"具有经济上的影响。拥有这种社会声望的人将更容易赚钱和存钱。因为这种人的影响力和越来越多的财富能够吸引客户和别人送来的礼品。贸易商和手工艺人需要得到有社会声望者的保护，这样他们才能免于被抢劫、欺诈或是被恶意诉讼所威胁。[2]农业是最原初的营生，农民并没有很高的声望，而且他们很容易受到有权势者的影响，也很容易被课税。

伊本·赫勒敦对于参与贸易和建立起经济垄断的统治者们怀有极大的敌意。这对更广泛的经济来说有害，他引述了古波斯人的睿智做法，他们禁止统治者经营农场或贸易。他们也不能把奴隶当作仆人使用。[3]

他相信马格里布和其他地区经济的衰落主要是因

---

1 / *Muq.*, vol. 2, p. 339.

2 / *Muq.*, vol. 2, p. 286.

3 / *Muq.*, vol. 2, pp. 89-96.

为人口下降，但是他也相信有星象方面的因素，因为他相信伊斯兰世界东部更昌盛的繁荣状态是有利的星象组合在一起的结果。"在星象判断和人间文明与自然之间存在的沟通是不可避免的。"[1]认为马格里布的繁荣程度受到了黑死病到来的不利影响肯定是有道理的。但是还有别的因素是他并没有提及的，这其中包括黄金贸易路线的衰落，这条商路经过西吉勒马萨到达地中海。而且，欧洲人几乎垄断了地中海的航运。在埃及，伊本·赫勒敦并没有关注卡里米商人（Karimi merchants）从印度经红海带来香料的经济重要性。

伊本·赫勒敦并没有发明拉弗曲线

里根总统想要从伊本·赫勒敦那里获取支持的做法只是有一部分道理，因为伊本·赫勒敦的"经济"模式主要考虑的是王朝政治和道德的衰落。他并没有考虑到高税收是国家收入减少的主要原因；反而认为高税收是花销增加和收入减少的后果。一个新的朝代只收取被宗教律法所允许的税：天课（zakat）、人头税（jizya）和地产税（kharaj）。新的朝代拥有在沙漠

---

1 / *Muq.*, vol. 2, p. 282.

中形成的道德态度，包括尊重他人的财产，对侵占财产没有兴趣。在这种情形下百业待兴，但是城市生活会给统治阶层带来精致和奢侈的品位。除此之外，统治者还要招募和雇佣武装力量来代替他曾经从部落战士那里得到的支持。所有的这一切都导致增税和随意增加税目。当关税增加，人们就变得不愿意从事贸易，或是开始从事其他形式的工作，所以税收就减少了。王朝也变得衰弱，无力从偏远地区收取税金。有时候统治者甚至用刑来逼迫他的官员和收税人交出他们所私藏的税收。这就和前面的种种弊端一样不可取，在伊本·赫勒敦的眼中，统治者应该在他的控制之下建立起政府垄断和对商品物价的政府操控。[1]在王朝的生命循环的初始，统治者把他的大部分收入分配给支持他得到权位的各个部落。后来，统治者开始寻求把收入留给自己和他的宫廷圈子。在生命循环的最后阶段，大量的钱都不得不花费在镇压叛乱和反对者上。

伊本·赫勒敦至少含蓄地认为并非被宗教律法规定的所有税收都是非法的。在对"受到钱被赚走的人们的怨气所侵扰的"囤货人做出评论后，伊本·赫勒敦回忆到他的伟大老师阿比里曾经告诉他有一个菲兹

---

1 / *Muq.*, vol. 2, pp. 89-96.

城的大法官，此人和阿比里很熟，他曾得到用税收来替代他薪水的选择。这位法官选择给酒征税。当他的朋友对他选择如此不道德的收入来源表示震惊时，他解释道："所有的税金都是被禁止的。因此，我选择不受支付人灵魂困扰的税目来收。很少有人会花钱买酒，除非他是同性恋者或是酒鬼，且他们对此毫不悔改。因此他的灵魂不会依附在他所花的钱上。"伊本·赫勒敦在这里补充说，"这实在是非凡的观察"。[1]（所以说经济理论再次滑入了幽玄之术。）

恩格斯和伊本·赫勒敦

恩格斯很明显阅读过伊本·赫勒敦著作的翻译版本，并将他呈现为一个支持马克思主义者的人，也持有东方学者所持有的伊斯兰社会落后的叙述：

> 伊斯兰教适合东方，尤其适合阿拉伯人，也就是说，一方面，城市居民从事商业和工业，在另一方面的是游牧的贝都因人。在这里存在周期性的冲突。城市居民越来越奢华和铺张，在"律

---

1 / *Muq.*, vol. 2, pp. 259-260.

法"上十分松懈。贝都因人生活贫穷，因而作风简朴，他们胸怀嫉妒和欲望地注视着城里人的富裕和享乐。他们在先知马赫迪的指引下团结在一起，惩罚信仰不忠的人，重新建立起礼节规范的法律和真正的信仰，作为补偿的方法，他们占有信仰不忠诚者的财富。一百年后，他们也慢慢地变得和他们之前的人一模一样；需要有新的净化；一名新的马赫迪出现，旧有的游戏规则再次上演。所以自穆拉比特人的征服战争和非洲穆瓦希德王朝在西班牙的战争，一直到最新的喀土穆的马赫迪（Mahdi of Khartoum）……这些事情都是一样的，或者说和波斯及其他伊斯兰土地上的动荡非常相近。这些运动虽然披着宗教的伪装，但是从最开始就是由经济原因所导致的。但是，即便他们成功了，经济条件仍然原封不动。因此一切都没有变化，上述的冲突成了周期性的现象。和它发生对比的是，在基督教的西方，起义造反的宗教伪装只是一个旗号，它是攻击处于崩坏过程中的社会秩序的面具：到最后，秩序被推翻；新的秩序出现；世界处在向前发展的进程之中。[1]

---

1 / Friedrich Engels, *Die Neue Zeit*, 1894/5, 被引述在 Ernest Gellner, *Muslim Society*（Cambridge, 1981）, p. 46。

伊本·赫勒敦当然不会认为伊斯兰教是经济欲望的伪装，他可能会觉得恩格斯基于历史进程的经济观点十分难以理解。

曾经在阿拉伯，世界经济并不被认为是一门学问，很少有学者着墨于这一话题并完成专著。正如我们已经看到的，马克利兹讨论高物价、饥荒和铸币的作品受到了伊本·赫勒敦强烈的影响。马克利兹的经济著作中采取了反对马穆鲁克的论证形式，他一度提出：只有一件我们不用缴税的事情，那就是呼吸。叙利亚人阿萨迪（al-'Asadi）在后来的十五世纪（我们没有准确的日期）中写了一部专著来讨论埃及和叙利亚经济的病症，这本书名为《便利与操控》（*Al-Taysir wa'l-i'tibar*），在书中他批评了重税、垄断和马穆鲁克政权的腐败。过度收税会迫使农民放弃土地。和马克利兹相似，他也拥护符合宗教规定的金银硬币。在他写作的时候，低质量的硬币是靠称重量而不是面值来进行交易的。[1] 所有这一时期书写经济内容的作者，

---

1 / Subhi Y. Labib, "Al-Asadi und sein Bericht über Verwaltungs- und Geldreform im 15 Jahrhundert," *Journal of Economic and Social History of the Orient 8*（1965）, pp. 312-316; John L. Meloy, "The Privatization of Protection: Extortion and the State in the Circassian Mamluk Period," *Journal of Economic and Social History of the Orient 47*（2004）, pp. 195-212.

包括伊本·赫勒敦、马克利兹和阿萨迪在内，都攻击了统治政权对经济的干预，但是只有伊本·赫勒敦成功地将他以道德和宗教为基础的经济观念放在了社会或文明（*'ilm al-'umran*）的学问范畴中加以讨论。

第九章　**伊本·赫勒敦的谋生之道**

教书与写作

后来的马穆鲁克历史学家、传记作者萨哈维（Al-Sakhawi）曾记录说伊本·赫勒敦的教学方式和当时的同代人不同。[1] 虽然伊本·赫勒敦的职业生涯中有很长时间是在从事政坛事务和写作，但是他一辈子中有更长时间是在教学。因此在《历史绪论》的最后一章中，他不可避免地谈到了很多他对教学法原则和实践的看法。许多阿拉伯作者都在先前对这个题目有过论述，其中最引人注目的是伟大的公元九世纪的随笔、散文作家贾希兹（al-Jahiz）。他在作品《教师之信》（*Risala fi mu'allimin*）中提出，对心算法和写作的训

---

1 / Al-Sakhawi, *Daw'*, vol. 4, pp. 148–149.

练是最重要的。令人有些惊讶的是，这位文风优雅又饱学的作者把心算放在比写作更前面的位置。另外，他认为学生不应该以牺牲学习内容更广泛的知识为代价去学习风雅的文体和语法知识。[1]

年轻的伊本·赫勒敦大概是在家接受他父亲和许多突尼斯学者的教育。后来，当马林王朝的阿布杜-哈桑带着随从学者们进入了突尼斯城后，伊本·赫勒敦的知识视野被大大地扩展了。他所接受的教育形式是一对一教育和以小组讨论为基础的。虽然他的学习持续了一生，但是他却从来没有去过马德拉沙中接受教育。年轻的伊本·赫勒敦从一个老师那里换到另一个老师那里，获得不同老师核发的出师证明（*ijazas*，证明他已经从某一位老师那里掌握了这位老师的知识并且可以教授别人这些知识的证书）。在这种教育方式中，一本书的内容必须要被作者本人，或者被授权指导学生学习这本书的人发表了评鉴后，才能被视为学生完全掌握了这本书的内容。教学通常是由对教授内容的口授和评论混合而成的。当时人们对于知识的书面传播怀有广泛的偏见。阿拉伯语单词"*tadris*"的意思是"学习"，但是它通常是指对宗教律法的学习。在

---

1 / Charles Pellat, ed. and trans., *The Life and Works of Jahiz* (Berkeley and Los Angeles, 1969), pp. 113–114.

教育中，延续性是重要的一点。教育是把已知的知识代代相传的一件事，但是最初的知识会在传递过程中有所折损。

虽然安达卢西亚学者阿布·巴克尔·伊本·阿拉比（Abu Bakr ibn al-'Arabi，卒于1148年，请勿将他和十三世纪的苏菲主义者伊本·阿拉比相混淆）曾辩称小孩应该学习《古兰经》之外的文本，因为《古兰经》太难，伊本·赫勒敦遗憾地认为这样的说法是不太可能的，因为北非的家长们都是坚持从《古兰经》中教授阅读的技巧，而且相信对神圣文本的学习能够给他们带来救赎。他认为，安达卢西亚的教学大纲过度看重对文体的掌握，反而忽视了宗教上的学习。对宗教知识和"*hikma*"的学习应该是优先考虑的。[1]这些学问包括逻辑、哲学，算术是辅助学科，一个人如果花太多时间在这些学问上就有可能是在浪费时间。当然，《古兰经》肯定是所有教育的基础。但是，虽然北非的儿童教育过于狭隘，只关注《古兰经》，但是伊本·

---

1 / 如前文所述，"*hikma*"这个词有各种十分精巧的词义，它可以被翻作"智慧"，或者"防止某人的无知行为"。"*hikma*"这个词描述了不是从《古兰经》和圣训中发展出来的各门科学。它也常常用于形容充满格言警句、睿智的建议和提供君王、先贤和哲学家的生平故事以教诲世人的文体。——译者注

赫勒敦在原则上貌似喜欢学习诗歌、哲学和算术，他把这些能力看作之后接触神圣文本的准备功课。[1] 先知穆罕默德有一句圣训教导穆斯林"学问即便远在中国，也要往而求之"。伊本·赫勒敦在北非和安达卢西亚各处留下了自己的足迹，之后动身去往埃及寻找老师。像是阿比里或伊本·马祖克这样的北非学者们，他们曾向东到麦加、开罗、大马士革或巴格达求学，他们都从留学这件事上获得了很高的声望。

书籍太多，口头传授才是最好的

口头传授是知识传授的基本形式。伊本·赫勒敦并不赞扬书籍是传播知识的载体，而认为书籍是学生必须揭去的一层纱，只有这样才能真正理解所学的事物。[2] 一叠又一叠的评述文章和精简版实际上是学问的障碍。简明的手册是尤其有害的（尽管事实是，他在年轻的时候也写过这样的简明手册）。到十四世纪为止，已经有太多的书了，他声称光是把马里克派法律著作的评述文章读完就需要一辈子时间了。阿拉伯语文献学也是同样的状态。

---

1 / *Muq.*, vol. 3, pp. 300–305.
2 / *Muq.*, vol. 3, pp. 316–317.

对教师来说，教学的最佳方式是将一个学科中出现的问题先加以简化，然后再一遍又一遍地复习，每一次复习都加深深度。学生不能立即面对那些复杂艰涩的问题，而是应该循序渐进地慢慢接触。一次只处理一个学科。逻辑虽然不是严格必需的，但可能是对学习有用的工具。而且过于依靠逻辑是有危险的。有一些人"相信逻辑是认识真理的自然而然的方法。他们在证据中出现怀疑和不安时开始变得困惑，他们几乎不能从怀疑中自拔"[1]。来自神的启发将比指导更有力地影响学生的理解力。

伊本·赫勒敦避免了对作为教育机构的马德拉沙和罕卡的讨论。他也没有讨论清真寺附设的学院所扮演的角色，这种学院给学生提供奖学金和住宿的院子，比如位于菲兹、和凯拉维因清真寺紧挨着的著名学院。伊本·赫勒敦貌似是厌恶马德拉沙里过于严格的课程。

《历史绪论》一开始就有关于哈查吉·伊本·优素福（al-Hajjaj，约 611~714）出身起源的有趣讨论。在倭马亚王朝哈里发的统治时，哈查吉被擢升为伊拉克、呼罗珊和西吉斯坦（Sijistan）的省长。他在任内以残忍和雄辩口才闻名。更早期的历史学家们曾经表

---

1 / *Muq.*, vol. 3, p. 298.

达过他们对他父亲的地位出身的惊讶。他的父亲是一个老师，事实上伊本·赫勒敦承认老师们"孱弱、贫穷、无根基"。在此要先声明，虽然这是伊本·赫勒敦所处时代的状况，但是并非伊斯兰最初几百年中的状况。（过去的一切都更好。）当时的学术不仅仅是一种能力。先知曾依靠他最亲近的同伴们传播伊斯兰的教导。哈查吉本人也教授《古兰经》，他并不将此看作卑微的谋生方式，反而当作一份神圣的职业。[1]（顺便提一句，几百年后学校教师的低阶地位可以从《一千零一夜》中的几个故事那里得到确定。）

背诵的优点和诗歌的卓越

对阿拉伯语言和文学的精通掌握需要大量的背诵记忆。一个人背诵得越多，他的记忆量就越大。最好是背诵那些在伊斯兰最初几百年中创作的文章和诗歌，而不是花力气背诵那些后来的质量不及的作品。对背诵内容的学习和背诵的习惯可以塑造灵魂。[2]在这里我可以引述我在别处提出的句子："伊本·赫勒敦，他记载在安达卢西亚教授阿拉伯语的工具是诗歌而不是

---

1 / *Muq.*, vol. 1, pp. 58–60.

2 / *Muq.*, vol. 3, pp. 392–398.

《古兰经》，他鼓励诗人们能够以背诵前代伟大诗人作品的方式来训练自己的诗歌才能，尤其是背诵那些被收录在《歌之书》（*Kitab al-Aghani*）中的作品。伊本·赫勒敦相信人们具有记忆的能力；人们背诵记忆的能力越好，灵魂就越好。对伊本·赫勒敦和他的同时代人来说，背诵记忆是创造力的来源，而不是枯燥的办法。"[1]

《歌之书》的编纂者是阿布·法拉吉·伊斯法哈尼（Abu'l-Faraj al-Isfahani，897~约972），这部诗集最初收集了一百首在哈伦·拉施德的宫廷中传唱的诗歌和这些诗歌的评论，但是随后范围扩大到了哈里发、诗人、音乐家创作的诗和阿布·法拉吉喜爱的诗。这部作品是了解阿拔斯哈里发帝国文化丰碑的绝佳入门书。按照伊本·赫勒敦的想法，这样的文学杰作是无法超越的："（阿布·法拉吉）涉及了全部的历史、诗歌、地形学、战争日期和阿拉伯人王朝的内容。"[2]

伊本·赫勒敦虽然相信一个人背诵记忆的能力越好，他的灵魂也会越好，但是他曾经向伊本·哈提布承认说他在年轻时背诵了太多错误的诗歌、诗引子等，所

1 / Robert Irwin, *The Penguin Anthology of Classical Arabic Literature*（London，2006），p. 355.

2 / *Muq.*, vol. 3, p. 341；对比 pp. 366-367.

以他怎么也不会成为一个好诗人。[1]但他的确也写诗，因为在中世纪的伊斯兰世界，诗歌是国家政治事务的一部分。他和他的对手们都会通过写诗向君主推荐自己和自己的政策，当然了，他们也会写诗来赞美君主和其他达官贵人。比如说，在埃及时，伊本·赫勒敦想要重新获得势力强大的埃米尔阿图布哈·祝拜尼的好感，因此他写了一篇十二页的长诗来赞美祝拜尼。虽然他这么做过，但他仍然批评以写诗来争取或祈求好感的行为。[2]

诗歌中蕴含着语言学和各种其他技能的信息。在学习诗歌的过程中，学生会学习到语法、遣词和雄辩修辞的技巧。对这些领域的知识的熟练掌握对于伊斯兰法律专家的教育来说是核心内容。诗歌不仅具有文学上的意义，用写诗的方法来创作有韵律的读本，以这种方法来帮助学习者背诵法律和哲学题目是一种十分常见的方式。

《历史绪论》认为诗歌和政权一样，也会有起有落。阿拉伯语诗歌的全盛时期是在伊斯兰时代以前，那时候住在沙漠中的阿拉伯人除了作诗之外，很少有别的更重要的事情。"他们把诗歌看作记录他们历史的档案，也是智慧和荣誉的象征，是自我表达能力的试

---

1 / *Muq.*, vol. 3, p. 396.
2 / *Muq.*, vol. 3, p. 411.

金石……但是，阿拉伯人除了诗歌以外并不知道其他事情，因为在当时，他们没有科学也没有工艺。"[1]（这早就不是伊本·赫勒敦第一次用浪漫化的观点看待阿拉伯半岛粗野朴实的贝都因人了。）

随着伊斯兰教的兴起，知识精英开始分心于神学和法律，但是一旦具备了这些方面的知识，他们马上又把心思放在作诗上，随之带来了阿拔斯王朝诗歌的黄金年代。但是，在这之后，新的一轮衰落就开始了。伊本·赫勒敦对他同时代人使用的 "badi'" 持有特别的批评态度，这个词的字面意思是 "新"。从公元九世纪以降，这个术语被用来称呼一种新的简练风格的诗歌，这种诗大胆地使用各种隐喻、双关语和对仗。到十四世纪为止，这种诗歌已经发展完备，但仍被叫作"新诗"。（但是伊本·赫勒敦用 "'ilm al-badi'" 的术语指代和修辞相关的学问。）[2]

伊本·赫勒敦对诗歌的讨论延伸成了对他喜欢的诗作的佳作选集。其中包括当时的贝都因诗歌（大量这种诗歌来自希拉尔部落的诗人圈子。他们把十一世纪中叶阿拉伯入侵艾非齐亚的类神话故事描绘得十分辉煌精彩）。这些诗句的内容时而自夸，时而悲伤或

---

1 / *Muq.*, vol. 2, p. 402.

2 / *Muq.*, vol. 3, pp. 336–337.

好辩，也常常晦涩难懂。[1]伊本·赫勒敦还选取了来自西班牙的"*muwashshah*"（穆瓦沙）和"*zajal*"（扎加勒）体裁的诗歌。这些诗歌类型不是传统型的创作。穆瓦沙体是一种由五个部分组成的分节诗体（strophic poetic form）。（伊本·哈提布曾编纂过一本名为 *Jadaka al-ghaith* 的穆瓦沙体诗集，以流放中的怀旧情怀为主题。）伊本·赫勒敦所精选的一些穆瓦沙体诗歌主要表现的是爱和与之相关的忧伤。扎加勒体比穆瓦沙体更长，也更为白话，有不同的格律组合。伊本·赫勒敦提到了这种诗歌格式在普通人中更为流行。

修　辞

阿拉伯语"*bayan*"可以被翻译为"风格"。"'*Ilm al-balagha*"是修辞，或是"雄辩之学"。伊本·赫勒敦在《历史绪论》的第六章里讨论了这门学问。[2]他对他的母语感到十分骄傲："阿拉伯语博大精深。阿拉伯人对各种情况都有专门的表达方式，而且对元音结尾的使用也完美又清晰。"在一本以讨论历史发展背后的历史原则为出发点的论著中，讨论初级句法和风格

---

1 / *Muq.*, vol. 3, pp. 415–420.

2 / *Muq.*, vol. 3, pp. 332–339.

的学习是有些不合适，作者辩称阿拉伯语"比其他的语言更精练准确"。[1] 他相信最纯粹的阿拉伯语形式是穆达尔（Mudar）部落曾经使用的阿拉伯语，这个部落是在前伊斯兰时期位于阿拉伯半岛北部的部落，据说先知的古莱什部落是这个部落的后代。但是在几百年的时间里，阿拉伯语形式受到了腐蚀，这是因为它混合了非阿拉伯语言的元素。对风格（*bayan*）的学习是一种奢侈，它在伊斯兰世界的东部被更多地研究学习，因为在那些地方有更大和更繁荣的城市。

伊本·赫勒敦赞扬了四部处理文学的"学问"的作品，它们分别是伊本·库泰巴（Ibn Qutayba，828~889）的《秘书指南》（*Adab al-Katib*）、穆巴拉德（al-Mubarrad）的《完美之书》（*Kitab al-Kamil*）、贾希兹的《雄辩与阐释之书》（*Kitab al-Bayan wa al-Tabyin*）和阿布·阿里·卡里·巴格达迪（Abu Ali al-Qali al-Baghdadi）的《好奇心之书》（*Kitab al-Nawadir*）。[2] 伊本·库泰巴的上述作品是一本让书记人员使用的文献学指南。穆巴拉德是一名语法学家和文献学家，他的《完美之书》主要是关于前伊斯兰时代诗歌的。贾希兹的上述作品是一本列举修辞例子的故事汇编。阿

---

1 / *Muq.*, vol. 3, p. 342.

2 / *Muq.*, vol. 3, p. 340.

里·卡里的作品是一本前伊斯兰时代诗歌、词典编纂和十世纪的语法指南。但是对伊本·赫勒敦来说，更重要的是养成说优雅阿拉伯语的习惯，也许通过和贝都因人生活在一起来学习，比仅仅知道阿拉伯语的基本规则更好。在先前的几百年中，贝都因人没有写语法作品的需要。与之产生对比的是城市人所说的阿拉伯语，当然了，很可能是非常差劲的。

伊本·赫勒敦身上有一种身为教师对精致、浮夸辞藻的厌恶，尤其是对官场文书中用到的词汇。在十二世纪，萨拉丁的秘书伊马达丁·伊斯法哈尼（Imad al-Din al-Isfahani）曾让一种特别浮夸的行文风格变得流行起来，这种风格在伊斯兰世界的东部得到了广泛接受。但是伊本·赫勒敦描述他为一名低等作家。[1]

在现代阿拉伯语中，"*adab*"可以被简单定义为"文学"，但是在中世纪时，这个词有更广泛的意思。伊本·赫勒敦将"*adab*"定义为"对诗歌和阿拉伯人历史具备专家水平的知识，同样还掌握各门学问的一些知识"。[2]然而"*adab*"也被用于表示概括的文化、态度或行为举止。有"*adab*"天赋的人常常被认为拥有领导的能力或者经历奇特。因此，中世纪的"*adab*"

1 / *Muq.*, vol. 3, p. 393.

2 / *Muq.*, vol. 3, p. 340.

概念和"文学"之间不存在简单的完美对等。"*adab*"
尤其和书记官与饮伴的文化相关。

伊本·赫勒敦对语言的使用

《历史绪论》中的词汇和作者对词汇的使用方法
是十分值得研究的话题。对于历史著作来说，风格是
主要的写作工具。爱德华·吉本、麦考利勋爵（Lord
Macaulay）、休·崔沃－罗珀尔和霍布斯鲍姆对英国
的读者来说，他们的写作风格可能不仅仅是表达他们
历史观点的载体，实际上更是他们作品的引擎。写作
风格传达文意，塑造想法。如伊本·赫勒敦一样，爱
德华·吉本也喜欢抽象。[1]但是伊本·赫勒敦并不那么
倾向于使用修辞来说服读者，他也不会用详尽的描述
来让读者想出过去城市和纪念物的样子。伊本·赫勒
敦没有吉本那种顽皮的幽默以及对讽刺和剧情突然转
折的嗜好。吉本的目标是在句子和章节的结构中创造
出悬念。他对揭示历史事件中主角们的心理状态很感
兴趣，而伊本·赫勒敦则设想那些主角们是更宏大的
社会驱动力的受益者或受害者。

---

1 / J. W. Burrow, *Gibbon*（London，1985），pp. 97–98.

在阿拉伯世界，人们广泛认同《古兰经》中的语言提供了最好的风格范本，伊本·赫勒敦也持有这种传统的观点。然而他本人的风格则比较不那么强势有力，他的语言不如《古兰经》那么妙语连珠。普遍来说，风格和修辞方面的大师总是来自阿拉伯世界的东部（埃及、叙利亚和伊拉克）。正如我们已经注意到的，伊本·赫勒敦曾把巴格达历史学家马苏第描述为"历史学家中的领先者"，而且马苏第的历史著作《黄金草原与珠玑宝藏》也是《历史绪论》和《警示之书》的范本之一。但是马苏第的作品具有高度文学性并寓教于乐，他的编年史作品中到处都有令读者手不释卷的插叙文字，伊本·赫勒敦的写作则只是要提出指导。他只是偶尔才在文章中使用繁复的语言和修辞，比如说，被广泛引用的关于黑死病的肆虐和开罗的辉煌的段落。虽然他夸耀自己的文学风格，但是这种自夸是中世纪阿拉伯作家的例行公事，不管他们是否善于写作都要如此。

伊本·赫勒敦所抱持的平实叙述风格可能有时候是以他的演讲内容为基础的。他从不会犹豫是否要重复他的观点以确保读者们能够明白他写的内容。"*Malaka*"的意思是"重复"或"精通"。《历史绪论》中有许多的重复，这也可能是将演说内容转移到书面上的结果，对文献的交叉参考可能是造成重复的另一个原因。当他要表达个人的观点时，他常常以"也许"（*rubbama*）起头。

宗教上的祈愿和对《古兰经》经文的简要引述，

对于现代的西方读者来说几乎是看不到的，但是这样的情形在《历史绪论》中随处可见，而且冗长的祷词也是严肃认真的，它的作用就像是标点符号的延伸，标志着每个部分的结束："那些迷误者得不到任何人的指引"；"神是下决定的，没有什么能够改变神的决定"；"这就是神让祂的创造物运行的方式"；"神对众世界是无所求的"；"神决定黑夜和白天"。

罗森塔尔和吉本赞扬伊本·赫勒敦的写作风格（虽然他们貌似对他的风格有不同的看法），但是西尔韦斯特·德·萨西（Silvestre de Sacy）认为他的行文十分难以通畅地阅读，因为它常常省略必要的连接词，有时候也从一个话题跳到另一个话题去。文森特·蒙泰伊（Vincent Monteil）在二十世纪时将《历史绪论》翻译成了法语，他认为伊本·赫勒敦的行文太过冗长，并评论说："这样的行文并非出自大师之手。"[1]（西尔韦斯特·德·萨西、吉布、罗森塔尔和蒙泰伊将在下一章中加以讨论。）现代学者们不仅对他行文的方式有不同的看法，也对伊本·赫勒敦在作品中表达的意思和具有的重要意义有着截然不同的论断，我们将在下一章中探讨这些分歧。

---

1 / Vincent Monteil, "Introduction" to Ibn Khaldun, *Discours sur l'histoire universelle* (Beirut, 1967) , vol. 1, p. xxx.

第十章 《历史绪论》的不凡后世

人多，意见也多。

除了显而易见的事实表明他做过一段时间的体力活，他吸鼻烟，他是共济会成员，他在中国待过一段时间，以及他最近写了大量的文字，我能说出的就是这些了。

——柯南·道尔，"红发会的故事"

伊本·赫勒敦对那些在马穆鲁克苏丹国、安达卢西亚和马格里布编纂历史著作的同时代人和直接后辈们的影响力很小。很少有马格里布的历史学家阅读和使用过《历史绪论》。十五世纪的安达卢西亚学者伊本·阿兹拉克（Ibn-Azraq）在他的作品《政治思想》（*Bada'i 'al-silk*）中引用了许多伊本·赫勒敦的作品，这是一本论述政治事务的专著，尽管探究了关于伊本·赫勒敦的事实和见解，但是也没有注意到他潜在的方法论。[1] 伊本·

---

1 / Ahmed Abdesselem, *Ibn Khaldun et ses lecteurs* (Paris, 1983), pp. 17-37.

赫勒敦并没有形成赫勒敦式的历史学派，而且他的作品完全被阿拉伯世界遗忘了。在十六世纪的早期，摩洛哥学者利奥·阿非利加努斯（Leo Africanus）被海盗俘获并在意大利改宗了基督教，此后他曾试着把伊本·赫勒敦介绍给西方世界，他在 1550 年以意大利语出版的著作《非洲概述》（*Description of Africa*）中引述了伊本·赫勒敦，但是没有成功引起西方的注意。

最早开始严肃认真地赞赏伊本·赫勒敦的是奥斯曼帝国的突厥人。《历史绪论》的抄本很可能是 1517 年苏丹塞利姆（Sultan Selim）征服马穆鲁克埃及时被带回了伊斯坦布尔。十六世纪，奥斯曼帝国在各条战线上都进行着成功的扩张。一个世纪后，有突厥知识分子开始对奥斯曼帝国统治的永久性提出了怀疑。1653 年，也被人称为哈吉·哈里发（Hajji Khalifa）的学者卡提布·切勒比（Katib Çelebi）在其著作《书名解惑》（*Kashf al-Zunun*）中引述了伊本·赫勒敦的著作。这是一本列入了 14500 本阿拉伯语、突厥语和波斯语书名的图书目录。他也完成了一部备忘录，名为《矫正缺点的行动准则》（*The Rule of Action for the Rectification of Defects*）。这份备忘录勾勒出了政权的自然生命循环：崛起、停滞和衰落，这也正是伊本·赫勒敦式的运行循环。卡提布·切勒比认为奥斯曼帝国已经显现出了衰老的病症。在他之后还有纳伊玛（Na'ima，？~1716），他是切勒比的学生，也是一名历史学家，他编纂了一本开宗明义探讨社会崛起和衰落的历史书，在他的讨论中，他向伊本·赫勒敦表达了无上敬意，说他是"最伟大的历史学家"。宫廷占星师（*Münejjimbashi*）阿赫玛德·伊本·鲁特法拉（Ahmed ibn Lutfullah，？~1702）也在历史理论上高度依赖伊本·赫勒敦。不像伊本·赫勒敦，突厥人充满希望地试图让政权衰落的进程被终止。1749年，《历史绪论》的前五章被担任伊斯兰谢赫（Shaykh al-Islam）的皮里扎德·穆罕默德·埃芬迪（Piri-zade Mehmed Effendi）翻译成突厥语。[1]1805年至1848年统治埃及的穆罕默德·阿里（Muhammad'Ali）阅读了伊本·赫勒敦的著作并且再次将其翻译成突厥语。和马基雅维利的著作与拿破仑的战争记录一起，伊本·赫勒敦的社会思想也在塑造穆罕默德·阿里的治国方式中扮演着一定的角色。

伊本·赫勒敦在巴泽勒米·德伯洛特（Barthélémy d'Herbelot）的《东方全书》（*Bibliothèque orientale*,

---

1 / Bernard Lewis, "Ibn Khaldun in Turkey," *Islam in History*, pp. 233-236; Cornell Fleischer, "Royal Authority, Dynastic Cyclism and 'Ibn Khaldunism' in Sixteenth-Century Ottoman Letters," *Journal of Asian and African Studies 18* (1983), pp. 198-219.

1697 年首次出版）中被简单提到过，这部作品的编纂高度利用了卡提布·切勒比的《书名解惑》。在标题"伊本·赫勒敦的历史"（Tarikh Ebn Khaledoun）之下，读者可以看到"这是一个对历史有强烈好奇心的人的故事"的评论，这样的说法足够准确，但是这个条目也说伊本·赫勒敦来自哈达拉毛地区，在阿勒颇称为大法官，被帖木儿俘获至撒马尔罕，在伊斯兰历的 808 年去世。这里至少他的死亡日期是准确的。[1]

《历史绪论》是被伟大的东方学家西尔韦斯特·德·萨西和约瑟夫·冯·哈默－普格斯陶（Joseph von Hammer-Purgstall）于十九世纪初适时发现和出版的，编辑和翻译的工作主要是德·萨西的两个学生夸特梅勒（Quatremère）和德·斯雷（De Slane）完成的。虽然西尔韦斯特·德·萨西最初是在他的佳作选集中出版了《历史绪论》的小段翻译内容，但是哈默－普格斯陶很可能是最先发现了对伊本·赫勒敦之讨论的人。这一点要归功于他对突厥人历史学家作品的广泛阅读。

约瑟夫·冯·哈默·普格斯陶（1774~1856）是一名奥地利人，他最初的职业是一名在东方国家的口译者。后来他继承了头衔和一座在施蒂里亚（Styria）的

---

1 / Barthélémy d'Herbelot, *Bibliothéque orientale*（The Hague, 1772–1779）, vol. 3, p. 414.

城堡，此后他就开始全力献身于学术事务之中了。他最著名的作品是多卷本的奥斯曼帝国历史书。他是一名多产而粗心的突厥语、波斯语和阿拉伯语译者。哈默－普格斯陶对伊本·赫勒敦的印象有误，以为他是柏柏尔人（德·萨西也这么以为），但是考虑到伊本·赫勒敦对柏柏尔人的热忱，这也算是可以理解的错误了。[1]

在《希吉拉历最初三百年后的伊斯兰衰落》（*Uber den Verfall des Islam nach den ersten drei Jahrhundertender Hidschrat*）中，哈默－普格斯陶称伊本·赫勒敦为"阿拉伯人的孟德斯鸠"，这个标签将一直被后来的评论者们保持着和讨论着。[2]实际上，把伊本·赫勒敦和孟德斯鸠相比的确有一些道理。孟德斯鸠最著名的作品莫过于《论法的精神》（1748），这本书对世界上各种各样的社会组织和政府立法的动因做了调查，同样也探究了法律如何对国家的构成和持续起作用。孟德斯鸠特别强调自然环境和气候对塑造

---

1 / Joseph von Hammer-Purgstall, "Notice sur l'Introduction à la connaissancede l'histoire, célèbre ouvrage d'Ibn Khaldoun," *Journal Asiatique*, 1st ser., vol. 1（1822）, pp. 267-278; vol. 4, pp. 158-161.

2 / Hammer-Purgstall, *Uber den Verfall des Islam nach den ersten drei Jahrhunderten der Hidschrat*（Vienna, 1812）, p. 360.

一个文化所起到的作用（正如伊本·赫勒敦在《历史绪论》的第二篇序文中讨论的那样）。孟德斯鸠还写了《罗马盛衰原因论》（*Considérations sur lescauses de la grandeur des Romains et de leur decadence*，1734），在这本书中，他探究了罗马帝国灭亡背后隐藏着的社会原因。随着国土面积和经济的增长，罗马人的政府也不断扩张，其灭亡是因为过度扩张带来的腐败。他希望在这件事中找到具有普遍关联性的历史原则和教训。[1]一位在1820年代在巴黎读书的埃及人塔塔维（al-Tahtawi）做出了如下报告（可能是讽刺）："在法国人中间，孟德斯鸠被看作欧洲的伊本·赫勒敦，而伊本·赫勒敦在东方则被看作东方的孟德斯鸠或伊斯兰的孟德斯鸠。"[2]

法国人的解读和法国殖民主义

哈默－普格斯陶和西尔韦斯特·德·萨西保持着

---

1 / 关于 Montesquieu，见 Alain Grosrichard，*Structure du sérail*（Paris，1979）；Jean Goldzink，"Montesquieu，" in *Dictionnaire*，pp. 742–744。

2 / Rifa'a Rafi'al-Tahtawi，*An Imam in Paris: Account of a Stay in France by an Egyptian Cleric*（*1826–1831*）（London，2011），p. 296.

紧密的学术联系，但是他并不总是同意后者的观点。
是西尔韦斯特·德·萨西最先出版了《历史绪论》的
节选。塔塔维对德·萨西德的描述是，"他在法兰克
人中间因为对东方语言，尤其是阿拉伯语和波斯语的
了解而闻名……他是巴黎的重要人物之一，也是法国
和其他国家一些学术团体的成员"。虽然塔塔维赞扬
了德·萨西阅读和翻译阿拉伯语的能力，但是他也注
意到他无法说阿拉伯语，"除非他有书在手上"。[1] 西
尔韦斯特·德·萨西的确是一个重要人物，他是东方
语言专门学校（Ecole spéciale des langues orientales
vivantes）的教授。这个学校创立于 1795 年，目的是
推广国际商业和外交。但是，尽管有种种功利主义的
目标，德·萨西看上去对当代的日常语言并不感兴趣，
而是喜欢将《古兰经》和《一千零一夜》中的语言用
法当作自己的教学文本的基础。自 1785 年起，他是
法兰西文学院（Académie des inscriptions et belles-
lettres）的成员和法国亚洲学会（Societ. Asiatique）的
创始人之一（1822 年）。他编辑了哈里里（al-Hariri）
的名作《玛卡麦》（Maqamat），并完成了一部关于
古典阿拉伯语语法的著作。他偶尔还把官方文件翻

---

1 / Al-Tahtawi, *An Imam in Paris*, pp. 189-190.

译成阿拉伯语，并在 1832 年成为世袭贵族（Peer of France）。虽然在他之前，还有其他对东方的知识十分博学，尤其是了解伊斯兰的语言和文化的人，但是西尔韦斯特·德·萨西是学院化东方学研究的真正奠基者。不仅是在法国，在整个欧洲范围内的下一代重要东方学家都曾做过他的学生。

西尔韦斯特·德·萨西在他的《阿拉伯辑要》（*Chrestomathie arabe*）中将伊本·赫勒敦介绍到了欧洲，其中有许多带有解释文字的《历史绪论》翻译，这些内容介绍了历史的优越和潜藏在历史背后的原则，介绍了处在哈里发权威之下的地方和各种皇室的徽章和书法艺术。按照德·萨西的说法，《历史绪论》"在黎凡特地区享有盛誉，事实上也名副其实"。他在前言部分的释文处附上了伊本·赫勒敦的生平简历，引用了卡提布·切勒比对伊本·赫勒敦的误记，说他是阿勒颇的法官，被帖木儿俘获去了撒马尔罕。除此之外还引述了其他材料中关于伊本·赫勒敦的有误信息，随后选中埃及的编年史家阿布·马哈辛·伊本·塔赫里比迪的记载为最可靠的信息来源。德·萨西从研究《历史绪论》的四本手抄本开始，继而给他摘取的内容写批注，显示出了他令人印象深刻的博学。他注意到《历史绪论》已经被翻译成突厥语，这说明哈默-普格斯陶最先注意到了这一版本的文本。[1]德·萨西在此之后出版了《历史绪论》中关于寻宝、强大政权对建筑的资助、语言学、辩证法和苏菲派内容的更多摘录。[2]德·萨西的学生们和继任者们当中包括柯考伯特·德·蒙特布雷（Coquebert de Montbret）、夸特梅勒、德·斯雷和加尔辛·德·塔西（Garcin de Tassy），他们继续将伊本·赫勒敦带入欧洲的知识地图中去。在很长一段时期内，几乎所有关于伊本·赫勒敦的著作都出自法国学者之手。自法国从 1830 年开始对阿尔及利亚的征服和建立起了对摩洛哥的控制保护之后，法国学者就对伊本·赫勒敦关于北非阿拉伯人和柏柏尔人的看法更为感兴趣，尽管我们必须要注意到德·萨西对《历史绪论》的兴趣是站在文献学观点上的。

德·萨西出色的门徒艾蒂恩－马克·夸特梅勒（Etienne-Marc Quatremère，1782~1857）被人们称为"书房里的东方学家"，这是因为他更喜欢阅读东方的书籍，而不是亲身踏足东方。就像他的导师

1 / Antoine-Isaac Silvestre de Sacy, *Chrestomathie arabe*（Paris, 1806），vol. 1, pp. 370-411；vol. 2, pp. 279-336.

2 / 关于 Silvestre de Sacy，见 J. Fuck, Die Arabischen Studien, pp. 140-57；Robert Irwin, *For Lust of Knowing*, pp. 141-146；Sylvette Larzul, "Silvestre de Sacy," *in Dictionnaire*, pp. 953-955。

德·萨西一样，夸特梅勒也是一名约翰逊派的信徒
（Jansenist），他的首要兴趣是《圣经》和那些能够帮
助他学习宗教经典的语言。1819 年，他成了法兰西学
院（Collège de France）的教授。后来，他的兴趣变
得更为广泛，着手编辑阿拉伯语、突厥语和波斯语书
籍和文本。他对这些语言的最初兴趣在于和文献学相
关的内容。他为人简朴又内向，是别人的著作的尖锐
批评者。他和德·萨西发生了争执，他也嘲讽了商博
良（Champollion）所宣称的自己解读了埃及象形文字
的说法。他是一个遭到众人厌恶的人。罗森塔尔对夸
特梅勒的描述是，"一个能力优秀的学者，但他貌似总
是和他的同事以及这个世界格格不入"。[1]1858 年，夸
特梅勒编辑的三卷本《历史绪论》在他去世后出版，
取名为《伊本·赫勒敦的绪论》（*Prolégomènes d'Ebn
Khaldoun*），这一版本没有修正也没有介绍。他的版本
晚于纳斯尔·胡里尼（Nasr al-Hurini）仅基于两本手
抄本而完成的阿拉伯语版本，但是夸特梅勒的版本质
量更好，他使用的是《历史绪论》四本手抄本，其中
一本手抄本的日期是 1390 年代，这是现存最早的《历
史绪论》手抄本。在夸特梅勒去世后出版的版本中有

---

1 / Rosenthal, "Introduction," *Muq.*, vol. 1, p. c.

很多印刷错误，爱打嘴仗的荷兰优秀阿拉伯学家莱因哈特·多齐（Reinhart Dozy）对这个版本提出了细节批评并认为夸特梅勒对作品的编辑是老态龙钟的产物。[1]

德·斯雷男爵威廉·马克·古柯秦（William Mac-Guckin，baron de Slane，1801~1878）出生于贝尔法斯特，但是在巴黎的学术圈中工作，曾是德·萨希的学生。1840 年代，他受雇于法国政府和军队，执行在阿尔及利亚的一些任务。在阿尔及尔，他先是翻译了《旅程》并在《亚洲学刊》（*Journal asiatique*）上分期出版，随后他翻译了《警示之书》的大量摘录内容，名为《柏柏尔人和阿拉伯人的历史》（*Histoire des Berbères et des Arabes*，1852~1856）。这本书是应法国战争部的要求而翻译的。1862 年、1865 年和 1868 年，他出版了夸特梅勒《历史绪论》版本的翻译版，名为《绪论历史》（*Prolégomènes historiques*）。德·斯雷用其译本中的注释文字来作为攻击夸特梅勒版本的工具。但是德·斯雷忽略了那些在《历史绪论》中他觉得太难翻译的地方，尤其是诗歌，而且他只是对伊本·赫勒敦关于命仪的阐述做出了归纳。（在一些情形下，

---

1 / Fück, *Die Arabischen Studien*, pp. 152–53；Irwin, *For Lust of Knowing*, pp. 148–49；Messaoudi, "*Quatremère*," in Dictionnaire, pp. 840–841.

这也是一种可以理解的策略，因为伊本·赫勒敦对那种设备的阐述本身就十分模糊）。德·斯雷把关键词"阿萨比亚"解释为"群体的精神"（esprit decorps），这的确抓住了这个词的一些意涵，但是在后来的法国评论家的手中，"esprit decorps"有了伯格森主义者（Bergsonian）对"生命冲动"（élan vital）的强调，而且"阿萨比亚"一词被误导地变形成了一种总是向上，驱使人类创造性进化的生命驱动力。虽然有一些人批评德·斯雷德翻译太过随意，但是通常喜欢和别人争执又吹毛求疵的赖因哈特·多齐却对德·斯雷的翻译十分欣赏。[1]二十世纪研究伊斯兰世界历史的学者马歇尔·霍奇森对德·斯雷的《历史绪论》翻译有着不言而喻的赞许，他对德·斯雷的《警示之书》版本提出了更多的批评，认为德·斯雷"看起来只要是在阿拉伯语中有比'谁杀了谁'更难的句子，他就看不懂了"。而且，他还补充道，德·斯雷有故意忽略分析性或哲学性段落的倾向。[2]

德·斯雷的翻译得到了法国的官方资助，我假定是因为官方认为对《历史绪论》和《警示之书》的了

---

1 / 关于德·斯雷相关之内容，详见 Messaoudi，"De Slane," *Dictionnaire*，p. 959。

2 / Hodgson, *Venture*, vol. 2, p. 283n.

解会有助于法国在北非的殖民计划，实际上这些著作遭到了在阿尔及尔和奥兰（Oran）教书的法国学者的误用和曲解。埃米儿－费利克斯·高提耶（Emil-Felix Gautier，1864~1940）曾在阿尔及尔大学任教过三十年，他是一个寻求将地质学和历史联系起来的地理学家。他的著作《北非的伊斯兰化：马格里布的黑暗纪元》（*L'Islamisation de l'Afrique du Nord: Les siècles obscures du Maghreb*，1927）提出了这样一个问题：为什么自从罗马帝国灭亡后，北非就再也没有统一过？就高提耶所考虑的问题来说，大部分责任都要归于阿拉伯人。他把阿拉伯人等同于游牧民，把游牧民等同于任意妄为的破坏者。他没有注意到伊本·赫勒敦所用的"阿拉伯人"一词可以指代两种不同的意思，他援引了德·斯雷的翻译来支持自己的论点，而且给游牧民和定居者之间上百年的冲突赋予了几乎是神定的维度，他认为与此相应的就是阿拉伯人和柏柏尔人的冲突。按照高提耶的说法，阿拉伯人没有国家观念，只有血缘观念。他特别引用了伊本·赫勒敦的话来辩称十一世纪时希拉利阿拉伯人（Hilali Arab）对艾非齐亚的入侵就像是伊本·赫勒敦口中的"蝗虫群"一样，是马格里布的大灾难，它的后续影响在二十世纪仍然能被感受得到。柏柏尔人无法抵抗阿拉伯人入侵的原因是扎纳塔游牧民和桑哈加农民之间的矛盾。整部《历史绪论》的历史就是一份"色彩缤纷的沙拉"，柏柏尔人的文化也没能像曾经的欧洲人那样发展。

阿拉伯人就像是未成年的孩子，他们的历史（ta'rikh）也不是发展合宜的历史。但是伊本·赫勒敦是特殊的："他独一无二，他突破了一切障碍，他棒极了。"当高提耶描述他"棒极了"，他的意思并非说伊本·赫勒敦兴高采烈又随和，而只是在形容他的天才。就像让·德·茹安维尔（Jean de Joinvill）和圣西蒙公爵（Duke de Saint Simon，路易·德·鲁弗鲁瓦）一样，伊本·赫勒敦也是一名绅士历史学家。他对历史持有西方人的观点，而且在他身上也散发出一种"文艺复兴的气息"。高提耶和一些在他之后的学者们的目标是揭去伊本·赫勒敦表面上所具有的中世纪阿拉伯认同，并将他在现代法国人的现实中加以呈现，如此一来，人们可能会接受在北非的法兰西帝国。[1]有些相似的是威廉·玛尔蔡斯（William Marçais，1872~1956），他是在阿尔及利亚教书的阿拉伯学家，他热情拥护法国的殖民统治，并且利用自己的学术能力诬蔑阿拉伯和柏柏尔文化。他提出，阿拉伯语中的

1 / 关于高提耶，见 Yves Lacoste, *Ibn Khaldun: The Birth of History and the Past of the Third World* (London, 1984), pp. 69, 71, 75–78, 122; Florence Deprest, "Gautier," *Dictionnaire*, pp. 546–547。

文言（*fusha*）和白话（*ammi*）双言现象（diglossia）是"不可治愈"的，以及柏柏尔人没有社会意识或没有个人创造力。[1]

在1950年代和1960年代，法国为了能继续占据阿尔及利亚而努力维持其势力，但是有大量阿拉伯学界的专家都站在支持阿尔及利亚独立的立场上，其中包括路易·马西农（Louis Massignon）、伊夫·拉科斯特（Yves Lacoste）和马克西姆·罗丁森（Maxime Rodinson）。文森特·蒙泰伊也是他们中的一员，他当时正要开始重新翻译《历史绪论》。他的人生经历十分不平凡，他毕业于圣西尔军事学院（military college of Saint-Cyr），在摩洛哥服役期间掌握了流利的阿拉伯语，后来以陆军武官的身份被派驻到许多中东国家首都的法国大使馆。在第二次世界大战期间，他加入了自由法国运动，后来还在朝鲜和印度支那服役过。1955年，他曾短暂加入过苏斯戴尔（Jacques Soustelle）在阿尔及尔的内阁，被派遣去剿灭民族自由阵线（National Liberation Front）的反抗运动，但是他很快就选择辞职以抗议法国人滥用酷刑。他谴责法国人在阿尔及利亚和摩洛哥施行的镇压行为，他和

---

1 / 关于威廉·玛尔蔡斯，见 Messaoudi, "Marçais," *Dictionnaire*, pp. 683−734。

阿尔及利亚反抗军保持着秘密接触，并且乐于在阿尔
及利亚和民族自由阵线的司令官谈判磋商。最终，他
离开了军队，在黎巴嫩和塞内加尔担任学术职位，同
时翻译《历史绪论》和书写关于阿拉伯旅行家的文章。
他在 1938 年和极具魅力的东方学家、虔诚的基督徒路
易·马西农见过面，并把他看作尊敬的老师。1987 年，
他出版了一本关于马西农的书。蒙泰伊于 1976 年，即
他 64 岁时，皈依了伊斯兰教。他为巴勒斯坦人的权益
奔走呼号并支持过伊朗革命。他在晚年执教于巴黎第
八大学（University of Vincennes）。[1]

　　蒙泰伊完成了总共三卷的《历史绪论》翻译，取名
为《普世历史的讨论》（*Discours sur l'histoire universelle*，
Beirut，1967~1968）。他的目标是能用更贴近伊本·
赫勒敦的原意精神的翻译代替德·斯雷的翻译版本。
蒙泰伊在伊本·赫勒敦的介绍中将他呈现为受到启发
的先驱人物，不仅仅是先于马基雅维利，而且还比法
国启蒙运动思想更早。仿佛这还不够，伊本·赫勒敦
还发明了社会学，同时也是预先出现的达尔文。（蒙泰
伊提出这一观点是基于《历史绪论》中的两篇文章，

---

1 / Alastair Horne，*A Savage War of Peace*：*Algeria 1954–
1962*（London，1977），pp. 110–111，117；Jean-Louis Triaud，
"Monteil，"*Dictionnaire*，pp.740–742.

在这两篇文章中伊本·赫勒敦在存在循环链中把猴子放在仅次于人类的位置上。)他注意到了伊本·赫勒敦在作品中表现出寡言与不出风头的特点,蒙泰伊依靠星象学来更好地了解作者的个性。伊本·赫勒敦貌似是一个典型的双子座——也就是说,他敏感、好奇,并且有将理性和想象力结合起来的能力。他一定是一个和蔼善交际的人,但是也有易怒、悲观、专断不让步和好虚荣的特点。他对于科学、文字、政治和行政事务都很在行。[1]人们一定很好奇蒙泰伊从星象和对《历史绪论》的阅读,以及从中世纪阿拉伯作家的短篇传记作品中得到了多少对伊本·赫勒敦的了解。

德国人

十九世纪时,德国在阿拉伯世界没有殖民地能够帮助他们更多地了解《历史绪论》。所以,他们对伊本·赫勒敦的解读倾向于鼓励德国的读者抛下事实导向的实证主义和那些"复制－粘贴"的编年史。我们

---

1 / Vincent Monteil, "Introduction," *Ibn Khaldun*, *Discours sur l'histoire universelle* (Beirut, 1967-1968), vol. 1, p. 15; 对比 Monteil, "*Ibn Khaldoûn, sociologue et historien* (1332-1406)," *Revue Historique 237* (1967), p. 344.

很难想象十九世纪的人们是如何回首历史的——我的意思是说，历史并不仅仅是国王、王后和战争，还有广阔的对社会现象的记录、风俗习惯和经济发展，以及艺术和文学作品。比如麦考利著名的《英格兰史》（*History of England*，1855~1861）中关于安妮女王（Queen Anne）在位时期英格兰的章节和雅各布·布克哈特（Jacob Burkhardt）的《文艺复兴的文明》（*Civilization of the Renaissance*，1860）都是具有先驱性的历史著作。也许在十九世纪以前，西方人是不可能发现伊本·赫勒敦的，这是因为对于伊本·赫勒敦的观念来说，在十九世纪以前的西方很难找到类似的先例。

德国和奥地利的学者对伊本·赫勒敦尤其有兴趣，这是有可能出现的情形，因为黑格尔对各国历史的书写产生了广泛影响。黑格尔已经把历史推进到了宏大的哲学系统中。毫无疑问地，奥地利阿拉伯学家阿尔弗雷德·冯·克雷默（Alfred von Kremer，1828~1889）研究伊斯兰文化的方法受到了黑格尔的强烈影响，另外他也受到了哲学家、神学家、诗人和文学批评家戈特弗里德·赫尔德（Gottfried Herder）的影响。冯·克雷默是让德国东方学脱离狭窄的哲学性成见的学术运动领导人之一。他寻求以更宏观的观点来看待伊斯兰文化并用这种观点来将伊斯兰文化和其他的文化做对比。1879年，他完成了《伊本·赫勒敦与其伊斯兰帝国的文化史》(*Ibn Chaldun und seine Kulturgeschichte des islamischen Reiche*)一书，并且由维也纳帝国科学院（Viennese Imperial Academyof Sciences）出版。在他的研究中，他依靠《历史绪论》的阿拉伯语手抄本，而不是德·斯雷的翻译版本。在他的眼中，文化或文明是一个民族的完全表达。冯·克雷默有时候把"阿萨比亚"翻译成一种"公民精神"（civic spirit），有时候则是一种"民族观念"（national idea）（他本人将民族观念看作历史发展的动力）。与众不同的是，他辩称伊斯兰教在伊本·赫勒敦的思想中并没有扮演特别重要的角色。伊本·赫勒敦是一个在阿拉伯世界中自成一格的人，在他前面没有先驱，他是绝对的起源人物。他也是一个超越他所处时代的人（有一些伊本·赫勒敦的现代解释者在这一点上也是冯·克雷默的追随者）。但是冯·克雷默相信在黑格尔学派的学者们提出国家和人类精神（human spirit）之前，历史的循环发展模式是令人兴味索然的悲观主义的。[1]

和许多十九世纪的人一样，冯·克雷默把伊本·赫勒敦看作实证主义者和唯物主义者。这样的观点很快就成了伊本·赫勒敦研究上的普遍状况，将他称作

---

[1] / 关于冯·克雷默，见 Fück, *Die Arabischen Studien*, pp. 187–189；Abdesselem, *Ibn Khaldun et ses lecteurs*, pp. 43–44。

是孔德（Auguste Comte，1798~1857）的先驱，实证主义的建立者，可能还是西方社会学的奠基人，认为伊本·赫勒敦教授的所有正确的知识都是科学性的，是建立在可观测现象的基础之上的。但是社会学是世俗的和归纳的，而伊本·赫勒敦对社会的记录并非如此。

汤因比和他的爱慕者们

直到世界历史学者汤因比发现了伊本·赫勒敦并将他看作是自己的知识先祖之前为止，英语世界很少有人注意到伊本·赫勒敦的思想。汤因比把《历史绪论》描述为"在同类作品中毫无疑问的最伟大作品，有史以来还从未有其他人提出过可以与之相比的思想"。在这之后，汤因比以鄙夷的态度看待伊斯兰文化：认为《历史绪论》在黑暗的土地上绽放出的光芒让它显得更加耀眼夺目了。在一个"孤立、贫穷、粗野、匮乏"[1]的文明的历史中，伊本·赫勒敦是一位出类拔萃的人物。

与维柯一样，汤因比饱读古典著作。他是一名古

---

1 / Toynbee, *A Study*, vol. 3, pp. 321–322.

典学家，在第一次世界大战刚爆发的时候正在教授关于修昔底德的内容。在战争结束后，他曾短暂在伦敦大学担任希腊文学的科拉伊斯主席（Koraes Chair），随后成为皇家国际事务研究所（Royal Institute of International Affairs，Chatham House）的主管人。认识并尊敬他的中东专家阿尔伯特·霍拉尼（Albert Hourani）曾描述汤因比为"一个热情的人，是温暖和疏离的混合，他的头脑总是远在九霄云外，思考着世界历史的大事"。霍拉尼还对汤因比的历史上－精神上的追求做出了如下记录："我不可能听不到汤因比以他的声音探讨文明，这声音也是在探讨他自己的苦恼。《历史研究》在精神上是一部自传，但是一种独特的自传种类。"[1]

正如伊本·赫勒敦和爱德华·吉本对废墟的看法，在汤因比对文明衰落及其原因的思考中，废墟提供了许多原动力。在吉本的《回忆录》初稿中，他曾写道："1764年10月15日在罗马，当我在城市的废墟中思考时，有光着脚的修士在朱比特神殿中念晚祷。这时候，写一本有关城市的衰败和灭亡的书的想法第一次

1 / Albert Hourani, "Toybee's Vision of History," 见 Hourani, *Europe and the Middle East*（London，1980），p. 146。

出现在我的脑海里。"[1]汤因比的著作《历史研究》的最初启发来自他在希腊看到的十字军城堡遗迹:"在米斯特拉（Mistra）……统治延续了600年……高高的城墙、城垛俯瞰着景色壮丽的广阔国土。后来，在一个四月的早晨，完全出人意料地，野蛮的高地人像是雪崩一样……无法抵御……废墟从那时候起就荒废在那，直到今日。"[2]汤因比开始思考让希腊文明灭亡的原因，后来又开始思考让罗马帝国衰落和灭亡的原因，他慢慢地觉得所有文明的崛起和衰落都有背后的原因。开始思考这些问题之后，他开始寻找他在知识上的祖先，寻找那些对历史进程做出了概括的思想家们——修昔底德、波利比乌斯、圣·奥古斯丁、罗吉尔·培根、维柯、沃尔尼（Volney）、斯宾格勒（Spengler）和H. G. 韦尔斯（Herbert George Wells）。这样的知识宗谱学也许可以在一定程度上让《历史研究》的广阔视角和野心显得比较合理了。汤因比对伊本·赫勒敦和《历史绪论》感到十分欢喜，就像是发现了失散已久的亲人一样。

　　《历史研究》诞生于1934年至1961年，有厚厚

1 / Edward Gibbon, *Autobiography of Edward Gibbon* (London, 1907), pp.158-159.

2 / Toynbee, *A Study*, vol. 10, p. 108.

的十二卷。这是一部比较各个文明和研究其循环性的崛起与灭亡的著作。尽管汤因比是一名另类基督教徒（idiosyncratic Christian），但是他却是一个十分宗教性的人，他最大的目标之一就是推翻吉本所提出的罗马帝国是被野蛮人和宗教摧毁的结论。汤因比认为他可以在历史中看到一个运行模式并阐述一系列的发展法则。他提出，一个文明发展或是灭亡，取决于挑战和反应的循环。他本人是一名有文化的社会精英，他也认为精英人士要扮演向无思考力的无产阶级推行文明的角色。而且随着年龄越来越大，汤因比也越来越倾向神秘主义，并最终将神认作是文明循环的最终推动者，而且他认为文明最基本的功能就是作为宗教的载体。"处在运行中的神的创造谓之历史。"[1]

汤因比《历史研究》（A Study of History）的最初写作动机是来自对斯宾格勒一些作品的阅读，例如斯宾格勒的《西方的没落》（The Decline of the West）和大多数历史循环理论的作品。汤因比所持的是某种悲观的心理。他认为自己从两次世界大战的爆发中，已经察觉到了给西方文明做出警示的一些征兆。只有一种更高级的宗教才能够挽救西方文明。我在前文中已

---

1 / Toynbee, *A Study of History*, vol. 10, p. 3.

经（可能有点刻薄地）用如下的论述指出了汤因比所持的理论模式：

> 汤因比所持的文明概念可以（通过想象，而非冷漠无感地）形象化为一组自动机器装置，这些装置在不同时段被发动起来，各自独立地运行相同的动作。有创造力的少数（creative minorities）将发起文明，它们操控一种特殊的挑战—反应机制，同时也向相邻的文明投射出影响力。但是，当有创造力的少数衰退成占支配地位的少数（dominant minorities）时，这个机器就开始变得越来越弱，它的运动也越来越受限。一个引擎变弱的文明会把自己改组成一种各个文明都会经历的状态（universal state）。因此，被设定好而且注定会衰落的机器按照兴－衰，兴－衰，兴－衰的节拍运行下去。

并不只是如此。他最初设定了二十一种文明，但后来他把这个数字提高到了三十一个。

汤因比的想法一度十分流行并且得到了很多讨论，但是，早在他出版《历史研究》之前很久，他宏大的理论和细节详尽的证据，或者说是假定的证据，就已经遭到了历史学家们的大力挞伐，这些历史学家们包括有 A. J. P. 泰勒（A. J. P. Taylor）、休·特雷弗－

罗珀、托尼（R. H. Tawney）和彼得·盖尔（Pieter Geyl）。倾向于马克思主义的历史学家 E. H. 卡尔（E. H. Carr）摒弃汤因比的循环理论，将其斥为"衰败社会中的典型意识形态"，还引用马可·奥勒留（Marcus Aurelius）形容罗马帝国的衰落时说过的话进一步驳斥汤因比的理论，他说："怎么可能现在发生的事情都曾发生过，而且还会在未来再发生。"[1]

在罗森塔尔将伊本·赫勒敦的著作翻译成英语之前，汤因比的确对伊本·赫勒敦在英语为母语的世界中流行起到了很大推动作用。（汤因比曾依靠的是夸特梅勒翻译的法语版本。）伊本·赫勒敦的一生被表现得与汤因比的退隐法则相配，这是因为伊本·赫勒敦曾经从政坛中退隐过一段时间，独自在萨拉玛堡垒中钻研学问。后来《历史绪论》的问世则遵循了脱俗灵化的法则（law of etheralization），因为他是从政治经验中提取出了历史的法则。最后，伊本·赫勒敦还以自身印证了回归法则，因为他回归了马格里布的政坛。随着汤因比继续推进他宏大的历史计划，他的确也找到了对《历史绪论》有所抱怨的地方。伊本·赫勒敦哲学观念的形成是建立在太过狭窄的地区和编年史基

《历史绪论》的不凡后世

1 / E. H. Carr, *What Is History*?（London，1961），p. 43 and n.

础上。大多数的帝国并不是游牧民所建立的。[1]汤因比是通过法国翻译者和评论者而接触到伊本·赫勒敦的，他受到了太多来自高提耶的影响，他把阿拉伯人描述为十分自命不凡和喜好争辩的人。

伊本·赫勒敦的悲观主义和他对奢侈和贪婪让政治衰落并落入不可避免的循环所提出的说教都很吸引人。汤因比喜欢《警示之书》的宏大范围并赞扬这部作品并没有止于只关注人类事务。历史的进程只能够被信仰神的人们所正确地了解。伊本·赫勒敦"带来了一种历史视角，这一视角撕开了这个世界的边界，并进入了另外一个世界"。但是，汤因比拒绝了"阿萨比亚"只是游牧民所独有的观点。比如说，文艺复兴中的意大利公民也拥有"阿萨比亚"。"阿萨比亚"是"基本的原细胞，是所有政治组织和社会组织的基础"。除此之外，汤因比认为明确的赫勒敦学派的崛起衰落模型只适用于由游牧民建立起来的帝国。而且游牧民无法创造出文明。反之，他认为游牧民是文明衰落的一个症状。因此罗马帝国遭到哥特人和汪达尔人的入侵是衰弱的症状，而不是衰弱的原因。

尽管汤因比没能成功学会阿拉伯语，尽管他和阿

---

1 / 对伊本·哈乐敦的评述见 *A Study*，vol. *3*，pp. 321-328 and vol. 10，pp. 84-87。

拉伯学家汉密尔顿·吉布是好朋友，但他对伊斯兰历史和文化的了解很有限。他很强调希拉尔部落对北非的入侵，这件事的重要性在现今已经不那么被看重了。汤因比对伊本·赫勒敦的阅读包括他将阿拉伯人在七世纪入侵北非时的良善行为和希拉尔、苏莱姆部落（Banu Sulaym）在十二世纪对北非的入侵做出对比。两组入侵者都掌握着"阿萨比亚"赋予的力量，但是阿拉伯人格外团结，也有用新宗教的热忱建立起一个新王国的能力。对于伊斯兰时代西北部非洲历史的世俗－社会学的解释在伊本·赫勒敦看来是不完全的，这也导致他把神看作历史发展的最终驱动力，也正因为如此，他给历史本身带来了一个新的维度。[1]

　　汤因比的观点如今已经几乎全被摒弃了，但是在《历史研究》出版之初，他的观点拥有巨大的影响力，他也大大推动了伊本·赫勒敦在英语世界的流行。汉密尔顿·吉布、马歇尔·霍奇森、阿尔伯特·霍拉尼和厄内斯特·盖尔纳都是中了他的咒语的学者。汉密尔顿·吉布爵士（1893~1971）出版了大量关于伊斯兰历史和当代中东地区事件的著作，是一位成功的教授，执教于伦敦大学东方和非洲研究学院、牛津大学

---

1 / Toynbee, *A Study*, vol. 9, p. 175; cf. vol. 10, p. 87.

和普林斯顿大学。虽然他最初的主要兴趣是中世纪伊斯兰世界的历史，但是 1930 年代的国际发展让他认为他有责任对当代的中东政治和社会进行了解。此种对当代阿拉伯世界的关注让他完成了像《伊斯兰往何处去？》（*Whither Islam?*）和《伊斯兰教中的现代趋势》（*Modern Trends in Islam*）之类的著作。

在第二次世界大战期间，吉布曾一度担任外国信息研究办公室中东部门的主任。汤因比在当时是整个研究机构的主管人，他们两人成了朋友。吉布与汤因比一样，是一个坚定的基督徒，他们都相信神是历史的最终推动者。吉布的首部作品是在 1926 年出版的，名为《阿拉伯文学介绍》（*Arabic Literature: An Introduction*）。这本书的一个有趣的特色是它对伊本·赫勒敦有点单调的评价："他的独立作品当然会和其他穆斯林历史学家的作品有所对比，但是按照他自己要求的标准，所有的作品都是不够标准的。"吉布对《历史绪论》的结论是："这本书的价值只体现在对他所处时代和所处社会的政治情况的记录，但是对这一点来说，它的价值是无价的。"[1] 后来，毫无疑问是在汤因比的影响下，吉布改变了自己的旧有观点。

---

1 / Gibb, *Arabic Literature：An Introduction*（Oxford，1926），pp. 154-155.

1933 年，"伊本·赫勒敦政治理论的伊斯兰背景"一文出版在《东方和非洲研究学院学刊》（ *Bulletin of the School of Oriental and African Studies* ）上。[1] 在这篇论文中，吉布提出伊本·赫勒敦《历史绪论》的最初目的并不是要让自己成为中世纪社会学或政治学之父，而是要展现伊斯兰的历史是如何成为与宗教法律（沙里亚法）的要求不相符的产物的，人类总有会让人犯错的欲望，"因为人类不会遵守沙里亚法，空虚无尽的崛起与衰落的循环是受诅咒的，这是人类具有的动物本能所带来的'自然'和不可避免的结果。"只有严格地遵守沙里亚才能够让人类脱离历史的阴阳两极，脱离政权起落的循环。吉布还希望能够展现伊本·赫勒敦的思想是以更早期的穆斯林法官们为榜样的，因此他的思想是正统而又符合社会规范的。这一观点和吉布所持的法律是伊斯兰的核心要素的总体观念相符。他认为伊斯兰教在根本上是一个法律性的宗教，这是他一贯所持的观点。和吉布的很多著作一样，上述论文也受到了其他学者的关注，他对伊本·赫勒敦的观点从此也受到了其他专家的挑战。吉布不理会详尽细节的历史，他对历史学家的基本关注点是和神有关的。

---

1 / Gibb，"The Islamic Background，" pp. 23–31.

但是无论如何，吉布持关于宗教法律在塑造伊本·赫勒敦的历史观上的重要性，是其最有道理的论断。

此外，伊本·赫勒敦的影响可以最清晰地在吉布范围宏大的论文《伊斯兰历史之演绎》（*An Interpretation of Islamic History*）和多篇关于萨拉丁的论文中看到，伊本·赫勒敦把萨拉丁看作一个卓越的人物，认为他以圣战复兴了伊斯兰社群的社会凝聚力，吉布十分乐于把萨拉丁和伊本·赫勒敦一同讨论。

研究中东历史的学者阿尔伯特·霍拉尼（1915~1993）是牛津大学圣安东尼学院中东中心的主任，他终其一生都是阿拉伯研究领域的重要人物。在第二次世界大战期间，他和汤因比、吉布一起在皇家国际事务研究所工作，后两人也激起了他对伊本·赫勒敦的兴趣，尽管他对这位历史学家的深入了解是通过阅读和回顾马歇尔·霍奇森的《伊斯兰文明》（*The Venture of Islam*）得到的。霍拉尼的杰作《阿拉伯人的历史》（*A History of the Arab Peoples*，1991）中，弥漫有伊本·赫勒敦风格的王朝循环起落观念，他在这本书的前言中用了四页篇幅总结了伊本·赫勒敦动荡、危机四伏和到处游历的一生，随后用其特有的优美文笔做了如下的结尾：

> 然而，在这样的一个世界中，有些事情是稳定或者是看似稳定的。一个来自阿拉伯半岛南部

的家庭可以搬到西班牙去，但在六个世纪以后，如果这个家族的后代回到他家族发源地的附近，他会发现周围的事物依然是他所熟悉的，这是一个超越时间和空间分隔的共同体；对阿拉伯语的掌握可以让他在公务部门任职，并对这个世界发生影响；在好几个世纪的时间里，无论统治者如何改变，由许多教师组成的知识载体穿越了不同时代；在人类世界中，无论权力是如何从一个城市到另一个城市，作为朝圣地点的麦加和耶路撒冷的重要性不曾改变过；人们相信一个创造世界和养育世界的神，神让人们的命运有意义。[1]

在《阿拉伯人的历史》中，霍拉尼试图以内部驱动（internal dynamic）这一术语来呈现历史，而不是把阿拉伯历史重复地和欧洲历史的发展联系到一起。

罗森塔尔

在1960年出版的严厉批评罗森塔尔的《历史绪论》译本的评论文章中，吉布批评罗森塔尔在整体上没能

---

1 / Albert Hourani, *A History of the Arab Peoples*（London, 1991）, p. 4.

把握住伊本·赫勒敦的风格。伊本·赫勒敦的"思想从四面八方涌来，有时候会处在令人兴奋的发散状态中，但是他的思想在大多数时候是紧凑地以优美的散文结构表现出来的，他的文笔有明确的协调和从属机制，受过有效的文学训练，每个词的使用都恰到好处，准确地强调他想要表达的意思"。就像上文中表达出来的，吉布是在描述伊本·赫勒敦的文学风格，但是我也相信，他实际上是在思考自己的风格，或者至少是自己所向往的风格。还有其他人也曾评断伊本·赫勒敦的散文风格是平淡直率的说教。吉布攻击罗森塔尔的"低调又荒诞的曲解，他在从句翻译上迟缓得不连贯，简直就是犯罪"。罗森塔尔被评价为破坏了伊本·赫勒敦文本的流动性和复杂性，把伊本·赫勒敦流畅的句子切得七零八落。[1]

受到吉布大力挞伐的弗朗茨·罗森塔尔（1914~2003）是一名德国犹太人，他在 1938 年逃离了纳粹德国并最终落脚美国。在二战后的美国，他成了耶鲁大学闪米特语教授。他完成了大量有关中世纪伊斯兰文化的著作，其中还包括对幽默、大麻消费、史料编纂和伊斯兰经典遗产的研究。但是，即便他发表的唯一

---

1 / Gibb, *Speculum 35*（1960），pp. 139−142.

作品就是有详细释文的《历史绪论》翻译版本，他依然足以享有盛誉，位列顶级的东方学家之列。《历史绪论》在当时没有（现在也没有）合适的阿拉伯语评论版本，因此罗森塔尔的译本是我们目前能够替代阿拉伯语版本的最好资料。他的版本是建立在许多手抄本的基础上，其中有一本手抄本收藏在伊斯坦布尔，是出自伊本·赫勒敦的亲笔。当不同版本的手抄本中出现重要的不同之处时，这些地方都得到了翻译和标注，在脚注中可以看到。释文（annotation）中记载了可能的资料或与伊本·赫勒敦所写文字相应的内容，这些工作的价值极大。事实上，罗森塔尔学术工作的广度和深度都在这些方面一览无余地表现了出来，连吉布也对罗森塔尔在一些段落中的阐述和有学问的释文给予了毫不犹疑的赞美。

1958 年，罗森塔尔的翻译版本以三卷本的形式由波林根基金会（Bollingen Foundation）出版（1967 年由普林斯顿大学出版社出版了修订版）。尽管大多数学者都对这一翻译版本予以赞赏，但是罗森塔尔的翻译仍然遭到了一些人的批评。在面对一些很难处理的词汇时，比如"'asabiyya"或"umran badawi"（住在乡村的非游牧的农民），德·斯雷是在不同的上下文中将其解释成不同的意思。但是罗森塔尔通常会加一个脚注，标记出这个词首次出现时的用法，在后文中倾向于给这样的词同样的英语解释。虽然这样的翻译方式缺少灵活性，但是其翻译的一致性让试图找到某一个词背后的阿拉伯语的工作更容易。

他对阿拉伯语的逐字翻译不如德·斯雷或蒙泰伊的法语读起来舒服，但是更准确。阿济兹·阿兹梅（Aziz al-Azmeh，对他的介绍见后文）十分反对这种逐字翻译，他认为这样的翻译"将解释的程度降到了最低"。[1]但是人们应该能够明白，如果罗森塔尔选择了一种更自由、更通顺的翻译，他也同样会受到批评。除此以外，我们也难以理解阿兹梅是如何将某些复杂、有细微差别和冗长解释的关键术语插入到任何易读的翻译文本中去的。

正如 T. S. 艾略特在《烧毁的诺顿》中写的：

> 词语在重压、不安、犯错、滑动、危险的情形之下会紧绷、裂开，有时崩坏。[2]

对罗森塔尔的其他批评

历史学家马歇尔·霍奇森是《历史绪论》的热情

---

1 / Azmeh, *Ibn Khaldun in Modern Scholarship*，pp. 51–52.

2 / T. S. Eliot, *Four Quartets*（London，1959），p. 19.

读者，他认为"这毫无疑问是有史以来对伊斯兰文明最好的概要介绍"。但是尽管原因不同，他对罗森塔尔的翻译持有和吉布和阿兹梅一样的批评态度。他的三卷本伟大作品《伊斯兰文明》在他去世后的 1974 年出版。他试图给读者呈现出伊斯兰文明的历史，或者说，他喜欢非欧洲中心观点的伊斯兰文明史。《伊斯兰文明》是一部内容广泛、精彩又刺激的作品，并且利用了许多伊本·赫勒敦的思想。但是霍奇森在《历史绪论》的法语和英语翻译中都发现了错误。[1] 在对罗森塔尔的翻译的批评中，他有些吹毛求疵。他声称罗森塔尔在把"*Arab*"翻译成"阿拉伯"时犯了错误，他指出这是一个种族和语言学上的术语。霍奇森认为这个词应该被翻译成"骆驼游牧民"（一个经济上的术语）。但麻烦的是伊本·赫勒敦有时候的确用了种族或语言学的"*Arab*"概念，而有时候则是指阿拉伯游牧民，但是他并不把牧骆驼的游牧柏柏尔人或突厥人称为"*Arabs*"。还有，霍奇森声称罗森塔尔把"*ghayb*"翻译成"超自然"是不对的，而是应该翻译成"隐形的"。的确，"*ghayb*"有"隐形的"意思，但是按照维尔（Hans Wehr）的《阿拉伯语词典》，它也有"超经

---

1 / Hodgson, *Venture*, vol. 2, p. 55n.

验的、超自然的；神的秘密"的意思。

也许霍奇森对这个译本不满的潜藏心态使他下定决心要把伊本·赫勒敦呈现为一个在希腊－伊斯兰传统中完全成熟的哲学家（*faylasuf*），然而罗森塔尔的翻译并未给霍奇森的意愿提供支持。霍奇森的伊本·赫勒敦版本原本可以和超自然没有关系。他还进一步提出伊本·赫勒敦在格拉纳达的时候曾经给穆罕默德五世传授过哲学，他想要将这位统治者，这位"受他的监护的人"，指导成为一个哲人王。我们找不到证据来证明这一点，而且不管别的，伊本·赫勒敦到格拉纳达时，穆罕默德已经二十四岁了，这对哲学启蒙来说可能已经有点太晚了，更何况伊本·赫勒敦本人也才大他六岁。[1] 霍奇森对《历史绪论》的解读很大程度上是受到了穆欣·马赫迪"创时代"的关于伊本·赫勒敦著作的引导。（关于马赫迪的书详见下文。）

阿布杜萨勒姆·哈达迪（Abdesselam Cheddadi，详见下文）是在更后来时将《历史绪论》翻译成法语的译者，他对罗森塔尔的翻译的态度更为温和，将其描述为"虽然有时候有一些僵硬，但是完整和准确的，并且配有非常详细的批注"。[2] 另外最近研究伊本·赫

---

1 / Hodgson, *Venture*, vol. 2, pp. 478-484.

2 / Cheddadi, *Ibn Khaldûn*, p. 9.

勒敦的学者斯蒂芬·戴尔（Stephen Dale）评价罗森塔尔的版本是"无与伦比的"。[1]

一些法国殖民主义者对伊本·赫勒敦的评论

正如我们已经看到的，伊本·赫勒敦的见解被各种人加以利用，其单纯的民族志形式也许能够为殖民主义者服务。但殖民主义者对伊本·赫勒敦的解读最终招致了批评。在罗伯特·不伦瑞克（Robert Brunschvig）关于中世纪突尼斯历史的伟大作品《哈夫斯王朝统治下的东方柏柏尔人》（*La Berbérie orientale sous les Hafsides*）中[2]，他反对人们错误地解读伊本·赫勒敦，说他提出了阿拉伯人和柏柏尔人之间有永恒的对立。更为尖锐猛烈的批评来自伊夫·拉科斯特。这位马克思主义者地理学家和地缘政治专家出生在 1929 年的菲兹。（地缘政治所关注的内容是受到地理因素影响的国家政治，比如边境线，以及地理在国际关系中扮演的重要角色。）他曾经在阿尔及尔当教

---

1 / Stephen Dale, *The Orange Trees of Marrakesh: Ibn Khaldun and the Science of Man*（Cambridge, MA, 2015）, p. 8.

2 / Robert Brunschvig, *La Berbérie orientale sous les Hafsides*, 2 vols.（1940）.

授，但是一名好战的反殖民主义者。他支持阿尔及利亚的独立斗争并且反对美国介入越南事务。他在 1965 年出版的著作《伊本·赫勒敦：第三世界过去的历史》（ *Ibn Khaldoun: naissance de l'histoire passé du tiers-monde* ）的目的是"帮助北非人民解放他们的过去"。[1] 在这部作品中，伊本·赫勒敦被表现为一名彻底的社会学家。伊夫·拉科斯特先是描写了伊本·赫勒敦所生活的地方的经济背景，和部落生活的经济结构。然后，他简要介绍了伊本·赫勒敦的生平。作者呈现出了一种马克思主义版本的《历史绪论》并声称这部作品和 1960 年代的阿拉伯各国有关。

伊夫·拉科斯特谴责法国的殖民主义者和他们的学术傀儡们捏造出了一个虚假的伊本·赫勒敦，这是为了支持殖民者们将北非看作一个被延续了几个世纪之久的游牧民和定居民、阿拉伯人和柏柏尔人冲突所毁掉的地方。伊夫·拉科斯特提出，希拉利部落的移民是遭到了一场驱逐而不是一场入侵。他把伊本·赫勒敦看作一个唯物主义者，而且还是一个未竟的马克思主义者，他的著作提供了关于中世纪北非地区生产

---

1 / Bernard Lewis, "The Decolonisation of History," 见 Lewis, *Islam in History*: *Ideas*, *People*, *and Events in the Middle East*, 2nd ed.(Chicago and La Salle, IL, 1993), p. 45。

模式的关键资料。伊本·赫勒敦描述了被军事民主和商业贵族所控管的社会，批评了小资产阶级没能成功垄断生产工具的社会。这是一种亚洲的生产模式："亚洲模式的特征是存在一个有能力占用部落和村庄社群手中剩余价值的阶级，这个阶级有能力对人们实行剥削而通常不必占有生产工具。"[1]伊本·赫勒敦的作品建立在直接观察而不是理论的基础上，是对欠发达地区历史所做出的贡献。伊夫·拉科斯特以此来表示欠发达的状态早在殖民主义到来的几百年前就已经存在于这个地区了。当殖民主义者真的到来时，伊本·赫勒敦描述过的部落联盟将阿尔及利亚和摩洛哥的控制权交给了法国。

伊本·赫勒敦是一个保守的宗教思想家［拉科斯特无耐心地忽视了他的"神秘蒙昧主义"（mystical obscurantism）］。然而，伊本·赫勒敦的确接近于提出一种唯物主义者的经济和社会发展分析方法。但是拉科斯特批评他没能认识到十四世纪的经济危机是国际商业的衰落导致的。伊本·赫勒敦把他所感知到的

---

1 / Yves Lacoste, *Ibn Khaldun; The Birth of History and the Past of the Third World* (London, 1984), p. 5. 对于本书的评述，见 Bernard Lewis, "The Decolonisation of History," *Times Literary Supplement*, August 1968, p. 853。

衰落完全归因于内部因素。拉科斯特的研究目标是将马格里布从殖民主义者和东方学家强加的历史中解放出来，但是以二十一世纪的观念来看，他对伊本·赫勒敦的解读看起来就和高提耶的解读一样过时和有文化约束。当然了，他把十四世纪的马格里布作为"第三世界"来呈现也是值得质疑的。他在1976年更进一步出版了具有高度争议性的作品《地理最基本的目的是战争》（*La géographie, ça sert d'abord à faire la guerre*）。在这本书中，他批评传统的地理研究方法是典型的前科学时代的知识。如果地理没有为左翼目标服务，那它就是无用的，甚至更糟的。

哲学家穆欣·马赫迪和他的哲学家伊本·赫勒敦

穆欣·马赫迪（1926~2007）是哈佛大学的阿拉伯语教授。他的专业是阿拉伯哲学和政治理论，他也是一个研究《一千零一夜》手抄本的专家。他曾是吉布的同事。正如我们之前看到的，吉布将伊本·赫勒敦呈现为一个将信仰放在理性之前的人，但是抱持相反观点的马赫迪认为吉布没能给他的论文提供任何证据支持，而且马赫迪在《伊本·赫勒敦的哲学史》（*Ibn Khaldun's Philosophy of History*）中还进一步将伊本·赫勒敦呈现为一个理性主义者和一个政治哲学家。[1]马赫迪早期的研究方向是十世纪的政治哲学家法拉比（al-Farabi），这段经历让他认为所有的伊斯兰哲学都一定是政治性的。马赫迪研究伊本·赫勒敦生平和作品的方法受到了卓越的政治哲学家列奥·施特劳斯（Leo Strauss，1899~1973）的强力影响。施特劳斯曾经拥护把古典哲学应用于现代政治上的观点。柏拉图和亚里士多德应该为现代政治的现实服务，而且给启蒙运动价值的限制提供警告。在《迫害与写作艺术》（*Persecution and the Art of Writing*，1952）中，施特劳斯强调伟人以机密的方式表达他们的想法，这是为了隐藏他们的真实意思，不让那些不如他们的人了解，那些人只是迟钝地持有当前时代的普遍思潮。沿着这条施特劳斯的线索，马赫迪认为伊本·赫勒敦毫无疑问是希腊－伊斯兰传统的哲学家，但是，由于十四世纪马格里布地区对哲学的敌意，他必须婉转地呈现自己的哲学论断。他当时是一个精英主义者，完全没有兴趣要获取大众的倾听。对马赫迪来说，重要的事情是找到伊本·赫勒敦"有目的的意图"，而不是他的表面意思。按照马赫迪的说法，伊本·赫勒敦曾试图解决哲学和神学的冲突，他用亚里士多德派的方法论以

---

1 / Muhsin Mahdi, *Ibn Khaldun's Philosophy of History*（Chicago，1957）.

将哲学从神学中脱离出来。伊本·赫勒敦和伊本·鲁世德属于同一类哲学家。

伊夫·拉科斯特是对伊本·赫勒敦是一名按照希腊－伊斯兰哲学传统写作的哲学家的说法提出挑战的学者之一，即便他并未特别明显地表现出这一点："按照穆欣·马赫迪的说法，对这一判断的解释是说伊本·赫勒敦认为他著作的哲学基础是如此明显，实在没必要再特别强调这件事，因此任何原则的申述都是多余的。在伊本·赫勒敦的作品中找不到任何能够支持这种可疑假设的说法。在他的论文和那些哲学家的论文之间并没有明显的联系，那些哲学家只考虑正常的论述，而不会把他们的理论应用到历史上。"[1]拉科斯特也不赞成马赫迪说伊本·赫勒敦使用柏拉图主义哲学是为了要诊断伊斯兰社会的问题，并得到如何改革的答案。拉科斯特正确地指出伊本·赫勒敦没有提出过任何改革。

马赫迪还十分有趣地表示说《历史绪论》可以被解读为伊本·赫勒敦自己尝试着弄明白为什么自己在政治上是失败的。马赫迪的这个提法也许很值得思考，虽然《历史绪论》并未立即清楚地回答这个问题。我们已经知道，霍奇森是从马赫迪这里得到了伊本·赫

---

1 / Lacoste, *Ibn Khaldun*, pp. 159–160.

勒敦在格拉纳达的时候曾经试图让年轻的穆罕默德五世成为一个哲人王的说法，虽然并没有什么证据能支持这一论述。马赫迪也给许多不同的术语加上了令人意外的意思。他坚持说 "*badawi*" 的原意不是 "游牧的" 或 "乡野的"，而是 "原始的"，因为这个形容词是来自动词词根 "*bada'a*"，意思是 "去开始"。[1] 但是很确定的是，像是农业或养蜂这样的事情在本质上来说一点也不原始，因此，游牧的生活方式对于伊本·赫勒敦来说也并非原始。举另外一个例子，马赫迪辩称说 "'*ibar*"（警示）这个词，在和历史有关时，"表示的主要意思是搜寻众多事件背后的普遍规律的行为"。[2] 但尽管 "寻找背后的统一" 实际上是伊本·赫勒敦所正在做的，那也没有证据能证明说 "警示" 这个词的新意思是描述他正在做和已经完成了的事情，而且对他的读者来说，应该也很难能理解这个词所指的是这个意思。

社会学家盖尔纳和他的社会学家伊本·赫勒敦

厄内斯特·盖尔纳（1925~1995）在其学术生

---

1 / Mahdi, *Ibn Khaldun's Philosophy of History*, pp. 193−94n.

2 / Mahdi, *Ibn Khaldun's Philosophy of History*, p. 68.

涯的开始时期曾是一名哲学家，自那时起他就变得著名或是臭名昭著了，这是因为他在《话语和事件》（*Words and Things*, 1959）中对语言学哲学（linguistic philosophy）的攻击，以及作为结果而引发的与吉尔伯特·赖尔（Gilbert Ryle）的论战。但是在 1950 年代，他已经热情地转向了对人类学的研究。他对摩洛哥的高阿特拉斯山脉柏柏尔人进行了田野调查，他的调查结果汇集成了《阿特拉斯山的圣人们》（*Saints of the Atlas*, 1969）。如果说盖尔纳的研究有问题存在的话，那么问题就在于他从他对柏柏尔圣徒的研究经验中进行推测，普遍化了其他地区的柏柏尔人和阿拉伯苏菲教徒，而他的见解在此并不适用。罗森塔尔的《历史绪论》翻译问世的时候，盖尔纳评价它是"一部无与伦比的杰作"。他也认为伊本·赫勒敦应该被看作凯恩斯和马克斯·韦伯的先辈。[1] 就像是许多研究伊本·赫勒敦的学者一样，盖尔纳也创造出了自己图像中的伊本·赫勒敦，按照他说的，伊本·赫勒敦是"一个极其出色的社会学家，一个社会学的实践者，他在社会学这个术语被提出来很久以前就已经开始了理想类型的社会学研究，是一个极为重要的社会类型的出色记

---

1 / Ernest Gellner, *Philosophy*, vol. 36 (1961), pp. 255-256.

录者"。伊本·赫勒敦被描述为价值中立的社会学家，他的理论模型和二十世纪的北非和中东相关。

就像小说家 L. P. 哈特利（L. P. Hartley）说过的，"过去发生的事情是外国，那里的人们有不同的做事方式"，而盖尔纳只是一个身在那个国家的游客。[1] 当他把伊本·赫勒敦和马基雅维利相提并论的时候，他提出，"和其他伟人不同的是，他们两个身上所具有的共同点是倾向于不带感情地分析，而不是虔诚地说教"。[2] 但是正如本书前面章节讨论过的，伊本·赫勒敦的作品里有大量的虔诚说教。事实上虔诚心和传递宗教性的警示是伊本·赫勒敦作品背后的主要动因。但是盖尔纳决定先将伊本·赫勒敦世俗化，然后再将他和现代中东的事物相关联。

相比伊本·赫勒敦，盖尔纳甚至更加热忱地提出原则和结构的假设，以此来解释伊斯兰社会是如何运行的。比如说，他提出现代来临以前的北非政权可以用三个相互联系的事物来理解：首先是处于中心位置

---

1 / L. P. Hartley, *The Go-Between*（London, 1953）, p. 1.
2 / Gellner, *Anthropology and Politics*：*Revolutions in the Sacred Grove*（Oxford, 1995）, pp. 195-196；对比 Gellner, *Muslim Society*（Cambridge, 1981）, p. 86, 在这里，盖尔纳对比了伊本·哈乐敦和涂尔干的实证主义和少于说教。

的固定政府（羊）；第二，政府所雇用的游牧部落（牧羊犬）；第三，反叛和无法控制的部落（狼）。在循环的过程中，狼会变成牧羊犬，牧羊犬变成羊。在描述这一过程时，盖尔纳使用了汤因比所用的"精英循环"的说法。[1] 汤因比可能是从意大利社会学家维弗雷多·帕累托的《普遍社会学》（*Treatise on General Sociology*）中得到了这一术语。但是，达瓦维达部落（Dawawida tribe）在十四世纪末期改换主顾的例子确定地表现出"牧羊犬"和"狼"之间并没有太大区别。在拿到钱的时候，达瓦维达部落就是牧羊犬，而拿不到钱的时候他们就是狼，他们从来没有成为羊。盖尔纳还提出了一个在伊斯兰社会内部的过于系统化的反对假设，他认为有学问、住在城市里的清教徒式穆斯林和追随偏远乡村圣徒的不识字、迷信的人们之间存在着对立。尤其是这一假设中将城市人呈现为清教徒式、严肃的人，这一点和伊本·赫勒敦强调的舒适会导致城市生活走向堕落的观点有冲突。相反地，盖尔纳忽略了伊本·赫勒敦对阿拉伯和柏柏尔游牧民的清教主义和严格一神论的表扬。

在《穆斯林社会》（*Muslim Society*）中，盖尔纳

---

1 / Gellner, *Saints*, pp. 5-6.

引用了《历史绪论》中关于没有强大部落的埃及和叙利亚是多么平静的内容，盖尔纳以此来解释为什么马穆鲁克和奥斯曼人的王朝在他的穆斯林社会历史学中是杰出的例外，他没有意识到伊本·赫勒敦已经错误呈现了马穆鲁克埃及和叙利亚的情形。[1] 相似地，他错误地相信奥斯曼政权没有处理游牧部落民的问题。而且，盖尔纳完全没有注意到伊本·赫勒敦对马穆鲁克人的正面态度，反而提出："招募非部落雇佣兵或奴隶兵只会让衰落中的国家的疾病更恶化，这种情形是伊本·赫勒敦所处的世界的一部分。"[2] 虽然盖尔纳关于伊本·赫勒敦对雇佣兵的看法的描述有可能是正确的，但伊本·赫勒敦十分尊敬马穆鲁克奴隶兵（正如我们在第五章所见），而且用十分正面的态度描述他们。

盖尔纳认为无论真假，只有王道才能够产出"阿萨比亚"，但是伊本·赫勒敦认为在紧密无间的生活中也能产出"阿萨比亚"，他也明确地表示马穆鲁克军营中的同袍情谊产生出"阿萨比亚"。在《旅程》中，伊本·赫勒敦描述了阿尤布王朝苏丹萨利赫·阿尤布（Salih Ayyub）是如何通过购买和训练大量的马穆鲁克

---

1 / Gellner, *Muslim Society*, p. 74.

2 / Gellner, *Muslim Society*, p. 77.

来给他的政权激发凝聚力（'*isaba*）的。[1]

　　盖尔纳把在《历史绪论》中发展出的理论模式和不同的西方哲学家与社会学家的思想联系了起来，从而将这一理论模式欧洲化和世俗化了。在《穆斯林社会》的第一章中，他说到"人类信仰中的流动和回流"，他试图把伊本·赫勒敦的理论和柏拉图、大卫·休谟的理论结合起来。休谟的《宗教的自然历史》（*A Natural History of Religion*，1757）进一步向前推动了人类历史中存在一个摇摆于多神论和一神论之间的钟摆理论，盖尔纳再次将这一理论应用在了马格里布。盖尔纳还声称伊本·赫勒敦希望他对社会的理论化努力可以是普世的："他很明显地认为他只描述了一种社会类型，这种类型的社会在任何地方都是这样。"[2] 概括来说，盖尔纳卓越的理论化阐述是隐喻主导的。比如说："随着一次又一次的命运轮盘转过，新的王朝将从部落的无产者中浮现出来。"（tribal proletariat，"部落无产者"，这是又一个他从汤因比那里借入的术语。）[3]

---

1 / Ibn Khaldun, *Voyage*, p. 191.

2 / Gellner, *Muslim Society*, p. 29.

3 / 对于盖尔纳研究伊本·哈乐敦方法的批评，见 Daniel Varisco，"Ernest Gellner：Idealized to a Fault，" Varisco, *Islam Observed: The Rhetoric of Anthropological Reprsentation*（New York，2005），pp. 53-80。

盖尔纳是优秀的伊斯兰学者帕翠莎·柯容的朋友。柯容（1945~2015）曾在牛津大学、剑桥大学和普林斯顿高等研究院任教。她的作品《马背上的奴隶》开启了对阿拔斯王朝群体传记学的研究。这门学问所探讨的问题之一是关于马穆鲁克或奴隶兵制度是如何在伊斯兰世界如此普遍存在的，另一个问题是中世纪的中国人和穆斯林看待部落征服者的观点有何差异。儒家学派的历史学家和伊本·赫勒敦一样，支持循环理论，但是他们认为的循环则非常不同。在儒家学说的历史循环中，稳定的国家政权拥有慢慢流失的活力，这种活力是来自生命的动力，当它屈服于部落征服时会降到最低点。部落征服者们是没有道德的野蛮人。他们需要得到文明后才能管理一个国家。但是对伊本·赫勒敦来说"部落的征服是循环的高点"。他认为固定的政府（settled government）即便对部落加以控制也永远无法变得比部落更强。和中国的历史循环理论家们不同，"简单来说，伊本·赫勒敦是以野蛮人的视角来看待历史循环的"，而且他担忧部落的原始活力会不可避免地衰弱。他的这种观点特别能够被看作"穆斯林对其过去的部落性质的眷恋"的详细例证，这是像宗教一样难以改变的（尽管伊本·赫勒敦也赞美马穆鲁克人是制度化了的部落征服者）。"伊斯兰世界的政治事务一直是存于部落野蛮人的影响范围内的。"与此产生对比的是，定居社会是非政治和柔弱的。伊本·赫勒敦是一个在部落政权下无法实现他的政治野心的城市人。[1]

"这位不顺从公众习惯的天才思想家所面对的大众们一贯缺乏理解力，而且内心持有坚定的敌对心理，这样的情形形塑出了伊斯兰文化历史上最悲伤，也最重要的部分之一。"[2]虽然不伦瑞克夸大了伊本·赫勒敦的同时代阿拉伯人和紧随其后的后辈对他的忽略，但是对于十九、二十世纪的阿拉伯知识分子是借助欧洲出版物重新发现伊本·赫勒敦这件事，不伦瑞克倒是没有过多地夸张。就像是《一千零一夜》和欧玛尔·海亚姆的《鲁拜集》(*Rubaiyat of Umar Khayyam*)一样，伊本·赫勒敦的著作也可以被看作西方的二次文化出口。

阿拉伯人对伊本·赫勒敦的文化再发现是正在发生的"*Nahda*"的一部分，这个词可以被概括为十九世纪和二十世纪初的阿拉伯文艺复兴，伊本·赫勒敦的再发现也是阿拉伯文艺复兴的产物。这是一场基于各种世俗主义、民族主义和伊斯兰复兴主义的文化复兴。从一部分内容上说，它是对欧洲殖民主义的抗拒，但也是一场基于西方人的价值取向和体裁种类的文艺

---

1 / Crone, *Slaves on Horses*, pp. 89–91.

2 / Brunschvig, *La Berberie orientale*, vol. 2, p. 391.

复兴。

1826 年，利法阿·塔塔维从埃及出发前往巴黎考察教育——这是穆罕默德·阿里要将埃及欧化和现代化计划的一部分。他对艺术和科学相关内容的阅读十分广泛，就像我们已经知道的那样，他在阅读中得知了东方学家西尔韦斯特·德·萨西。在一本引人入胜的书中，他记录下了自己的经验。这本书名叫《探索巴黎之旅》(*Takhlis al-ibriz fi talkhis Bariz*)。1831年，他回到埃及并且在审订欧洲著作的阿拉伯语翻译的工作上担任领衔角色。1857 年，他安排位于开罗布拉克区的官方出版社出版了《历史绪论》。他认为教育的主要目的之一是鼓励对一个国家的爱，他全神贯注在"*hubb al-watan*"上，这个词可以被翻译成"国家之爱或者爱国主义"，他认为爱国主义也是一种"阿萨比亚"。

伊斯兰现代主义的两个领军人物贾玛鲁丁·阿富汗尼(Jamal al-Din al-Afghani，1839~1897)和穆罕默德·阿布都(Muhammad'Abduh，1849~1905)在伊斯兰世界没有什么可读物的时候曾对《历史绪论》加以认真的研读。

1870 年代，埃及的泛伊斯兰反帝国主义战士阿富汗尼用《历史绪论》当作教书的教材。

他的学生穆罕默德·阿布都在开罗的达尔乌鲁学院(Dar al-'Ulum College)讲授伊本·赫勒敦的知

识，并写了一本看起来像是伊本·赫勒敦学派的哲学和社会史著作。他以赫勒敦学派的口吻谴责奢侈和放纵的生活。虽然他讲授了许多关于伊本·赫勒敦的内容，但是我们无从得知具体的内容，因为在 1879 年时，埃及政府查封并烧毁了他的演讲记录。[1]阿布都的学生拉施德·理达（Rashid Rida，1865~1935）并不喜欢伊本·赫勒敦的观点。理达是现代萨拉菲主义（Salafism）的创始人之一，他宣扬要找回伊斯兰教第一代虔诚信徒（*al-salaf al-salih*）的行为方式和标准，而且他也拥护哈里发国家的复兴。他谴责伊本·赫勒敦，认为他的观点给了"阿萨比亚"比宗教更大的重要性。对他来说，"阿萨比亚"的概念貌似是非伊斯兰的观念。

现代阿拉伯人的解读

塔哈·胡塞因（Taha Husayn，1889~1973）是一位评论家、散文作家、小说家、学者和一个对各种和文学相关的事情都有粗浅涉猎的人，他是二十世纪埃及的最出色知识分子。他天生双目失明，却进入了爱

---

1 / Mark Sedgwick, *Muhammad Abduh*（Oxford，2010），p. 17.

资哈尔大学（al-Azhar）和更世俗的埃及国立大学（Egyptian National University）学习，而且在两所大学中都十分出色。在国立大学，意大利的阿拉伯学家卡洛·纳里诺（Carlo Nallino）向他介绍了伊本·赫勒敦和实证主义。1916 年，胡塞因赢得了索邦大学（Sorbonne）的奖学金，在那里，他遇到了其他的实证主义学者和社会学家，其中有当时最伟大的社会学家爱米尔·涂尔干（Emile Durkheim）。几乎他在索邦大学的所有老师都是实证主义者——也就是说他们认为所有真正的知识都是具有科学性的，而且必须是以可观察的现象为基础的。

他于 1917 年获得了博士学位，他的论文题目是《伊本·赫勒敦的社会哲学之分析与评论》（*Étude analytique et critique de la philosophie sociale d'Ibn Khaldoun*），几年后这篇论文以阿拉伯语出版。虽然他表扬伊本·赫勒敦是一名天才，但是这篇论文可以算作一篇严厉的作品，他在文中拒斥了伊本·赫勒敦是科学历史学家或者社会学家，或者像克雷默所认为的，是一名文化历史学家（*Kulturhistoriker*）。伊本·赫勒敦不是一个现代式的历史学家，因为他忽视了无论是记录或考古方面的实际线索和证据，反而依赖完全口头上的信息。他也不能算作社会学家，因为他只在乎自己，忽视了其他的社会群体，比如苏菲教团。在研究社会的情形下，他关注的是社会事件。他的 *"'ilm"*

（学问）指的不是科学，而是知识本身。他是一名十四世纪的阿拉伯历史学家，因此，他受到的是他的时代和地点的种种限制。塔哈·胡塞因认为伊本·赫勒敦明显的宗教性只是小心行事。《历史绪论》是一部推销自己的作品。但仍然要说，伊本·赫勒敦十分优秀，他在阿拉伯世界的继任者们只是失败地没能跟上他的观察力，因为突厥人的到来把阿拉伯世界变成了蒙灰尘的地方。

塔哈·胡塞因在晚一些的 1926 年的一本书中质疑了前伊斯兰时代诗歌的原创性，这导致了一场争议的大风暴。塔哈·胡塞因以叛教（apostasy）之名受审并丢掉了他的学术工作。但是他实在是地位很高也极优秀，无法被人长久压制，后来他当了教育部长。在现代，伊本·赫勒敦被埃及人迟来地接受为国家英雄，尽管还有突尼斯和摩洛哥也提出了竞争，这三个国家都组织了会议来研究和讨论他的人生和思想。

并不令人感到惊讶的是，在最近的几十年里，关于伊本·赫勒敦思想的最重要的学术研究都是由阿拉伯学者完成的。一份早期的研究，《伊本·赫勒敦的一生及其著作》（*Ibn Khaldun, hayatahu wu turathuhu*）曾于 1933 年在开罗出版，它的作者是一名埃及的律师和大学讲师，名叫穆罕默德·阿卜杜拉·伊南（Mohammad'Abdullah Enan），他的这本书后来被翻译成了英语。它总结了伊本·赫勒敦的一生和他的著作。伊南说他对阿拉伯人有巨大敌意，他几乎就是一个柏柏尔人："尽管他声称自己拥有阿拉伯血缘，但实际上，他属于柏柏尔人，他们的国家被阿拉伯人征服……伊本·赫勒敦是在柏柏尔社会里土生土长的，柏柏尔人的感情、传统和记忆都在他身上体现得淋漓尽致。他的家族在一百年前生活在柏柏尔社会中，受到了柏柏尔人的穆瓦希德王朝的资助。因此，看到伊本·赫勒敦用最严厉、无情的方式批评阿拉伯人并不令人惊讶。"[1]

伊南把伊本·赫勒敦描述为"现代社会学的奠基者"，但是，虽然有事例可以说他是现代社会学研究的先行者，但还是很难把他看作实际上的奠基者，因为一名十四世纪的阿拉伯人的思想和十九世纪法国与德国思想家的思想之间并不存在必要的联系。伊南研究的伊本·赫勒敦杰出又聪慧，但他也是一个机会主义者。

伊南也把伊本·赫勒敦的生平和著作与马基雅维利的做了大量对比。[2] 其他学者也做出过类似的对比，

---

[1] / Mohammad Abdullah Enan, *Ibn Khaldun, His Life and Works* (Lahore, 1941), pp. 4, 115–117.

[2] / Enan, *Ibn Khaldun*, pp. 168–182.

比如阿布杜萨勒姆·哈达迪（详见下文）。[1]

尼科洛·马基雅维利（1469~1527）曾在战火纷飞的意大利辅佐佛罗伦萨的政权，后来他从政治事务中抽身出来并撰写他的伟大作品《君主论》（1513）。像伊本·赫勒敦一样，他之前曾在政治上十分复杂的环境中工作并承担外交使节的工作。《君主论》的写作是出自政治上的失意，谋求重新得到君主的资助。对马基雅维利来说，历史具有核心重要性，他也以挖掘历史来寻找政治和社会的普遍规律，因为发展的规则也许可以从希腊和罗马的历史中推导出来，也可以从近期的意大利历史中得到。对特定事件的研究完成了可能对君主和将军有所借鉴的规律的基础。就像《历史绪论》一样，《君主论》是一部忧郁、悲观的作品。

但是两位作者之间的差别要比相似性更显著。马基雅维利所关注的是权力是如何赢得和保持住的，在研究中，他强调"*fortuna*"，也就是政治时机。召唤外国军队的能力也许也是一个能帮助统治者恢复或者扩大权力的重要动因。历史给治国提供了指导。伊本·赫勒敦研究历史的目的是了解历史发展背后的规律，虽然《历史绪论》的确包括了一封塔希尔·伊本·胡塞

1 / Cheddadi, *Ibn Khaldûn*, pp. 489–194.

因（Tahir ibn al-Husayn）劝谏君王的信函，但是伊本·赫勒敦并不是写可能指导统治者如何治国的作品。马基雅维利本人就对君主统治心理学、对荣耀的追求和在高深政治事务中个人扮演的角色很感兴趣。伊本·赫勒敦则对这些事不感兴趣。马基雅维利写了许多有关于战争艺术的文章，伊本·赫勒敦则没有。马基雅维利声称统治者为了达到目的可以使用不道德的方法，而极为宗教性和道德性的伊本·赫勒敦绝对会痛恨这样的说法。从另一方面来说，马基雅维利想要把宗教排除在政治之外。他梦想着能统一意大利，而伊本·赫勒敦并没有统一北非的梦想。《君主论》中完全没有类似"阿萨比亚"这样的概念，而且在马基雅维利晚近完成的评论李维（Livy）的罗马历史著作《论李维》（Discorsi）中也完全没有类似"阿萨比亚"的观点。伊本·赫勒敦并没有类似马基雅维利"*virtu*"的概念（字面意思是"刚毅"）。按照马基雅维利的想法，"*virtu*"是狡猾、决断力、力量和最重要的——勇气的结合物。李维所构想的"运气的青睐和勇敢"是马基雅维利的标语，就像是另一位李维的热情拥护者所说："荣誉给人以激励"（"Fame is the spur"，出自弥尔顿的《利西达斯》）。

最后，就正如伊南注意到的，马基雅维利在逻辑的纯熟程度上、阐述和总结的准确度上和文笔的优美程度上"胜过了伊本·赫勒敦"。[1] 在马基雅维利的写作中，对重大事件的记录一定要和高贵优雅的文笔相配，因此他使用了警句、短诗、结构安排紧密的对比，甚至是为了达到修辞作用而编造出的历史事件。在这种意义上的修辞对于伊本·赫勒敦来说是不曾接触过的。

阿济兹·阿兹梅于 1947 年出生在大马士革，他曾是霍拉尼的学生。阿济兹·阿兹梅曾在不同的大学中任教，而且他在撰写其著作之时，是布达佩斯中欧大学（Central European University）的教授。他出版有两部和伊本·赫勒敦相关的著作，分别是《现代学术中的伊本·赫勒敦：东方学研究》（*Ibn Khaldun in Modern Scholarship: A Study in Orientalism*）和《伊本·赫勒敦的再阐释》（*Ibn Khaldun, an Essay in Reinterpretation*）[2]。在这两本书里，他声称他的目标是把伊本·赫勒敦从东方学家和他们的文献学、历史主义关注的束缚中解脱出来。（历史主义是指所有的社会学现象都是历史决定的理论。）但是阿兹梅貌似也希望

---

1 / Enan, *Ibn Khaldun*, p. 170.

2 / Aziz al-Azmeh, *Ibn Khaldun in Modern Scholarship: A Study in Orientalism*（London, 1981）; Azmeh, *Ibn Khaldun, an Essay in Reinterpretation*（London, 1982）.

能减少伊本·赫勒敦的名气，因为他相信伊本·赫勒敦的名声主要是基于东方学家论断的基础之上。伊本·赫勒敦并非那么具有开创性，而且他既不是社会学家也不是历史概论的先头人。阿兹梅认为伊本·赫勒敦的历史哲学中包含了许多未经证实的概括化，他实际上也没有获取到可以解释历史事件的潜藏原则。此外，当伊本·赫勒敦开始书写朝代历史的时候，事情就变成了常见的样子。在一篇刊登在《东方和非洲研究学院学刊》的评论文章中，研究北非的历史学家麦克尔·布雷特（Michael Brett）以下面的评论批评了阿兹梅对伊本·赫勒敦的过度负面态度。他说伊本·赫勒敦的文章被当作"怪人或怪物"呈现。"这个怪物被当作一个不知出于什么原因也没有什么效用的中世纪人的智力产物呈现出来，"的确，按照阿兹梅的说法，"他的作品是被遗忘的，直到被异文化的代言人拯救为止。"布雷特评断阿兹梅的文章"浓郁强烈"[1]。可以确定的是，伊本·赫勒敦的书没有一本是易于阅读的，这可能也限制了它们的影响力。

阿兹梅驳斥了马赫迪对伊本·赫勒敦思想的亚里

---

[1] / 有关 Michael Brett 对阿兹梅的两本伊本·哈乐敦研究作品的评述，见 *Bulletin of the School of Oriental and African Studies 46*, pp. 345–47。

士多德式解读，并绝对正确地提出，对伊本·赫勒敦来说，哲学只是一种边缘学问。但是他拒绝接受马赫迪提出的伊本·赫勒敦是一个秘密赞同理性主义者的人，而且也同样拒绝接受吉布关于伊本·赫勒敦支持信仰、反对理性主义的观点。我们应该回到说伊本·赫勒敦在很大程度上是东方学家们的一种创造的观点上来，以此来结束本章。

阿布迪萨勒姆·哈达迪生于1944年，他在1980至1998年是拉巴特的穆罕默德五世大学历史系的教授。他也曾担任其他重要职务，并且获得过不计其数的奖项。他把伊本·赫勒敦翻译成法语并做了评论。他翻译的《旅程》以《西方和东方之旅》(Le Voyage d'Occident et d'Orient) 的名字出版。他还出版了一些伊本·赫勒敦作品的分析著作，名为《伊本·赫勒敦回顾》(Ibn Khaldoun revisité)。[1] 他翻译的法语版《历史绪论》和《警示之书》的北非部分内容由佳利玛出版社（ Éditions Gallimard ）在2002年出版。2006年同一出版社出版了他的《伊本·赫勒敦：文明神学家及其人生》(Ibn Khaldûn: L'homme et le théoricien de la civilisation)。哈达迪总体性地检视了伊本·赫勒敦

---

1 / Abdesselam Cheddadi, *Le Voyage d'Occident et d'Orient* (Paris, 1980); Cheddadi, *Ibn Khaldoun revisité* (Casablanca, 1999).

的著作，通过这种方式，他倾向于强调伊本·赫勒敦作为一名中世纪的人种志学家和民族学家。由此，他特别看重盖尔纳的著作，尽管也批评了盖尔纳试图将伊本·赫勒敦的思想欧洲化的做法。伊本·赫勒敦也许是一个宽泛意义上的人类学家，但他本人对现代人类学家关注的各种事情并不感兴趣，比如详细阐述的亲属关系系统、婚姻规则、地方仪式、礼物交换、禁忌和各种民生物资的细节等。

尽管在习惯上，"ta'rikh"被翻译为"历史"，哈达迪提出警告反对把它和"历史"相混淆，因为"ta'rikh"这个词在中世纪的用法中仅仅是指各种信息按照编年史的规则所编排的记录。很多和伊本·赫勒敦同时代的马格里布与埃及人都编纂了这样的作品。但是伊本·赫勒敦并没有编纂过这样的作品。和阿兹梅不同的是，哈达迪认为伊本·赫勒敦的历史著作中最基本的组织原则是血统，而不是朝代。哈达迪强调伊本·赫勒敦传达出的信息广泛多面，而且辩称说他的信息直到今天也仍然有关联。

美国人的解读

《伊本·赫勒敦的一生和时代》(*Ibn Khaldun, Life and Times*, 2010) 是美国学者艾伦·弗洛姆赫茨 (Allen James Fromherz) 完成的传记作品，他希望能在十四世纪北非的背景之下呈现伊本·赫勒敦的思想。弗洛姆赫茨相信他注意到伊本·赫勒敦在《警示之书》中表现得比他之前的著作更加坦露自我心声。他将许多注意力集中在伊本·赫勒敦的马格里布政治生涯和作为一名处理阿拉伯和柏柏尔部落事务的专家身份上。更具争议的是，我们在第六章中已经提到过，弗洛姆赫茨十分自信地提出，不仅伊本·赫勒敦是一名苏菲派信徒，而且苏菲主义还至关重要地塑造了他的历史循环理论。但尽管他可能是一名苏菲主义者，但是认为他的历史理论是以苏菲方法论或者任何苏菲派的启发为基础的说法还需要有更多的细节支持才能让人信服。

哈达迪强调伊本·赫勒敦不是一个希腊－伊斯兰传统上的哲学家，而且伊本·赫勒敦认为哲学中的一些方面是有损于宗教的。[1]但是斯蒂芬·戴尔在他的新专题著作《马拉喀什的橙子树：伊本·赫勒敦和人的学问》（*The Orange Trees of Marrakesh: Ibn Khaldun and the Science of Man*，2015）中提出了相反的意见。从这本书的宣传词中可以摘录出这样的话："他的方法论是发源自亚里士多德学派对自然和因果关系的见解，他利用这一方法论创造出了一种辩证模型，解释了北

---

1 / Cheddadi, *Ibn Khaldûn*, p. 212.

非各个王朝兴起和衰落的循环……他所使用的令人惊讶的现代历史研究方法让他可以被称作前现代世界中一名卓越超群的历史学者。他的研究也表明他出自一个知识谱系，这个传承谱系上至柏拉图、亚里士多德和盖伦；随后是希腊－穆斯林哲学家们，其中包括法拉比、伊本·西纳和伊本·鲁世德；然后这个传承系统则被孟德斯鸠、休谟、亚当·斯密、涂尔干所复兴。伊本·赫勒敦也是这个谱系中的一员。"实际上，戴尔相信恰好是伊本·赫勒敦所受到的希腊哲学的巨大影响，使他的著作在对希腊哲学传统十分熟悉的西方思想家那里很容易地受到了赞赏。[1]

尽管戴尔提出的伊本·赫勒敦是希腊－伊斯兰哲学传统的学者之观点在本书中得到了仔细又有说服力的讨论，但是很明显，这一观点并未受到本书进一步的肯定。我们得承认，在伊本·赫勒敦受到的教育中的确吸收了许多希腊哲学家的词汇，他在《历史绪论》的写作中大量地使用了那些词汇。

---

1 / Stephen Frederick Dale, *The Orange Trees of Marrakesh: Ibn Khaldun and Science of Man*（Cambridge，MA，2015）；对比 Dale，"Ibn Khaldun: The Last Greek and the First *Annaliste* Historian,"*International Journal of Middle East Studies 38*（2006），pp. 431–451；Robert Irwin 对 *The Orange Trees of Marrakesh* 的评论，见 *Times Literary Supplement*，April 1，2016，p. 24。

但是当他使用这些词汇的时候，他所用的这些词并不一定带有它们完全的哲学性含义。因此"muqaddima"这个词可以是"源自一个被广泛认定是真理的前提、命题或公理"的哲学含义，但是也可以是"绪论"（prolegomena）之意。"'Ibara"这个词的词根和"'ibar"的词根相同，这个词是中世纪的阿拉伯人用来翻译亚里士多德关于注释学的作品（hermeneutics，在西方以 De interpretatione 著称）所使用的，但是"'Ibara"在阿拉伯语中的最基本意思是"解释"，伊本·赫勒敦对和"'ibar"相关的词的使用肯定是因为这个词在《古兰经》里是这样用的。相似地，戴尔认为当"burhan"出现在《历史绪论》中时，它是指"不容置疑的证明"，但是"burhan"这个词在更普遍的使用中的意思是"证明"。这样的例子还有很多。

我们没有充分的证据证明伊本·赫勒敦的老师阿比里将他变成了一个完全成熟的哲学家。阿比里所教授的神学内容和哲学内容同样多，而且他看起来也不完全是戴尔（和马赫迪）所期待的那种理性思想家。阿比里年轻时曾经跟随神秘主义导师伊本·班纳（Ibn al-Banna'）学习，伊本·赫勒敦对超自然力量的各种知识可能都是来自阿比里。他引述了阿比里的说法，说将会有命定之人出现，这是从土星和木星交会的现象中预测出来的。[1]阿比里还教过伊本·阿巴达·隆迪（Ibn'Abbad al-Rundi），此人后来成了一名苏菲派大师，对沙希利苏菲教团产生了巨大影响。伊本·阿拉法是阿比里的另一名学生，他后来得以成名并不是作为哲学家，而是一名马里克教法学派的法学权威。另外，我们之前提到过，虽然伊本·赫勒敦看起来对于亚里士多德关于逻辑学的著作《推理法》（*Organon*）十分熟悉，但他对亚里士多德的作品的接触是受到限制的。[2]

戴尔还声称伊本·赫勒敦对希腊医师盖伦（129~199）的思想十分熟悉，他认为盖伦"是继柏拉图和亚里士多德之后影响力第三大的希腊或古典理性主义者思想家"。[3]盖伦对医学的处理方法是"发展自对自然知识或人体核心的必要知识的哲学性理解和方法，这是认出隐藏在病征背后的病因的第一步"。[4]但是我们看不到直接的证据说明伊本·赫勒敦使用了盖伦的方法论，而且他在《历史绪论》中只有少数几次提到过方法论的问题。伊本·赫勒敦曾经列过一个清单来

1 / Ibn Khaldun, *Voyage*, p. 233.

2 / *Muq.*, vol. 3, pp. 139-141.

3 / Dale, *Orange Trees*, pp. 77, 88.

4 / Dale, *Orange Trees*, p. 3.

罗列重要的医学作品，其中表扬过盖伦的解剖学论文《器官的作用》（*De usu partium*）。这可能是伊本·赫勒敦所知道的唯一一部盖伦的作品，他可能是从其他作者的评论中知道盖伦的作品的。他还引述过《器官的作用》中提到的人类是用剑和矛作为爪子和犄角的替代品的说法。[1] 在伊本·赫勒敦对梦的功能所做的有些模糊的讨论中，他把梦归因于人在睡觉时发生的有形动物精气（corporeal animal spirit）活动："这种精神是一种细小的水气，集中在心脏左边，就正如盖伦等人的解剖学作品中讲述的那样。"[2] 另外，伊本·赫勒敦曾批评马苏第对盖伦解释黑人的生理激情性和感情性说法的引述，马苏第对此的说法是因为"他们的大脑存在缺陷"[3]。在批驳马苏第的解释时，他也是在含蓄地批驳盖伦的解释。

戴尔把伊本·赫勒敦看作最初始的推论（deduction）思想家。"推论"的意思是从已知的普遍真理中推理出具体的真理。而与之相对的"归纳"（induction）的意思则是从具体的事例中推断出普遍的结论。今天"推论"的名词和动词形式都被人们广泛误用了。比如 P.

---

1 / *Muq.*, vol. 1, p. 90.

2 / *Muq.*, vol. 1, p. 210.

3 / *Muq.*, vol. 1, p. 175.

G. 伍德豪斯（P. G. Woodhouse）创作的喜剧角色伯蒂·伍斯特（Bertie Wooster），他曾说过一句台词："我会观察和推断。我揣摩证据然后再下我的结论。"[1]也许一个喜剧角色会误用动词"推断"并不是什么新鲜事，但是夏洛克·福尔摩斯总不该犯这样的错。福尔摩斯和伍斯特实际上都用的是"归纳"。

按照戴尔的说法，伊本·赫勒敦系统性地依靠推论的倒推逻辑。但是当人们在思考推论和归纳要如何在实践中使用时，得到的结果很明显，这两种方式无法做出泾渭分明的区别。的确，《历史绪论》在大部分内容上都是以推论的方式行文，先提出普遍的历史发展规律，然后提出具体的例子来举例阐明这些规律。然而，很难构想伊本·赫勒敦是如何阐述他的循环理论的，在他的理论中，充满活力的部落勇士们会战胜城市化了的定居王朝，然后再建立起新的王朝，在慢慢定居化的过程中衰弱，最后被新的一波部落力量所推翻。他没有从他对哈里发国家的早期历史和后来穆拉比特和穆瓦希德王朝历史的解读中推断出这一规律。

在伊本·赫勒敦是不是一位希腊－伊斯兰传统上

---

1 / P. G. Wodehouse, "Indian Summer of an Uncle," 见 Wodehouse, *Jeeves and the Yule-Tide Spirit* (London, 2014), p. 268。

的哲学家这件事上，戴尔可以把马赫迪称为支持者，而吉布、拉科斯特、阿兹梅、哈达迪和弗洛姆赫茨则反对这种知识传承谱系的假设。当然了，这不是一个大家举手表决就能决定的事情。但是我相信本书前面的章节已经提供了足够的证据来表明伊本·赫勒敦的唯理性（rationality）是受到了严格限制的。他很少有能力得到真的亚里士多德的作品，而且他虽然承认过逻辑的确有其用处，但是他认为哲学的实践是危险的。马里克派别的法律在他的历史方法论中占有更重要的角色。

和伊本·赫勒敦相关的小说

本萨勒姆·赫米希（Bensalem Himmich，1949年出生在摩洛哥的梅克内斯）是一位优秀多产的小说家、诗人和哲学家，他在拉巴特的穆罕默德五世大学教授哲学。他于 1998 年出版了《伊本·赫勒敦的历史哲学》。赫米希不相信伊本·赫勒敦的作品是完全的希腊 - 伊斯兰哲学传统，但是他也相同程度地反对将他简单地看作一名法律思想家和温和的苏菲派。和拉科斯特、哈达迪一样，赫米希在《历史绪论》中学到了和今日有关的事，尤其是世界上多数不发达国家的情形。和拉科斯特一样，虽然他也引述索绪尔（Saussure）、德里达（Derrida）、福柯、列维 - 斯特劳斯、德勒兹

（Deleuze）和伽塔利（Guattari）的内容，但是赫米希
受到了马克思和恩格斯著作的强烈影响。他把伊本·
赫勒敦的经济观念和马克思的经济观念做了扩大的对
比。伊本·赫勒敦被评断为既是唯物主义者，又是一
个实证主义者。但是赫米希反对拉科斯特把"亚洲的
生产模式"强加在北非上面。对赫米希来说，在中世
纪论文中找到的信息可以给今天的第三世界国家提供
潜在的指导，让第三世界可以从中世纪的部落主义、
专制主义、委托关系和裙带关系的禁锢中迎来迟来的
解放。

赫米希所呈现出的伊本·赫勒敦是一个郁郁寡
欢的人，是一个身处于危机和衰败的时代里著书立
说之人。赫米希的非虚构作品为他在大约同一时期完
成的小说提供了素材。他的小说《饱学之士》（*Al-
'Allama*）1997 年在贝鲁特首度出版。这本书赢得了埃
及的纳吉布·马哈福兹文学奖并且在埃及出版，随后
被翻译成了英语，英文版书名为"*The Polymath*"。这
本小说的情节是关于伊本·赫勒敦在埃及和叙利亚的
最后几年，有大量的内容引自《历史绪论》和《警示
之书》。事实上，在小说（极具说教性的）前半部分
里，伊本·赫勒敦向他的文书人员详细阐述了他的历
史哲学。哲学家赫米希诠释出了同为哲学家的伊本·
赫勒敦是如何写作的。这是一本讲述知识分子是如何
难以和权威相处的小说，反映了统治者是如何操纵历

史，也表现了最终的孤独和死亡。"到达了终点，然后我看到自己跳入了完全掌控着溶化力和吸引力的无底深渊。在深渊的最低处，在大地和尘土之间，这个地方有能力把坠落的灵魂变回到其最初的泥土。唯一能够逃离的是那些沿着神从天堂送入大地的绳子往上爬的灵魂。"[1]

伊本·赫勒敦的思想也给他的其他小说提供了养料。伊萨克·阿希莫夫的《基地》三部曲的案例已经提到过了。在科幻小说作家弗兰克·赫伯特（1920~1986）的系列小说《沙丘》（Dune）中，来自伊本·赫勒敦的影响被作者表现得十分隐晦，却是一目了然的。《沙丘》（1965）、《沙丘救世主》（1969）和《沙丘之子》（1976）涉及了中世纪风格的星际政治。这些作品就像是《权力游戏》的先行版本，有很多情节是关于贵族家族之间的仇杀的。像贝都因人一样的弗里曼人（Fremen），他们住在荒漠星球阿拉吉星（Arrakis），是香料贸易的掌控者。他们不是骑骆驼，而是沙虫。小说中的弗里曼语明显是以阿拉伯语为基础的，在小说中，读者会看到熟悉的阿拉伯语单词，如 jihad、adab 和 sharia。最重要的，弗里曼人的

---

1 / Bensalem Himmich，*The Polymath*（Cairo，2004），p. 228.

生存手册名叫《警示之书》。弗里曼人是"曾苏尼漫游者"（Zensunni Wanderers）的后代。弗里曼人开采和贸易的香料是用来预测未来的。在《沙丘》系列小说中，如何知道未来是一个重要主题，这就像《历史绪论》一样（见第七章）。虽然弗里曼人支持阿特雷迪斯部族（Atreides clan）的先知保罗·穆阿迪布（Paul Mu'ad Dib）所领导的叛乱，但是他们传统、简朴的生活方式却注定会随着他们在穆阿迪布的领导下掌权而衰败。他和他的后代们将会让弗里曼人变成一个跨星际的征服大军，胜利的征服令他们富有、浪费和腐败。穆阿迪布救世主式的形象有一部分是以穆罕默德为参照的，很明显，赫伯特肯定阅读过蒙哥马利·瓦特（Montgomery Watt）关于先知穆罕默德生平的上下册作品，分别是《在麦加的穆罕默德》（*Muhammad at Mecca*，1953）和《在麦地那的穆罕默德》（*Muhammad at Medina*，1956），除此之外，在一个广播节目采访中，赫伯特确认他曾经阅读了《历史绪论》。

伊本·赫勒敦是东方学的产物吗？

按照美国的伊斯兰研究专家布鲁斯·劳伦斯（Bruce Lawrence）的说法，"伊本·赫勒敦是一个东方学的产物，而且他认为伊本·赫勒敦所诱发出的东方学家的兴趣是很值得拷问的。东方学始于对权力的掌控，以十分含蓄的形式进行，当欧洲国家的殖民势力开始统治穆斯林，他们需要了解他们的臣民，这样才能更好地预测他们的行为以控制他们。伊本·赫勒敦提供的是一份独一无二的资料"。劳伦斯进一步声称，正是伊本·赫勒敦对伊斯兰思想方式和政治运作方式的评论方法吸引了西方的学者们。[1]

我认为劳伦斯的概括夸大了东方学与殖民主义之间的复杂关系。直到进入二十世纪很久之后，人们行事的宗教动机仍然比政治动机重要得多，这其中也包括研究中东和伊斯兰的学者们。他们有些人学习阿拉伯语的目的是翻译《福音书》，以便他们去阿拉伯语地区传教。有些人翻译《古兰经》并且加以评论是为了予以反驳。有些人则把阿拉伯语当作学习希伯来语《圣经》的有力工具。有些人亲自踏上阿拉伯土地去学习东方基督教的教义，希望这些教义能够为基督教欧洲存在的各种宗教争论提供弹药，这些争论包括天主教和新教之争，或天主教内部的耶稣会和约翰逊教派之争。有些人学习阿拉伯部落居民的生活方式是为了可能学到一些古代以色列人的物质文化。[2]

---

1 / Bruce B. Lawrence, "Introduction," Lawrence, 编辑, *Ibn Khaldun and Islamic Ideology* (Leiden, 1984), p. 5。

2 / Robert Irwin, *For Lust of Knowing*.

更为具体的，伊本·赫勒敦是被西尔韦斯特·德·萨西和约瑟夫·冯·哈默－普格斯陶发现的，发现的时间是在法国殖民北非行动的几十年前，德·萨西对于伊本·赫勒敦的简短翻译和评论看起来并不能给殖民者提供什么理解。后来的夸特梅勒是一位受到宗教驱动的学者，他貌似对法兰西帝国一点兴趣也没有。奥地利人冯·克雷默是一个没有中东或北非领土的帝国之公民，他明显是对文化历史本身感兴趣。而且后来的蒙泰伊和拉科斯特是公开的反帝国主义者。此外，大多数关于伊本·赫勒敦的著作都是阿拉伯作者创作的。

必须要承认的是，德·斯雷是受到法国战争部的雇用来翻译伊本·赫勒敦的。后来，高提耶和其他在阿尔及尔和奥兰的大学里执教的法国教授们有选择、不准确地引述伊本·赫勒敦，以强调他们所宣称的阿拉伯人入侵北非所带来的破坏作用，而且他们还误引伊本·赫勒敦的话来表示阿拉伯人和柏柏尔人之间存在着一种永恒的对立。即便如此，研究伊本·赫勒敦的学者们并不是在单一的殖民计划之下效力，而是在许多不同的计划下效力。在一些学者那里，可能有一种按照个人心中的图景来创造伊本·赫勒敦形象的倾向。所以极为虔诚的基督徒汉密尔顿·吉布就认为伊本·赫勒敦是一个虔诚的穆斯林。马克思主义者拉科斯特则把伊本·赫勒敦看作和他一样却更为简单的旅行者。穆欣·马赫迪眼中的伊本·赫勒敦是一个施特劳斯学派的学者，他小心翼翼地阐述不可能被大众所理解的政治哲学。（我觉得我也可能有一些类似可以被责问的做法。）

在后殖民时代，人们对伊本·赫勒敦的研究力度更大了。有一部分原因是政治科学家、社会学家、人类学家、民族志学家和经济学家们的饥渴感，他们想要为他们的研究找到一个祖先或是先导人物。这样的祖先崇拜具有其危险性，而且现代西方基督徒或世俗思想家依靠一位生活于十四世纪的严格穆斯林的著作以合理化他们的思想，这种热忱是很值得人们好奇的。把伊本·赫勒敦高举为现代性上的一颗明星的做法很古怪。

一段时间以来，被学术界广泛研究的课题——希特勒的兴起和衰落、布卢姆茨伯里派（Bloomsbury Group）、魔幻现实主义小说、理查德三世的人生和时代——都开始发挥了其本身具有的张力，已有的书和文章带来了更多的书和文章。质量优良的伊本·赫勒敦翻译作品的出现和大量与伊本·赫勒敦相关的文学作品让这一话题成了一个很有吸引力的研究话题，有时候教授相关内容的知识分子也发展出了他们自己关于应该如何解读伊本·赫勒敦著作的想法。通过这种方式，伊本·赫勒敦相关的文学成为多产显学。迈克尔·布雷特，一名研究中世纪非洲历史的专家，尤其是研究伊本·赫勒敦的专家。布雷特曾经下过如此结论:"伊本·赫勒敦继续对所有人的一切有意义,这件事本身就代表了他的伟大,同时还有他的模糊不清。"[1]

---

1 / Michael Brett, "Problems in the Interpretation of the History of the Maghreb in the Light of Some Recent Publications," *Journal of African History 13* (1972), p. 490.

第十一章　结尾

自由派历史学家H.A.L. 菲舍尔（H.A.L. Fisher）
在1934年出版的《欧洲史》（*History of Europe*）前言
中说道：

> 比我更具智慧和更饱学的人认为历史是剧情，
> 是韵律，是预先设定好了的循环模式。但这些优
> 美之事却对我隐藏起来。我只能看到一个突发事
> 件接着另一个突发事件，就像是波涛一样一波接
> 一波。只有一个值得尊敬的伟大事实，它是独一
> 无二的，这个事实就是历史不存在普遍性，对于
> 一个历史学家来说，只有一条安全原则，即历史
> 学家应该把人类历朝历代的发展看作随机发生、
> 无法预测的剧情……一代人得到的东西可能在下
> 一代人那里失去。[1]

---

1 / H.A.L. Fisher, *A History of Europe*（London，1938），vol. 1，p.
vii.

的确，伊本·赫勒敦比菲舍尔更具智慧也更饱学。他能够仔细审视马林王朝、哈夫斯王朝、阿布杜－瓦迪德王朝、纳斯里王朝中的复杂、不可预测又血腥的政治操作，在这一切思考的基础上，他能够从中概括出一个社群形成和解体的规律。他的历史观不像菲舍尔一般局限于政治上，他还考虑了经济、气候、血缘联系的因素和超自然力量因素在历史中的作用。他相信他所发现的法则将不仅能够解释已经发生的事情，而且还能解释即将发生的事情。

菲舍尔的著作一定是对早先几年出版的汤因比《历史研究》前三卷的负面回应。不用怀疑，菲舍尔的悲观口吻也一定表现出了他在第一次世界大战爆发后所感到的幻灭以及对欧洲纳粹主义和共产主义兴起的焦虑。但是菲舍尔对任何可以看出循环模式的否认则带有一些不诚实。如果他的《欧洲史》中真的没有情节安排、没有模式建构，只是随意堆积了一系列没有特殊重要性的无联系事件的话，那么这样的书是难以阅读的（但是这本书并非如此，我还是在校学生的时候就曾读了好几遍）。他的书的确有一条情节的安排，这一点貌似并没有得到作者的承认。实际上，在表达了他对历史无法带来简单教训的绝望后，他随后补充说："这不是愤怒和绝望的学说。发展的事实已经

平淡、广博地写在历史的书页上了。"[1] 而且，人们可以
预料到，一个持英国辉格党（Whig）历史观的自由派
历史学家将会如何书写历史。在菲舍尔《欧洲史》的
叙述中，并没有出现我们前面提到的那一类循环模式。
他的历史叙述是：罗马文明在欧洲大部分地方繁荣了
三百年，然后毁于条顿人的入侵。历史从此就变成了
一段向着新文明行驶的漫长又颠簸的旅程。在这一旅
程中，文艺复兴、宗教改革和法国大革命都是路途的
里程碑。但是如菲舍尔所写，文明再一次面对了来自
条顿和"北方多神教"的威胁。菲舍尔认为欧洲的历
史理所当然地存在着意义，和世界其他地方的历史不
同："但是在广大的亚洲、非洲、南美洲人们的悲惨故
事，上千万男人和女人在那里生活、工作和死亡，他
们的历史没有留下值得纪念的东西，对未来没有贡献，
这样的历史不被人所考虑。"[2]

　　让我们回到伊本·赫勒敦的话题上来，写这本书
就像是对黑魔法（necromancy）[3]之追求的巅峰一样。
我把一生的大部分时间都用来和一个已经去世六百多
年的人交流，这个人的思考方式和我自己的思考方式

---

1 / Fisher, *A History of Europe*, vol. 1, p. ix.

2 / Fisher, *A History of Europe*, vol. 3, p. 1219.

3 / 用和死人沟通的方式预知未来的魔法。——译者注

十分不同。这有时候就像是在"还魂"一样，而且就像是"还魂"常常遇到的情况，难以解释几世纪以前传来的信息。我意识到有时候我不明白伊本·赫勒敦在说什么。我并不是第一个听不懂他对*"za'iraja"*（命仪）叙述的人，但是我也发觉他对生理学、心理学、梦境和预知未来的阐述十分模糊不清。而且，除了那些他貌似很难加以清晰阐述的话题之外，伊本·赫勒敦思想的深度和阐述也是很具挑战性的。甚至当他的表达看起来是完全清楚的时候，对其加以理解仍然是很困难的。若非如此的话，也就不会有那么多对《历史绪论》不同的解读和阐释了。在这里我想到了华兹华斯（Wordsworth）形容牛顿的话：

> 对他每一个观点的索引都要如大海捞针一般
> 在思想的汪洋中求索。

实际上，那"思想的汪洋"有很多古怪之想，将伊本·赫勒敦现代化并将他思想中古怪的部分忽略掉的做法都是在改变他的真实性质。先前对伊本·赫勒敦的生平和著作的记载的目的是要将他呈现为世界上第一个社会学家，或是早期的马克思主义者，要么就是一个亚里士多德学派的哲学家，抑或是政治哲学家施特劳斯的先行者，那些著作夸张了伊本·赫勒敦的唯理性，假定了一个本质上世俗的思维框架。〔在很多例子中，他们甚至让伊本·赫勒敦有了超现实主义艺术家们所用的术语"预先剽窃"（anticipatory plagiarism）的罪名。]伊本·赫勒敦被平放在一个普罗克汝斯忒斯之床（Procrustean bed，意为削足适履）上，然后他身体的一些部分被切除掉，以使他能够被塞到一个现代设计的模具中去。那些被拿掉的地方包括他对马里克教法学派的献身，以及对神秘力量和未来学的关注，还有他的一些怪异的科学观念。

伊本·赫勒敦写作的目标对象是什么人？当然，他肯定不是写给我的，当然也不是写给二十一世纪世界的众多学者。另外，虽然他把《历史绪论》的抄本送给了突尼斯城的统治者和埃及的苏丹，但他写作的目的貌似并非是给统治者提供指导。他也不太可能是写给同为法官的同僚读者或是他甚至有点看不起的教师们。我们也知道他对于商人和开商店的人是不信任的。大多数他打交道的部落居民都不识字。我怀疑伊本·赫勒敦的理想目标观众正是他自己，而且他写作是为了清理自己的头绪，梳理他脑海中激荡着的各种观点和看法。

我们在阅读伊本·赫勒敦著作时遇到的一些问题来自我们试图让他是一个更有系统的思想家，而不是他本来的样子。在一些关键词上，他的使用是不连贯的，比如"阿萨比亚""游牧"和"阿拉伯"。在马穆鲁克系统是否免疫于衰落的历史循环的问题上，他的态度也是前后不一的。对于历史循环理论是否适用于马格里布以外的地方，他也是前后不一致的。他对传染病原因的表述也前后不一。他的说法时常前后矛盾，这一点在《历史绪论》中并不少见。他的这本书是在很长一段时间内的不同地点完成的。在写作过程中，有时候他能够在大图书馆中查阅资料，而有的时候他没有这样的便利。除此之外，正如亚里士多德说的："伟大的人犯重大的错误。"

伊本·赫勒敦的著作是不是和今天有关呢？有很多阿拉伯学者对这个问题的答案都是肯定的。哈达迪相信现代人类学家可以从伊本·赫勒敦那里学到很多东西。赫米希在《历史绪论》中找到了支持马克思主义的观点。其他阿拉伯学者赞扬伊本·赫勒敦是一个早期的阿拉伯民族主义者。在这里举一个有些不同的例子，在《2004年阿拉伯人类发展报告》（*Arab Human Development Report 2004*）中也能看到伊本·赫勒敦如幽灵般地出现。这份报告对海湾地区，或更概括性的二十一世纪阿拉伯世界的观点是："部族主义（阿萨比亚）在各种形式上的表现（部落性、以部族为基础的、公社性的和民族性的）……通过威权的族长系统（authoritarian patriarchal system）的力量紧紧地束缚着这里的人们。这一现象……呈现出了一条双向车道，在这种情形下，服从和忠诚会换来保护、资助和共享利益……它的积极方面包括一种对社群的归属感，以及集体利益优先的渴望。"[1] 在所有提到"积极方面"的地方，这份报告都清晰地用轻蔑的形式使用"'*asabiyya*'"一词，而且将其放在城市语境中使用。在伊本·赫勒敦对"阿萨比亚"一词的使用中，它总是带有积极的意味，是一种前进动力的意思，而《报告》则是含蓄地将"阿萨比亚"描述为当代阿拉伯社会停滞的原因之一。

今天很少还会有人像伊本·赫勒敦一样，认为部落忠诚是社会变革的引擎。《历史绪论》主要的魅力在于这本书的作者从中世纪的时代前提出发，利用中世纪的资料，继而创造出有力的神学模型，以解释作者所处的世界是如何运行的。从这一点来看，即使伊本·赫勒敦的神学模型和结论无法应用于现代社会，伊本·赫勒敦仍然可以和达尔文、马克思、涂尔干相提并论。正如马克·扎克伯格（Mark Zuckerberg）在 2015 年时将《历史绪论》选为他的年度书单之一时说的，"虽然当时人们所相信的大部分事情在七百多年的时间中都被推翻了，但是看看人们当时的观念和普遍世界观是什么样子仍然是一件很有趣的事。这些事情在这本书里都有所讨论。"[2]

---

1 / *Arab Human Development Report 2004*（New York，2005），p. 145.
2 / http：//www.businessinsider.com/mark-zuckerberg-the-muqaddimah-2015.6.

也许《历史绪论》的最终目的是让穆斯林做好末日审判的准备。伊本·赫勒敦曾引述一句先知说过的话："在现世就像是一个陌生人和过客。"这位历史学家的阴郁和孤独的程度令我们惊讶。我们可以说，伊本·赫勒敦没有理由怀有对奢侈的偏见，在今天的世界，一定会有很多人可以用自己的经验来反驳伊本·赫勒敦，奢侈生活有助于健康和心意上的满足。他是一个简朴之人，但也是一个傲慢的人，这一点正如他的同时代人和他自己的作品所证明的那样。但是他的确有很多值得傲慢的资本。《古兰经》和马里克教法学派的法律中有许多思想和他契合。在很多方面，他都是出色且出类拔萃的。然而在其他很多方面，他的想法完完全全是传统穆斯林的想法。因此，这本书的目的不仅是记录他的天才作品，同样也是一本了解普通穆斯林信念的指南。

最终："我们几乎偏离了我们的目的。现在我们想要停下来……也许一些后来的学者能做到，他们拥有神赐予的伟大头脑和学术能力，他们将洞悉这些问题，比我们这里的阐述能知晓更多的细节……真主是至知的，而我们并不知道。"[1]

---

1 / *Muq.*, Vol. 3, p. 481.

参考书目 [*]

伊本·赫勒敦的著作

《历史绪论》有许多版本，最早的一本是夸特梅勒的 *Prolégomènes d'Ebn-Khaldoun*，3 vols.（Paris，1858）。但是没有评论性的阿拉伯语版《历史绪论》能够提供对不同手抄本的评述，因此罗森塔尔的翻译可以当作替代品。他的翻译版书名是 *The Muqaddimah*：

---

[*] / 为方便中文版读者查阅原文，相关著作将以原文显示（绝大多数参考书目目前皆无中文译本）。

An Introduction to History，translated by Franz Rosenthal，3 vols. 2nd ed.（1967，London；reprinted in Princeton，NJ，1980）。罗森塔尔所写的关于伊本·赫勒敦的导言提供了有关他生平、作品和手抄本的高水平的阐述。还有一本由 N. J. 达伍德（N. J. Dawood）完成的罗森塔尔翻译版的精简版本，其中还有布鲁斯·劳伦斯所写的导言，以及罗森塔尔原本的导言。另外还可以参阅哈达迪翻译的 *Le Livre des exemples*，2 vols.，（Paris，2002）。这本书是佳利玛出版社的优秀出版物，收录在昴宿星团系列书系（Bibliothèque de la Pléiade）中。仔细编辑和注释的第一卷中，包括《旅程》和《历史绪论》的翻译。在第二卷中，包括了对《警示之书》关于马格里布阿拉伯人和柏柏尔人部分的翻译。

《历史绪论》的另外两版法语翻译主要关注的是历史。德·斯雷的版本名为 *Prolégomenes historiques d'Ibn Khaldoun*，3 vols.（Paris，1862，1865，1868）。蒙泰伊的版本名为 *Discours sur l'histoire universelle*，3 vols.（Beirut，1967~1968）。

Y. A. 达吉尔（Y. A. Daghir）出版了七卷本的《警示之书》（*Kitab al-'Ibar*，Beirut，1992）。德·斯雷的部分翻译版名为 *Ibn Khaldoun：Histoire des Berbères et des dynasties musulmanes de l'Afrique septenrionale*，4 vols.（Algiers，1952~1956）。

Peuples et nations du monde，2 vols.（Arles，1986）中包含了哈达迪从《历史绪论》和《警示之书》选取部分的翻译。第一卷从《警示之书》中选取的内容是关于早期阿拉伯人、希木叶尔人（Himyarites）、巴比伦的众位国王、摩西、希腊人、罗马人和拜占庭人的内容。第二卷中包括经过选取的先知历史、倭马亚王朝、阿拔斯王朝和马格里布的阿拉伯人与柏柏尔人历史。

关于伊本·赫勒敦的传记作品，有一个经过精细编辑的版本，名为 *Al-Ta'rif bi-Ibn Khaldun wa-rihlatahu gharban wa sharqan*，编辑人是穆罕默德·塔维特·坦吉（Muhammad Tawit al-Tanji, Cairo, 1951）。还有哈达迪翻译的《警示之书》节选，名为 *Le Voyage d'Occident et d'Orient*（Paris，1980）。

伊本·赫勒敦撰写的 *Shifa' al-sa'il li tadhhib al-masa'il* 经过伊戈纳斯·阿博德·卡里费（Ignace Abdo Kalifé，Beirut，1959）的编辑并出版。勒内·佩雷兹（René Pérez）对这本书的翻译以 *La Voie et la loi* 之名出版（Arles，1991），其中的导言部分最有用也最有洞察力。

总书目

Abdesselem, Ahmed. *Ibn Khaldun et ses lecteurs* (Paris, 1983).

Abel, Armand. "Changements politiques et littérature eschatologique dans le monde musulman." *Studia Islamica* 2 (1954), pp. 23–43.

———. "La place des sciences occultes dans la décadence." In *Classicism et déclin culturel dans l'histoire de l'Islam*, edited by R. Brunschvig and G. E. Von Grunebaum (Paris, 1958), pp. 291–31.

———. "Un hadith sur la prise du Rome dans la tradition escatologique de l'Islam." *Arabica* 5 (1958), pp. 1–14.

Adorno, Anselm. *Itinéraire d'Anselme Adorno en Terre Sainte (1470–1471)*. Edited and translated by Jacques Heers and Georgette de Groer (Paris, 1978).

Adorno, Theodor. "Theses against Occultism," *Telos* (1974), pp. 7–12.

Arab Human Development Report 2004 (New York, 2005).

Arabian Nights: Tales of 1001 Nights. Translated by Malcolm Lyons, 3 vols. (London, 2008).

Arié, Rachel. *L'Espagne Musulmane au temps des Nasrides (1232–1492)* (Paris, 1973).

Ayalon, David. *Gunpowder and Firearms in the Mamluk Kingdom: A Challenge to a Medieval Society* (London, 1956).

———. "The Position of the Yāsa in the Mamlūk Sultanate." *Studia Islamica* 36 (1972).

al-Azmeh, Aziz. *Ibn Khaldun, an Essay in Reinterpretation* (London, 1982).

———. *Ibn Khaldun in Modern Scholarship: A Study in Orientalism* (London, 1981).

Benchekroun, Mohammed B. A. *La Vie intellectuelle Marocaine sous les Mérinides et les Wattasides* (Rabat, 1974).

Berkey, Jonathan P. *Popular Preaching and Religious Authority in the Medieval Islamic Near East* (Seattle and London, 2001).

———. *The Transmission of Knowledge in Medieval Cairo: A Social History of Islamic Education* (Princeton, 1992).

Berque, Jacques. "Ibn Khaldoun et les Bédouins." In Berque, *Maghreb, histoire et société* (Algiers, 1974), pp. 48–52.

Binbaş, Ilker Evrim. *Intellectual Networks in Timurid Iran: Sharaf al-Din ʿAli Yazdi and the Islamicate Republic of Letters* (Cambridge, 2016).

Bosworth, Edmund. "Mirrors for Princes." In *Encyclopedia of Arabic Literature*, edited by Julie Scott Meisami and Paul Starkey, 2 vols. (London and New York, 1998), vol. 2, pp. 527–29.

Braudel, Fernand. *The Mediterranean and the Mediterranean World in the Age of Philip II*. Translated by Siân Reynolds, 2 vols. (London, 1972).

Bresc, Henri and Annliese Nef. *Idrisi; La première géographie de l'Occident* (Paris, 1999).

Brett, Michael. "The Flood of the Dam and the Sons of the New Moon." In *Mélanges offerts à Mohammed Talbi* (Tunis, 1993), pp. 55–67.

———. "Problems in the Interpretation of the History of the Maghreb in the Light of Some Recent Publications." *Journal of African History* 13 (1972), pp. 489–506.

———. Review of Aziz al-Azmeh's two books on Ibn Khaldun. *Bulletin of the School of Oriental and African Studies* 46 (1983), pp. 345–47.

Brett, Michael and Elizabeth Fentress. *The Berbers* (Oxford, 1996).

Brett, Michael and Werner Forman. *The Moors: Islam in the West* (London, 1980).

Broadbridge, Anne F. "Academic Rivalry and the Patronage System: al-ʿAyni and al-Maqrizi." *Mamluk Studies Review* 3 (1999), pp. 85–107.

———. "Royal Authority, Justice and Order in Society: The Influence of Ibn Khaldun on the Writings of al-Maqrizi and Ibn Taghribirdi." *Mamluk Studies Review* 7, pt. 2 (2003), pp. 231–45.

Brunschvig, Robert. *La Berbérie orientale sous les Hafsides: des origins à la fin du XVe siècle*. 2 vols. (Algiers, 1940, 1947).

Burke, Peter. *Vico* (Oxford, 1985).

Burrow, J. W. *Gibbon* (London, 1985).

Cahen, Claude. "Quelques mots sur les hilaliens et le nomadisme." *Journal of the Economic and Social History of the Orient* 11 (1960), pp. 130–33.

Campanini, Massimo. "Al-Ghazzali." In *History of Islamic Philosophy*, pt. 1, edited by Seyyed Hossein Nasr and Oliver Leaman (London, 1996), pp. 258–74.

Carr, E. H. *What Is History?* (London, 1961).

Casanova, Paul. "Le Malhamat dans l'islam primitif." In *Revue de l'Histoire des Religions* 61 (1910), pp. 151–61.

———. *Mohammed et la fin du monde* (Paris, 1911).

Chatwin, Bruce. *The Songlines* (London, 1987).

Cheddadi, Abdesselam. *Ibn Khaldûn: L'homme et le théoricien de la civilisation* (Paris, 2006).

Cheddadi, Abdesselam. *Ibn Khaldoun revisité* (Casablanca, 1999).

Chejne, Anwar G. *Muslim Spain, Its History and Culture* (Minneapolis, 1974).

Cole, Donald P. "Bedouin and Social Change in Saudi Arabia." *Journal of Asian African Studies* 16 (1981), pp. 128–40.

Cook, Michael. *Commanding Right and Forbidding Wrong in Islamic Thought* (Cambridge University Press, 2010).

Cooperson, Michael. "Biographical Literature." In *The New Cambridge History of Islam*, vol. 4, *Islamic Cultures and Societies to the End of the Eighteenth Century* (Cambridge, 2010), pp. 458–73.

Crone, Patricia. *Medieval Islamic Political Thought* (Edinburgh, 2004).

———. *Pre-Industrial Societies* (Oxford, 1989).

———. *Slaves on Horses: The Evolution of the Islamic Polity* (Cambridge, 1980).

Dakhlia, Jocelyne. "Un miroir de la royauté au Maghreb: la ville d'airan." In *Genèse de la ville islamique en al-Andalus et au Maghreb occidental*, edited by Patrice Cressier and Mercedes García Arenal (Madrid, 1998), pp. 17–36.

Dale, Stephen Frederick. "Ibn Khaldun: The Last Greek and The First *Annaliste* Historian." *International Journal of Middle East Studies* 38 (2006), pp. 431–51.

———. *The Orange Trees of Marrakesh: Ibn Khaldun and the Science of Man* (Cambridge, MA, 2015).

Deprest, Florence. "Gautier." In *Dictionnaire des orientalistes de langue française*, edited by François Pouillon (Paris, 2012), pp. 456–57.

Dickson, H.R.P. *The Arab of the Desert: A Glimpse into Badawin Life in Kuwait and Sa'udi Arabia* (London, 1949).

Dirda, Michael. Introduction to *Foundation, Foundation and Empire, Second Foundation*. Bound as one (New York, 2010).

Dols, Michael W. *The Black Death in the Middle East* (Princeton, NJ, 1977).

Dunlop, D. M. *Arab Civilization to AD 1500* (London, 1971).

Enan, Mohammad Abdullah. *Ibn Khaldun, His Life and Works* (Lahore, 1941).

Ernst, Carl W. *The Shambhala Guide to Sufism* (Boston, 1997).

Fahd, Toufic. *La Divination arabe* (Paris, 1987).

Fakhry, Majid. *Averroes (Ibn Rushd): His Life, Works and Influence* (Oxford, 2001).

Fernandes, Leonor. *The Evolution of a Sufi Institution in Mamluk Egypt: The Khanqah* (Berlin, 1988).

Fierro, Maribel. "Batinism in al-Andalus: Maslamah b. Qurtubi Author of the *Rutbat al-hakim* and the *Ghayat al-hakim.*" *Studia Islamica* 84 (1996), pp. 87–112.

Filiu, Jean Pierre. *Apocalypse in Islam.* Translated by M. B. DeBevoise (Berkeley, 2011).

Fischel, Walter J. "A New Latin Source on Tamerlane's Conquest of Damascus (1400–1401) (B. de Mignanelli's Vita Tamerlani 1416)." *Oriens* 9 (1956), pp. 201–32.

———. *Ibn Khaldūn and Tamerlane: Their Historic Meeting in Damascus, 1401 A. D. (803 A. H.): A Study Based on Arabic Manuscripts of Ibn Khaldūn's "Autobiography," with a Translation into English, and a Commentary* (Berkeley and Los Angeles, 1952).

———. *Ibn Khaldun in Egypt: His Public Functions and His Historical Research* (Berkeley and Los Angeles, 1967).

———. "Ibn Khaldûn's 'Autobiography' in the Light of External Arabic Sources." In *Studi orientalistici in onore di Giorgio Levi Della Vida*. 2 vols. (Rome, 1936), vol. 1, pp. 287–308.

Fisher, H.A.L. *A History of Europe*. 2nd ed., 3 vols. (London, 1938).

Fleischer, Cornell. "Royal Authority, Dynastic Cyclism and 'Ibn Khaldunism' in Sixteenth-Century Ottoman Letters." *Journal of Asian and African Studies* 18 (1983), pp. 198–219.

Fletcher, Madeleine. "Al-Andalus and North Africa in Almohad Ideology." In *The Legacy of Muslim Spain*, edited by Salma Khadra Jayyusi (Leiden, 1992), pp. 235–58.

Foucault, Michel. *The Order of Things: An Archaeology of the Human Sciences*. Anonymous translation (London, 1970).

Fromherz, Allen James. *The Almohads: The Rise of an Islamic Empire* (London, 2010).

———. *Ibn Khaldun, Life and Times* (Edinburgh, 2001).

Fück, J. *Die Arabischen Studien in Europa bis in den Anfangdes 20. Jahrhunderts* (Leipzig, 1955), pp. 158–66.

Fudge, Bruce. "Underworlds and Otherworlds in *The Thousand and One Nights*." *Middle Eastern Literatures* 15 (2012), pp. 257–72.

Garcin, Jean-Claude. *Les Mille et Une Nuits et l'Histoire* (Paris, 2016).

———. "The Regime of the Circassian Mamluks." In *The Cambridge History of Egypt: Volume One, Islamic Egypt, 640–1517*, edited by Carl Petry (Cambridge, 1998), pp. 290–317.

Gautier, Émil-Félix. *L'Islamisation de l'Afrique du Nord: Les siècles obscures du Maghreb* (Paris, 1927).

Gellner, Ernest. *Anthropology and Politics: Revolutions in the Sacred Grove* (Oxford, 1995).

———. *Muslim Society* (Cambridge, 1981).

———. *Saints of the Atlas* (London, 1969).

Ghrab, Saad. *Ibn 'Arafah et le Malikisme en Ifriqiya au VIII/XIVe siècles*. 2 vols. (Tunis, 1996).

Gibb, Hamilton. *Arabic Literature: An Introduction* (Oxford, 1926).

———. "The Islamic Background of Ibn Khaldun's Political Theory." In Gibb, *Studies on the Civilization of Islam* (Boston, 1962).

———. Review of Rosenthal's translation of the *Muqaddimah*. In *Speculum* 35 (1960), pp. 139–42.

Gibbon, Edward. *Autobiography of Edward Gibbon* (London, 1907).

Goldzink, Jean. "Montesquieu." In *Dictionnaire des orientalistes de langue française,* edited by François Pouillon (Paris, 2012), pp. 742–44.

Grosrichard, Alain. *Structure du sérail* (Paris, 1979).

Grunebaum, Gustave E. von. *Medieval Islam* (Chicago, 1946).

Gutas, Dmitri. *Greek Thought, Arabic Culture: The Graeco-Arabic Translation Movement in Baghdad and Early 'Abbasid Society (2nd–4th/8th–10th Centuries)* (London, 1988).

Haarmann, Ulrich. "Auflösung und Bewahrung der klassischen Formen arabischer Geschichtsschreibung in der Zeit der Mamluken." *Zeitschrift fur deutschen Morgenländischen Gesellschaft* 121 (1971).

Hammer-Purgstall, Joseph von. "Notice sur l'Introduction à la connaissance de l'histoire, célèbre ouvrage d'Ibn Khaldoun." *Journal Asiatique*, 1st ser., vol. 1 (1822) pp. 267–78; vol. 4, pp. 158–61.

———. *Uber den Verfall des Islam nach den ersten drei Jahrhunderten der Hidschrat* (Vienna, 1812).

Hamori, Andras. "An Allegory from the *Arabian Nights*: The City of Brass." In Hamori, *The Art of Medieval Arabic Literature* (Princeton, NJ, 1974), pp. 145–63.

Herbelot, Barthelémi d'. *Bibliothèque orientale.* 4 vols. (The Hague, 1772–79).

Herbert, Frank. *The Children of Dune* (London, 1976).

———. *Dune* (London, 1966).

———. *Dune Messiah* (London, 1971).

Hillenbrand, Carole. "Al-Ghazzali." In Meisami and Starkey, *Encyclopedia*, vol. 1, pp. 252–53.

Himmich, Bensalem. *Al-'allama* (Beirut, 1997). Translated by Roger Allen as *The Polymath* (Cairo, 2004).

———. *Khalduniyya fi daw' falsafat al-ta'rikh* (Cairo, 1998). Translated in French as *Ibn Khaldûn: Un philosophe de l'histoire* (Rabat, 2006).

Hodgson, Marshall. *The Venture of Islam: Conscience and History in a World Civilization.* 3 vols. (Chicago and London, 1977).

Holt, P. M. *The Age of the Crusades: The Near East from the Eleventh Century to 1517* (Harlow, Essex, 1986).

———. "The Structure of Government in the Mamluk Sultanate." In *The Eastern Mediterranean Lands in the Period of the Crusades,* edited by Holt (Warminster, Wiltshire, 1977), pp. 44–61.

Hookham, Hilda. *Tamburlaine the Conqueror* (London, 1962).

Horne, Alastair. *A Savage War of Peace: Algeria 1954–1962* (London, 1977).

Hourani, Albert. *A History of the Arab Peoples* (London, 1991).

———. "Toybee's Vision of History." In Hourani, *Europe and the Middle East* (London, 1980), pp. 135–60.

Huizinga, Jan. *The Waning of the Middle Ages: A Study of the Forms of Life, Thought and Art in France and the Netherlands in the Fourteenth and Fifteenth Centuries.* Translated by F. Hopman (London, 1955).

Hume, David. *Treatise on Human Nature* (London, 1734–37).

Husayn, Taha. *Étude analytique et critique de la philosophie sociale d'Ibn Khaldoun* (Paris, 1917).

Ibn 'Arabshah, Ahmed. *Fakihat al-khulafa' wa mufakahat al-zurafa'.* Edited by Ayman 'Abd al-Jabir al-Buhayri (Cairo, 2001).

———. *Tamerlane or Timur the Great Amir.* Translated by J. H. Sanders (London, 1936).

Ibn al-Furat, Muhammad. *Ta'rikh al-duwal wa'l-muluk.* Edited by Qutantin Zurayq, 9 vols. (Beirut, 1936–42).

Ibn Hajar, Ahmad. *Inba' al-ghumr bi-abna' al-umr.* Edited by Hasan Habashi, 3 vols. (Cairo, 1971).

———. *Raf al-'isr 'an qudat Misr.* 2 vols. (Cairo, 1957, 1961).

Ibn Jubayr, Muhammad. *The Travels of Ibn Jubayr.* Translated by R.J.C. Broad hurst (London, 1952).

Ibn Taghribirdi, Abu al-Muhasin. *Al-Manhal al-safi wa al-mustawfi ba'd al waf* 9 vols. (Cairo, 1994).

———. *Al-Nujum al-Zahira fi muluk Misr wa-al-Qahira.* Publications in Semiti Philology (Berkeley, 1915–60), vols. 5–7, 12, 14, 17–19, 22.

Irwin, Robert. *The Alhambra* (London, 2004).

———. *For Lust of Knowing: The Orientalists and Their Enemies* (Londor 2006). Published in the United States as *Dangerous Knowledge: Orientalisr and Its Discontents* (New York, 2007).

———. "Gunpowder and Firearms in the Mamluk Sultanate Reconsidered." I *The Mamluks in Egyptian and Syrian Politics and Society,* edited by M. Wint and A. Levanoni (Leiden, 2004), pp. 114–39.

———. *The Penguin Anthology of Classical Arabic Literature* (London, 2006 First published as *Night and Horses and the Desert: An Anthology of Classic Arabic Literature* (London, 1999).

———. "The Privatisation of 'Justice' under the Circassian Mamlūks." *Mamlu Studies Review* 6 (2002), pp. 63–70.

———. Review of Stephen Dale, *The Orange Trees of Marrakesh,* in *Times Lite ary Supplement,* April 1, 2016, p. 24.

———. "Toynbee and Ibn Khaldun." *Middle Eastern Studies* 33 (1997), pp. 461–7'

———. "Tribal Feuding and Mamlūk Factions in Medieval Syria." In *Texts, Do uments and Artefacts: Islamic Studies in Honour of D. S. Richards,* edited t C. F. Robinson (Leiden, 2003), pp. 251–64.

Kennedy, Hugh. *The Court of the Caliphs: The Rise and Fall of Islam's Greate Dynasty* (London, 2004).

———. *An Historical Atlas of Islam* (Leiden, 2002).

Khalidi, Tarif. *Islamic Historiography: The Histories of Mas'udi* (New York, 1975

Khaneboubi, Ahmed. *Les Institutions gouvernmentales sous les Merinides (1258 1465)* (Paris, 2008).

Knysh, Alexander D. *Ibn 'Arabi in the Later Islamic Tradition: The Making of Polemical Image in Medieval Islam* (Albany, NY, 1998).

———. "Ibn al-Khatib." In *The Cambridge History of Arabic Literature: The L erature of Al-Andalus,* edited by Maria Rosa Menocal, Raymond P. Scheindli and Michael Sells (Cambridge, 2000).

———. "Sufism." In *The New Cambridge History of Islam,* edited by Robe Irwin, vol. 4, *Islamic Cultures and Societies to the End of the Eighteenth Ce tury* (Cambridge, 2010), pp. 60–104.

Kosei, Morimoto. "What Ibn Khaldun Saw: The Judiciary of Mamluk Egypt *Mamluk Studies Review* 6 (2002), pp. 109–31.

Kraus, Paul. *Jābir ibn Hayyān: Contribution à l'histoire des idées scientifiqu dans l'Islam.* 2 vols. (Paris, 1942).

Labib, Subhi Y. "Al-Asadi und sein Bericht über Verwaltungs- und Geldrefor im 15 Jahrhundert." *Journal of Economic and Social History of the Orient*

Lacoste, Yves. *Ibn Khaldun: The Birth of History and the Past of the Third Worl*
Translated by David Macey (London, 1984). First published as *Ibn Khaldou*
naissance de l'histoire passé du tiers-monde (Paris, 1966).

Larzul, Sylvette. "Silvestre de Sacy." In *Dictionnaire des orientalistes de langi*
française, edited by François Pouillon (Paris, 2012), pp. 953–55.

Lawrence, Bruce B. "Introduction: Ibn Khaldun and Islamic Ideology." In *Il*
Khaldun and Islamic Ideology, edited by Lawrence (Leiden, 1984), pp. 2–13

Lawrence, T. E. *Seven Pillars of Wisdom: The Complete 1922 "Oxford" Te.*
(Fordingbridge, Hampshire, 2004).

Leaman, Oliver. *An Introduction to Classical Islamic Philosophy* (Cambridge, 198!

Lewis, Bernard. "The Decolonisation of History." *Times Literary Supplemer.*
August 1968, p. 853.

———. "Ibn Khaldun in Turkey." In *Islam in History; Ideas, People, and Even*
in the Middle East. 2nd ed. (Chicago and La Salle, IL, 1993), pp. 233–36.

———. "Islamic Concepts of Revolution." In Lewis, *Islam in History; Ideas, Pe*
ple, and Events in the Middle East. 2nd ed. (Chicago and La Salle, IL, 1993
pp. 311–20.

Little, Donald Presgrave. *An Introduction to Mamluk Historiography: An Ana*
ysis of Arabic Annalistic and Biographical Sources for the Reign of al-Mal.
an-Nasir Muhammad ibn Qala'un (Wiesbaden, 1970).

López, Emilio Molina. *Ibn al-Jatib* (Granada, 2001).

Lovecraft, H. P. *Lovecraft, The Complete Fiction.* Edited by T. Joshi (New Yor
2008).

Lovejoy, Arthur O. *The Great Chain of Being: A Study of the History of an Id*
(New York, 1936).

Lyons, Malcolm C. *The Arabian Epic: Heroic and Oral Storytelling.* 3 vols. (Can
bridge, 1995).

Mahdi, Muhsin. *Ibn Khaldûn's Philosophy of History: A Study in the Philosoph*
Foundation of the Science of Culture, 2nd ed. (Chicago, 1964).

Mahfouz, Naguib. *The Harafish.* Translated by Catherine Cobham (New Yor
1993).

al-Maqrizi, Ahmed ibn 'Ali. *Kitab al-suluk.* 3 vols. (Cairo, 1956–73).

———. *Mamluk Economics: A Study and Translation of al-Maqrizi's Ighatha.*
Edited and translated by Adel Allouche (Salt Lake City, 1994).

———. *Al-Mawa'iz wa-l-i'tibar bi-dhikr al-khitat wa'l-athar.* 2 vols. (Bula.
1854).

Marquet, Yves. *La Philosophie des Ihwan al-Safa* (Algiers, 1975).

Marzolph, Ulrich, and Richard van Leeuwen. *The Arabian Nights Encyclopedi.*
2 vols. (Santa Barbara, CA, 2004).

Massoud, Sami G. *The Chronicles and Annalistic Sources of the Early Mamlu*
Circassian Period (Leiden, 2007).

al-Mas'udi, 'Ali ibn al-Husayn. *Meadows of Gold: The 'Abbasids.* Translated b
Paul Lunde and Caroline Stone (London, 1989).

———. *Muruj al-dhahab wa-ma'adin al-jawhar.* 9 vols. (Paris, 1861–77).

———. *Les prairies d'or.* Translated by Barbier de Meynard and Pavet d

Meloy, John L. "The Privatization of Protection: Extortion and the State in the Circassian Mamluk Period." *Journal of Economic and Social History of the Orient* 47 (2004), pp. 195–212.

Menocal, María Rose. *The Ornament of the World: How Muslims, Jews, and Christians Created a Culture of Tolerance in Medieval Spain* (New York, 2002).

Messaoudi, Alain. "De Slane." In *Dictionnaire des orientalistes de langue française,* edited by François Pouillon (Paris, 2012), p. 959.

———. "Hammer-Purgstall." In *Dictionnaire des orientalistes de langue française,* edited by François Pouillon, 2nd ed. (Paris, 2012), pp. 509–10.

———. "Quatremère." In *Dictionnaire des orientalistes de langue française,* edited by François Pouillon (Paris, 2012), pp. 840–41.

Monteil, Vincent. "Ibn Khaldoûn, sociologue et historien (1332–1406)." *Revue Historique* 237 (1967), pp. 339–58.

Namier, Lewis. *Conflicts: Studies in Contemporary History* (London, 1942).

Nasr, S. H. *An Introduction to Islamic Cosmological Doctrines.* 2nd ed. (London, 1978), pp. 25–104.

Nasser, Nassif. "Le maître d'Ibn Khaldun: al-Abili." *Studia Islamica* 20 (1964), pp. 103–15.

Netton, Ian R. *Muslim Neoplatonism: An Introduction to the Thought of the Brethren of Purity (Ikhwan al-Safa')* (Edinburgh, 1991).

Norris, H. T. *Saharan Myth and Saga* (Oxford, 1972).

Oumlil, Ali. *L'Histoire et son discours: essai sur la méthodologie d'Ibn Khaldoun* (Rabat, 1982).

Pellat, Charles, ed. and trans. *The Life and Works of Jahiz* (Berkeley and Los Angeles, 1969).

Penman, Jim. *Biohistory: Decline and Fall of the West* (Newcastle upon Tyne, 2015).

Pérez, René. Introduction to Ibn Khaldun, *La Voie et la loi: ou le maître et le jurist, Shifa' al-sa'il li-tahdhib al-masa'il.* Translated by René Pérez (Arles, 1991).

Pinault, David. *Story-Telling Techniques in the Arabian Nights* (Leiden, 1992).

Poncet, J. "Le mythe de catastrophie hilalienne." *Annales Economies, Societés, Civilisations* 22 (1967), pp. 1099–120.

Redjala, M'barek. "Un texte inédit du Muqaddima." *Arabica* 22 (1975), pp. 320–23.

Ridgeon, Lloyd, ed. *The Cambridge Companion to Sufism* (Cambridge, 2015).

Robinson, Chase F. *Islamic Historiography* (Cambridge, 2003).

Rosenthal, Franz. *A History of Muslim Historiography* (Leiden, 1968).

———. "Ibn Khaldun in His Time." In *Ibn Khaldun and Islamic Ideology,* edited by Bruce B. Lawrence (Leiden, 1984).

Roughi, Ramzi. *The Making of a Mediterranean Emirate: Ifriqiyya and Its Andalusis, 1200–1400* (Philadelphia, 2011).

Russell, Bertrand. *A History of Philosophy* (London, 1946).

al-Sakhawi, Muhammad. *Al-Daw' al-lami'.* 12 vols. (Cairo, 1934–36).

Sedgwick, Mark. *Muhammad Abduh* (Oxford, 2010).

Serjeant, R. B. Review of Rosenthal's translation of the *Muqaddima* in *Bulletin of the School of Oriental and African Studies,* vol. 24 (1961), pp. 143–44.

Schulz, Warren. "Mansa Musa's Gold in Mamluk Cairo: A Reappraisal of a World Civilization Anecdote." In *Post-Mongol Central Asia and the Middle*

East: Studies in History and Historiography in Honour of Professor John E. Woods, edited by J. Pfeiffer, S. Quinn, and E. Tucker (Wiesbaden, 2006), pp. 428–47.

Shatzmiller, Maya. L'historiographie Merinide: Ibn Khaldūn et ses contemporains (Leiden, 1982).

———. The Berbers and the Islamic State: The Marinid Experience in Pre-Protectorate Morocco (Princeton, NJ, 2000).

Shboul, Ahmed. Al-Mas'udi and His World (London, 1979).

Silvestre de Sacy, Antoine-Isaac. Chrestomathie arabe. 2nd revised ed. 2 vols. (Paris, 1806).

Stetkevych, Jaroslav. The Zephyrs of Najd: The Poetics of Nostalgia in the Classical Arabic Nasib (Chicago, 1993).

al-Tahtawi, Rifa'a Rafi'. An Imam in Paris: Account of a Stay in France by an Egyptian Cleric (1826–1831). Translated by Daniel L. Newman. 2nd ed. (London, 2011).

Talbi, M. "Ibn Khaldun." In The Encyclopedia of Islam. 2nd ed. Edited by H.A.R. Gibb et al., 13 vols. (Leiden, 1960–2009), vol. 3, pp. 825–31.

Tales of the Marvellous and News of the Strange. Translated by Malcolm Lyons (London, 2014).

Thesiger, Wilfred. Arabian Sands (London, 1959).

Toynbee, Arnold. A Study of History. 2nd ed. 12 vols. (London, 1935).

Trevor-Roper, Hugh. "Ibn Khaldoun and the Decline of Barbary." In Trevor-Roper, Historical Essays (London, 1957).

Triaud, Jean-Louis. "Monteil." In Dictionnaire des orientalistes de langue française, edited by François Pouillon (Paris, 2012), pp. 740–42.

Valéry, Paul. "The Crisis of the Mind." In Valéry, History and Politics, translated by Denise Foliot and Jackson Mathews (London, 1963).

Varisco, Daniel. "Ernest Gellner: Idealized to a Fault." In Varisco, Islam Observed: The Rhetoric of Anthropological Reprsentation (New York, 2005), pp. 53–80.

Webb, Peter. Imagining the Arabs: Arab Identity and the Rise of Islam (Edinburgh, 2016).

Wiseman, John. SAS Survival Guide (Glasgow, 1993).

索引

（本部分页码为原书页码，即中文版的页边码）

图书在版编目（CIP）数据

伊本·赫勒敦：天才的一生／（英）罗伯特·欧文
（Robert Irwin）著；苑默文译．-- 北京：社会科学文
献出版社，2018.10

书名原文：Ibn Khaldun：An Intellectual
Biography

ISBN 978 - 7 - 5201 - 3210 - 7

Ⅰ.①伊…　Ⅱ.①罗…②苑…　Ⅲ.①伊本·赫勒敦
（Ibn KhaldunIbn Khaldun 1332 - 1406）- 传记　Ⅳ.
①B371

中国版本图书馆 CIP 数据核字（2018）第 175037 号

伊本·赫勒敦：天才的一生

著　　者／［英］罗伯特·欧文（Robert Irwin）
译　　者／苑默文

出 版 人／谢寿光
项目统筹／段其刚
责任编辑／周方茹

出　　版／社会科学文献出版社·独立编辑工作室（010）59367153
　　　　　　地址：北京市北三环中路甲 29 号院华龙大厦　邮编：100029
　　　　　　网址：www.ssap.com.cn
发　　行／市场营销中心（010）59367081　59367018
印　　装／北京盛通印刷股份有限公司

规　　格／开　本：787mm × 1092mm　1/32
　　　　　　印　张：14　字　数：243 千字
版　　次／2018 年 10 月第 1 版　2018 年 10 月第 1 次印刷
书　　号／ISBN 978 - 7 - 5201 - 3210 - 7
著作权合同
登 记 号／图字 01 - 2018 - 6019 号
定　　价／69.00 元

本书如有印装质量问题，请与读者服务中心（010 - 59367028）联系